U1076059

产业园区知识产权保护案例精选

上海市开发区协会／组织编著
亓书理　李文红　方　曦／主编

知识产权出版社
全国百佳图书出版单位
—北京—

图书在版编目（CIP）数据

产业园区知识产权保护案例精选/亓书理，李文红，方曦主编. —北京：知识产权出版社，2022.4（2022.10 重印）

ISBN 978 -7 -5130 -8092 -7

Ⅰ.①产…　Ⅱ.①亓…②李…③方…　Ⅲ.①工业园区—知识产权保护—案例—汇编—中国　Ⅳ.①D923.405

中国版本图书馆 CIP 数据核字（2022）第 044817 号

责任编辑： 刘　睿　邓　莹　　　**责任校对：** 谷　洋

封面设计： 杨杨工作室 · 张冀　　　**责任印制：** 刘译文

产业园区知识产权保护案例精选

上海市开发区协会　组织编著

亓书理　李文红　方　曦　主编

出版发行：	知识产权出版社有限责任公司	**网　　址：**	http：//www.ipph.cn
社　　址：	北京市海淀区气象路 50 号院	**邮　　编：**	100081
责编电话：	010 -82000860 转 8346	**责编邮箱：**	dengying@cnipr.com
发行电话：	010 -82000860 转 8101/8102	**发行传真：**	010 -82000893/82005070/82000270
印　　刷：	北京九州迅驰传媒文化有限公司	**经　　销：**	新华书店、各大网上书店及相关专业书店
开　　本：	880mm×1230mm　1/32	**印　　张：**	11.125
版　　次：	2022 年 4 月第 1 版	**印　　次：**	2022 年 10 月第 2 次印刷
字　　数：	250 千字	**定　　价：**	66.00 元

ISBN 978 -7 -5130 -8092 -7

出版权专有　侵权必究

如有印装质量问题，本社负责调换。

知识产权

是产业园区实现高质量发展的重要支撑

是推动高科技运营的重要保障

是提升高品质服务的重要手段

《产业园区知识产权保护案例精选》

组 织 编 著：上海市开发区协会

合 作 单 位：北京市集佳律师事务所上海分所
上海应用技术大学中欧知识产权管理研究中心

编辑委员会

主　　　编：亓书理　李文红　方　曦

顾　　　问：何大军　骆山鹰　方银儿　杜玉梅
许春明　王勉青　张长江

主要编撰人员：赵　岚　艾凌飞　白　瑀　郭思静
王　艳　张明波　赵　青　田　玮
张楚炜

序

产业园区是推动科技创新发展的重要载体，是落实国家知识产权战略的重要阵营，是提升先进制造业核心竞争力的重要引擎。随着知识产权日益成为产业园区发展的战略性资源和国际竞争力的核心要素，特别是知识产权保护，已成为深入实施国家全面发展战略的重要举措，更是上海产业园区塑造良好营商环境的自身需求。同时，加强知识产权运用和保护，是确保经济高质量发展、自主创新创业的根本基础。

近年来，知识产权发展质效不断提高，知识产权拥有量大幅增长，2007 年至 2020 年，国内（不含港澳台）有效发明专利拥有量从 8.4 万件增长至 221.3 万件，有效注册商标总量从 235.3 万件增长至 2839.3 万件，中国已成为名副其实的知识产权大国。产业园区知识产权保护能力不断提升，至 2020 年，上海开发区内企业拥有有效发明专利授权数达 10.8 万多件，其中国家级开发区达 6.6 万件以上，占全市开发区的 61%，开发区为上海建设具有全球影响力的科创中心作出了重大贡献。

为贯彻落实中共中央办公厅、国务院办公厅印发的《关于加强知识产权保护的意见》，以及上海市委市政府印发的《关于强化知识产权保护的实施方案》，根据聚焦亚太地区知识产权中心城市建设总体目标，围绕实现“严保护、大保护、快保护、同保护”的实施目标，作为产业园区如何激发和营造知识产权保护的动力和氛围，挖掘知识产权无限价值，进一步提升知识产权保护能力，加快构建与产业园区相适应的知识产权服务体系，形成知识产权“创造、运用、保护、管理、服务”全链条，值得产业园区不断探索和创新思维。在此背景下，上海市开发区协会、北京市集佳律师事务所上海分所、上海应用技术大学中欧知识产权管理研究中心共同编撰了《产业园区知识产权保护案例精选》。此书全面梳理和采集了全国高新技术产业开发区、经济技术开发区、产业基地、工业园区、科技型产业园区等在知识产权保护中的服务体系、创新创造、运用模式、管理机制等方面的典型案例，以及在推进知识产权保护中的做法和经验，旨在引导产业园区对赋有创新价值的知识产权，能不断完善保护策略，不断创新知识产权，不断坚守法律法规，不断增强投融资体系，着力建设一批知识产权管理体系完善、知识产权质量与效益突出的示范园区，着力培育一批知识产权运用能力强、市场竞争力显著的优势企业，全面体现四个“有利于”，即有利于提升自主创新效能与水平；有利于形成科技成果商品化、配置资源市场化、知识产权资本化的技术市场体系；有利于营造促进主导产业“低碳、绿色、智能”特色化发展的创新创业环境；有利于形成知识产权快速发展的政策优势。努力开创产业园区知识产权保护工作新局面，加快构建新时期产业园区知识产权“大保护”发展新格局。

袁国华

上海市开发区协会会长

2022 年 2 月于沪上

寄　语

（一）

知识产权是国家发展战略性资源和国际竞争力核心要素，加快形成更多的关键核心技术知识产权，关系高质量发展、关系产业安全和国家安全。

2021 年 9 月，中共中央、国务院印发《知识产权强国建设纲要（2021—2035 年）》，将知识产权提到了前所未有的高度，为我国加快建设知识产权强国作出全面部署。产业园区作为产业集聚和知识产权保护的重要载体，肩负着聚集创新资源、培育新兴产业、推动城市化建设的重要使命，在我国知识产权强国建设和城市发展中发挥着率先开放、高效开发、支撑引领的重要作用。因此，大力提升产业园区的知识产权创造、保护和运用能力，激励高水平创新和高质量发展，是知识产权强国建设要解决的重要问题。四十年来，我国知识产权事业取得了巨大进展和成就，但由于基础差、起步晚，我们国家知识产权制度总体运用能力和水平，与发达国家相比还存在较大差距，与我国高质量发展的内在需求也很不相适应。《产业园区知识产权保护案例精选》一书，对一系列典型案例做了详细介绍和深入分析，相信本书的出版，一定能够为各类产业园区和广大创新主体和市场主体提供有益借鉴，从而加快提升我国知识产权创造、运用、保护、管理和服务水平，为我们国家知识产权强国建设和高质量发展提供强有力支撑。

韩秀成

国家知识产权局知识产权发展研究中心

原主任、研究员

（二）

市场经济就是法治经济、权利经济，市场竞争就是权利竞争，创新能力竞争就是知识产权的竞争。尤其在战略性新兴产业领域，知识产权已成为各国竞争的焦点，知识产权的创造和布局已经成为战略性新兴产业先发国家抢占竞争制高点的首选策略。2021 年，中共中央、国务院印发《知识产权强国建设纲要（2021—2035 年）》，对全面提升我国的知识产权创造、运用、保护、管理和服务水平提出了总体要求和工作任务，知识产权作为国家发展战略性资源和国际竞争力核心要素的作用更加凸显。

企业是科技创新的重要主体。产业园区作为创新型企业的主要栖息地，能够集聚各方资源，具有助推企业创新发展的先天优势，是承载创新驱动发展战略的重要实践区。当前，我国的知识产权工作正从追求数量向提高质量转变，产业园区知识产权工作的有效开展，是提升企业知识产权运用水平，打造良好营商环境的重要保障，对推动知识产权高质量发展，发挥知识产权的引领和促进作用具有重要意义。《产业园区知识产权保护案例精选》一书的出版，相信可以为各类科技型园区的知识产权工作提供有益借鉴。

许春明
同济大学上海国际知识产权学院教授
国家知识产权培训（上海）基地主任

（三）

科技创新是知识产权的源泉，保护知识产权就是保护创新。张江高科技园区从建园伊始就高度重视知识产权工作，落户张江的中国（浦东）知识产权保护中心是国家知识产权局、上海市知识产权局、浦东新区政府共建的国家级知识产权功能性平台，上海市知识产权法院落户张江，上海市首个知识产权社会组织——浦东新区知识产权保护协会也成立于张江高科技园区。另外，还有上海科创企业知识产权海关保护中心，及一批中介机构为张江的创新主体提供各个环节、各种类型的服务。多年来，从国家到市政府相继出台了一系列鼓励知识产权保护的相关政策，覆盖从申请到授权的诸多环节。

作为上海科创中心建设的核心承载地，在张江高科技园区科技创新主体中，其知识产权申请数和授权数一直呈现出爆发式增长。当前，创新活跃度不断增强、创新人群不断扩大，为了少走弯路，知识产权保护方面的需求越来越大。《产业园区知识产权保护案例精选》一书有理论、有案例，实用性很强，对正在创业的和准备创业的都很有助益。

何大军

上海张江高科技园区开发股份有限公司

副董事长、总经理

（四）

紫竹国家高新技术产业开发区经过近二十年的建设和发展，一座以生态、人文、科技为建园理念的现代化科技城已初步建成，并已成为闵行区和上海市一张亮丽的名片，其中很重要的一条经验，就是以创新驱动促进高质量发展，同时紧紧抓住知识产权这条主动脉，创建国家知识产权示范区。

在紫竹国家高新区发展的一批企业，经过若干年的创业，已成为高新技术企业、科技小巨人企业，以及国内或海外上市企业。事实证明，知识产权是企业发展的生命线，通过对高新技术、知识产权的重视，取得创新创业成果是必然的。《产业园区知识产权保护案例精选》一书的发行，一定会给已成熟的企业、正在创业中的企业、准备创业的企业和朋友们带来众多的启迪和思考，让我们共同努力，依靠我们自己的智慧、能力和对知识产权的运用，使我们的企业成为行业中的明星和翘楚，祝大家早日收获丰收的成果。

骆山鹰
紫竹国家高新区党委书记、副总经理
上海市创业协会副会长
闵行区科协副主席

（五）

漕河泾新兴技术开发区创建国家知识产权双示范区的宗旨是：保护知识产权就是更好保驾创新，用好知识产权就是更好激活创新。尊重创新智慧结晶，打通知识产权创造、运用、保护、管理、服务全链条，更好地释放各类创新主体创新活力，始终是漕河泾开发区软实力建设的核心，以此，全面推进高新技术产业发展。《产业园区知识产权保护案例精选》一书的出版，对引导和指导各类科技型园区在推进知识产权保护方面的工作，有很好的指导和借鉴价值，其真正的价值在于如何更加务实地服务和培育好园区科技型、初创型企业。

方银儿
上海市漕河泾新兴技术开发区发展总公司
党委委员、副总经理

（六）

上海临港松江科技城始终以知识产权驱动科技创新为引擎，在创建国家知识产权试点园区过程中，不断刷新园区科创指数，打造工业互联网特色园区。围绕“产、城、人、科、创、投”六大维度，全面推进知识产权保护工作。园区在科技中小企业的创新路上，积极做好“指路人”和“点灯人”，以知识产权“护航”G60科创走廊的建设，提升区域知识产权的创造活力、运用能力和保护能级，努力打造成为扎根松江、立足上海、辐射长三角的核心技术创新策源地和产业应用推广新高地。《产业园区知识产权保护案例精选》一书的发行，也是总结了创建国家级和市级知识产权试点园区工作中的经验，值得分享和交流。

杜玉梅
上海临港控股党委委员
上海临港松江科技城副总经理
松江区科协副主席

（七）

集佳一直致力于为园区和企业提供优质专业服务，愿为知识产权强国建设贡献力量。高新园区和开发区是新兴企业培育的孵化器，知识产权是现代企业发展的第一动力和最强引擎！如果在起步阶段有了知识产权的加持，企业就真的能如月之恒，如日之升！只有高屋建瓴，才有气势如虹。《产业园区知识产权保护案例精选》一书紧紧围绕园区的知识产权实践工作而展开，相信它的出版必将有助于推动中国知识产权事业的发展。

张长江

集佳知识产权浙江区域创始人

目　录

上编　案例汇编

下编　经验与做法

上编 案例汇编

第一章　产业园区如何建立知识产权公共服务体系

第一节　如何建设便捷的知识产权公共服务平台

如何优化体系建设，减少企业办事成本，提升公众对服务的满意度，是产业园区不断思索的问题。近年来，各产业园区积极响应国家“放管服”改革，先后打造出一批样板化知识产权公共服务平台，致力于为园区企业提供知识产权全链条服务，服务范围包括申请受理、许可备案、质押登记、优先审查、专利缴费、减免备案、维权援助、专利资助等。同时，在保障平台服务质量的前提下，大力缩短业务办理时长，“一天”“一地”“不见面”即可完成业务办理，从而降低企业的时间成本。此外，同步线上线下流程、引进知识产权品牌服务机构、完善平台数据资源、优化精简服务流程等一系列举措先后在不同产业园区的公共服务平台发布，既整合丰富了知识产权资源，又解决了企业在知识产权保护与运用中的“痛点”，使企业享受到更加方便、高效、全面的知识产权服务。

一、杭州高新区（滨江）：打造知识产权一站式服务样板

近年来，杭州高新技术产业开发区（滨江）锚定“国际一流、国内领先”的发展定位，致力于知识产权生态体系营造，在强化知识产权创造、运用、保护、管理和服务等方面扎实探索，打造有体系、有成效的“滨江样板”，真正实现知识产权事务“一门进”“一站式”办理。

（一）打造综合服务中心，推动知识产权服务“最多跑一次”

对创新型企业而言，知识产权工作的“分散管理”是个大难题：专利、商标、版权、标准分属不同线路，企业“多头跑”“分头跑”“反复跑”现象并不鲜见。2019 年 6 月，杭州高新区在知识产权大厦创建了浙江省首个“全门类、全链条、一站式”知识产权综合服务中心，通过物理集聚和联办机制，解决知识产权业务受理层级高、地点分散、流程复杂的问题，实现跨层级、跨部门、跨门类“一门式”受理和知识产权创造、运用、保护、管理等四大类 75 个“一件事”

办理，[1] 有效降低了企业办事成本，形成了知识产权全链条服务的“滨江经验”，成为浙江省知识产权领域“最多跑一次”改革的实践样本。[2]

综合服务中心首期引进 8 家市场化优质知识产权服务机构，并为其提供办公场所，另有 8 家国家级知识产权品牌服务机构进驻，已进驻服务机构的业务范围包括代理、咨询、法律、商用化等。该中心旨在打造一个融知识产权创造、运用、保护、管理、服务等环节于一体的全链条服务综合体，建成一个集专利、商标、版权等各类知识产权服务为一站的“办事大厅”，为创新主体提供全方位、高质量、专业化的知识产权服务。

考虑到科技企业有专利技术却缺乏抵押物，在申请贷款方面存在较大劣势，杭州高新区深入探索了知识产权质押贷款模式。为解决知识产权质押跑多地的问题，高新区在知识产权综合服务中心设立质押窗口，引进第三方专业评估机构，设立银行服务点，实现知识产权评估、质押“最多跑一地”。

（二）知识产权公共服务平台对“一站式”服务再升级

2020 年 4 月 21 日，由高新区市场监督管理局主办的“杭州高新区（滨江）知识产权公共服务平台”正式发布。

---

[1] 滨江发布：“滨江 3 项改革案例获省市点赞”，载 http://www.hhtz.gov.cn/art/2021/2/24/art_1229351753_59024138.html，最后访问时间：2021 年 9 月 19 日。

[2] 天堂硅谷报：“安商稳商日见成效 企业发展总体向好”，载 http://www.hhtz.gov.cn/art/2020/10/28/art_1487008_59014726.html，最后访问时间：2021 年 9 月 19 日。

平台整合了知识产权法律、政策、统计、报告、培训、资讯、数据库资源，为广大企业提供知识产权事项的办事指南和办事流程，可满足企业的知识产权申请、运用、资助、保护等需求；推进专利、商标、版权等知识产权服务资源线上集聚，梳理集成知识产权“一件事”，优化办事流程，让企业“足不出户”就能办理各类知识产权事务。

“AI 商标注册成功率评估”模块是公共服务平台的特色服务模块之一，该模块通过大数据分析和人工智能算法，对商标的注册成功率能够进行精准到小类的准确评估，并以星级来展现商标注册的成功率，帮助企业规避商标注册风险，提高注册成功率。此外，为了更加直观地展现不同星级的商标注册成功率，平台还引入了“下证率”，即通过平台大数据，对各个星级的商标成功下证的数据进行分析评估，最后将对应的数据以百分比的方式呈现，方便企业查看。对于商标注册中的选类问题，知识产权公共服务平台借助人工智能，通过对输入的企业产品或服务进行大数据分析，准确判断出用户所需保护的商标类别并进行推荐，企业只需在推荐的类别中进行选择即可准备注册。今后，企业要想知道自己的商标应该注册什么类别，能不能注册成功，只需动动鼠标就可以有初步判断。[1]

通过“知识产权一件事”改革，高新区成功打造了全国知识产权高地，有力支撑了质量强区建设。知识产权公共服

[1] 区府办：“‘AI 商标注册成功率评估’服务模块上线”，载 http://www.hhtz.gov.cn/art/2021/5/28/art_1229439027_59027873.html，最后访问时间：2021 年 9 月 19 日。

务平台的发布，是高新区探索“知识产权一件事”改革后对知识产权“一站式”服务的再升级，不仅实现了全方位的知识产权数字服务，也提高了知识产权数字治理能力，让知识产权事项“线上集中办”成为常态。

成 效

2019 年 1—10 月，杭州高新区各类专利申请量同比增长 14.27%。其中发明专利申请量同比增长 23.60%；专利授权量同比增长 22.39%，其中发明专利授权量同比增长 48.81%。企业发明专利授权量位居全市第一。PCT 国际专利申请量为 358 件，以 43.8% 的全市占比位居第一。2019 年新增国家知识产权示范企业 4 家，累计达 14 家，总数位居全市第一，充分体现出滨江创新的“高新味”。

虽然遭遇国内外环境双重影响，但是高新区许多企业依旧显现出强劲的生命力和创造力。据智慧芽公开数据显示，2020 年 1—3 季度，高新区国内发明专利总量达到 2550 件，占全市总量的 20.65%，占浙江省总量的 8.72%，企业发明专利授权量位居全市第一，在全省处于领先水平。

区市监局负责人表示，按照“以产业链为依托、以创新链为主导、以服务链为核心”的总体建设思路，当前，高新区正以知识产权为抓手，推进“三链”协同发展策略，以知识产权要素集聚升级引领强链补链延链的“滨江模式”示范效应已经凸显。

二、北京中关村：专利申请优先审查“全程网上办”

支持知识产权转化是《全面推进北京市服务业扩大开放综合试点工作方案》明确的重要任务之一，也是营造国际一流创新创业生态的客观要求。北京中关村依据国家专利优先审查管理制度规定，与国家知识产权局对接，建设专利申请优先审查推荐网上绿色通道，高质量、高效率开展推荐工作，将专利授权的周期缩短2/3以上，促进了创新成果的转化，助力北京科创中心建设。

（一）明确标准，保证质量

中关村出台办理专利申请优先审查推荐的有关规定，明确服务北京市高精尖产业发展的基本定位以及择优推荐的基本原则，建立“初审+复审+评审组会审”的审查机制，严把推荐质量关。

（二）上网通办，改造流程

中关村内的高新技术企业大部分是科技型中小企业，这些中小企业大都质地优良，创新性强，专利申请量大，创新成果亟待在市场上转化运用及保护。在此背景下，以中关村知识产权促进局为代表的知识产权服务机构开辟“绿色通道”，使得一大批高质量、符合北京市高精尖产业发展方向的专利申请进入优先审查，大大缩短了专利授权周期。

2018年7月，北京市专利申请优先审查推荐电子平台正式上线，平台与市政服务网对接，在全国率先实施专利申请优先审查推荐“全程网上办”。提交申请、取回推荐意见、向国家知识产权局递交材料等均可通过网络办理，平台工作人员负责相关的后台打印工作，免去了以往申请人现场办理往返跑的时间成本，实现了申请、审核、反馈的一站式网络办理。同时，根据网上办理的特点和需要精简申请材料，减幅超过 65%。办理流程的优化提升使得办理期限由以往的十个工作日缩短为不超过两个工作日，从至少跑三趟到完全线上办，专利授权周期从两三年缩减为不到一年。

高清视频通信企业视联动力的知识产权负责人表示，2018 年以前，他们专利的结案周期是 30 个月左右，有些专利技术需要快授权，但由于审查周期的原因，没有及时得到保护，2018 年至今，在东城区和中关村知识产权促进局的帮助下，公司对大约 300 件专利申请进行了‘优先审查’，结案周期缩短到 12 个月左右，最快能到 6—7 个月，专利授权速度大大提高，更有利于技术迭代和抢占市场先机，发挥专利的护航作用，我们也更愿意通过申请专利的方式来保护自己的技术、产品和市场，更积极地应对专利侵权问题。[1]

（三）加强推介，促进应用

“全程网上办”举措出台之初，知悉面较小，相关管理部门积极开展多渠道沟通对接，加大推广力度，按照简明扼

[1] 许诺：“中关村助力高新技术企业‘知产’变‘资产’”，载 https://baijiahao.baidu.com/s?id=1675155725483869848&wfr=spider&for=pc，最后访问时间：2021 年 9 月 17 日。

要、通俗易懂的要求，编写公布《专利申请优先审查推荐一图读懂》等解读、答疑材料；发放调查问卷，开展电话咨询，促进专利审查工作知识普及；面向企业举办中关村知识产权大讲堂、知识产权创新沙龙等系列培训，累计培训上千人次；深入小米、京东等重点企业，开展实地宣讲、就地对接，取得了良好效果，让“全程网上办”惠及更多企业。

成　效

（一）服务高端产业发展

2018 年，中关村园区共向国家知识产权局推荐 1009 个申请人的 5677 件专利申请，申请主要分布在电子信息、先进制造、生物医药、新能源、环境保护、航空航天、新材料等产业领域。仅在 2020 年上半年，中关村知识产权促进局就向国家知识产权局推荐了 755 个申请人的 3739 件专利申请进行优先审查，申请人覆盖北京市 16 个区，专利申请分布于新一代信息技术、医药健康、节能环保、软件和信息服务、智能装备等 10 个技术领域，覆盖北京市重点发展的十大高精尖产业。其中，以新一代信息技术领域的推荐数量最多，达到了 2146 件，占比高达 57.4%。

（二）加快创新成果转化应用

专利申请授权周期大大缩短，发明专利在一年内甚至半年左右就获得授权，有利于企业节约申请成本、把握市场先机，从而提高市场竞争力。创新成果得到及时保护，也为申请 PCT 专利提供了重要参考。北京三快在线科技有限公司

（美团）2018年以来通过优先审查申请了98件专利，已有47件获得授权；贝壳找房的8件发明专利申请全都进入了优先审查绿色通道并获得授权。

（三）提升申请人的便利度

实施“全程网上办”之前，申请人需到有关部门现场办理，至少上门三次才能完成整个推荐程序，如今，企业、个人可就地登录，足不出户全程通办，北京远郊的创新主体对此予以高度肯定。

三、苏州工业园区：知识产权贸易业务当日一站办结

（一）引入专利检索咨询资源，就近解决企业专利难题

2016年4月26日，国家知识产权局专利检索咨询中心（苏州）工作站落户苏州工业园区。工作站引入国家知识产权局专利检索咨询中心的相关资源，帮助园区企业解决在生产经营中遇到的各类专利检索、咨询、预警、分析和无效等问题，当年完成各类检索报告100件。

（二）设立技术与知识产权贸易集成服务窗口

以往企业办理技术进出口合同登记业务一般需要3个工作日，为推动技术与知识产权领域“一件事”服务和改革创新，园区于2021年2月1日在一站式服务中心设立了江苏省首个技术与知识产权贸易集成服务窗口。企业技术进出口合同登记、知识产权质押、知识产权转让（购买）、知识产权

交易鉴证等知识产权贸易领域的各类业务，将在这里实现当日一站办结。依托江苏国际知识产权运营交易中心的企业服务管理系统，园区知识产权贸易服务的线上办理平台也同步开通，为企业办理业务提供了多种途径。[1]

园区每年办理的技术进出口合同登记业务约900件，占全市总量的近一半。该集成窗口的设立，不仅提升了企业办事便利度，还将推动“苏州技术进出口数据研究中心”的建立。该中心将分析技术进出口合同的大数据，为园区开展精准招商、赋能补强产业短板以及企业进行重点产业专利布局提供决策依据。

四、苏州高新区：开展技术进出口“不见面”备案

苏州国家高新技术产业开发区（以下简称“苏州高新区”）于2016年10月成立江苏国际知识产权运营交易中心（以下简称“苏知中心”）。苏知中心的业务范围包括专利、商标、著作权、技术秘密等知识产权的交易、运营、金融以及技术转移转化等各类服务。

近年来，苏州高新区知识产权服务贸易的比重不断增加，已成为区域服务贸易向高附加值转型的关键支撑。为进一步推动知识产权服务贸易在区域创新发展中的引领作用，高新区于2019年开展了创新试点工作，探索将苏州市技术进出口

---

[1] 苏州日报：“知识产权贸易服务当日一站办结”，载 http://www.sipac.gov.cn/szgyyq/mtjj/202102/8eba53187d374a8ab739ac1c2558412b.shtml，最后访问时间：2021年9月11日。

备案窗口迁移到苏知中心，借助苏知中心在大数据、金融、人才等方面的优势，逐步形成苏州市技术进出口备案、监管和服务的闭环，探索形成全链条知识产权综合服务体系，打造长三角知识产权服务贸易新高地。

（一）试点先行，积累经验

2019 年 5 月，苏州高新区先行先试，将区技术进出口备案综合服务窗纳入苏知中心，探索开展技术进出口“不见面”备案，截至 2019 年年底，共受理 239 笔技术进出口合同登记申请，合同金额 29 504 万美元。

（二）制定方案，明确规范

在实地调研和可行性分析的基础上，苏州高新区制定了《苏州市技术进出口备案业务驻江苏国际知识产权运营交易中心工作方案》，拟将全市（工业园区除外）的技术进出口备案工作迁移到苏知中心。方案对窗口迁移、新窗口的工作职责与业务流程等作了详细规定，并明确了费用、用章、人员安排等具体事项。

（三）扩大范围，优化流程

2020 年年初，苏州市（工业园区除外）技术进出口备案综合服务窗口正式入驻苏知中心。苏知中心安排专门人员，建立专用渠道，负责苏州市（工业园区除外）除禁止和限制类技术的进出口合同的审核、登记和证书发放工作，实现企业技术进出口“不见面”备案。

新冠肺炎疫情暴发后，苏州市遵照《商务部办公厅关于疫情防控期间进一步便利技术进出口有关工作的通知》文件精神，进一步探索推进技术进出口合同登记无纸化流程，最大限度推行“不见面”服务。企业通过商务部业务系统平台在线提交申请资料，线上审核通过后，苏知中心统一寄送合同登记证书至企业，整个办理流程无须企业前往窗口，实现全流程“不见面”办理，真正做到“流程网上走、登记不见面、企业不跑腿”。

（四）升级服务，提升价值

苏知中心不仅开发了企业服务系统，为企业业务办理与查询提供信息服务，解决因线上办理产生的各类问题，还打造数据综合分析系统，通过对技术进出口的各项关键数据，包括但不限于知识产权分类、技术进口来源地与技术出口目的地分布、技术进出口所属行业等信息的统计分析，形成阶段性报告。未来，该系统还计划打通与科技、知识产权等相关业务部门的对接渠道，逐步完善技术进出口数据分析的维度，为政府部门精准招商、政策完善等工作提供参考依据，并探索加强技术进出口事中事后监管的新路径。

成 效

网上咨询、初步审核、寄送材料等“不见面”流程操作，为企业办证取证节省了时间和运营成本，技术进出口备案工作效率进一步提升。苏知中心还可通过汇集企业数据，对全市技术进出口情况进行专业分析。2020 年 1—2 月，苏知中心共登记技术进出口合同 61 份，合同总金额 41 821.93 万美元，其中专利技术与专有技术进口占技术进口总额的 91.67%，技术进口来源地集中在日本、美国和中国台湾地区，通信设备、计算机及其他电子设备制造业是技术引进的重点行业。

五、湘潭高新区：知识产权服务中心实现服务企业“两个一”

“十三五”期间，湘潭高新技术产业开发区以知识产权强区建设为统领，按照“三抓三促”（抓服务，促专利量升质优；抓保护，促营商环境优化；抓运用，促产业创新发展）的总体要求，全面提升知识产权创造质量、保护效果、运用效益、管理水平和服务能力，知识产权事业实现创新发展。

湖南省知识产权（湘潭）综合服务中心（以下简称“湘潭中心”）于 2018 年 9 月 28 日启动，2020 年 3 月基本完成建设。湘潭中心由湖南省知识产权局和湘潭高新区共建，是一个融合专利信息查新、代办、维权援助等服务的综合性线上线下服务平台。湘潭中心已建立起日常公共服务受理和解答的工作机制，为园区和企业提供面向产业发展和企业创新的公益性、专业化公共服务。此外，中心还依托省局资源，整合省内优质服务机构，进一步为园区企业提供产业分析、

专利导航、预警分析等个性化知识产权中高端服务。❶

湘潭中心自成立以来，充分发挥自身优势，构建创新服务体系，打通园区企业知识产权申报"最后一米"，实现服务企业"两个一"。❷

第一个"一"：申报时间缩短一半。作为湖南省知识产权综合服务体系的第一家分中心，湘潭中心有效缓解了知识产权申报在省内集中拥堵的压力，大幅度缩短了申报时间。企业通过中心申报发明专利从以往 2 年最快可缩减至 1 年，实用新型专利申报等由 6—8 个月缩减至 3 个月。

第二个"一"：所有事项均实现"一站式办理"。湘潭中心提供知识产权代理、维权、金融、运营、培训五大服务，采用"线上平台 + 中心站点 + 服务机构"的全方位服务模式，解决企业知识产权工作难题。

园区企业数造科技每年都有专利和著作权需要申请和登记，选择将专利申请工作全权委托给湘潭中心办理。企业负责人表示，湘潭中心为他们带来了便利，节省了许多时间，减去了诸多烦恼，让企业能够集中精力，全身心投入科技研发中。❸

---

❶ 湘潭高新区："湘潭高新区与湖南省知识产权局共建湖南省知识产权（湘潭）综合服务中心"，载 http://xthtz. xiangtan. gov. cn/5356/5363/5371/content_307579. html，最后访问时间：2021 年 9 月 27 日。

❷ 靳志国："湘潭高新区打造知识产权综合服务中心 企业服务效果实现'两个一'"，载 http://xthtz. xiangtan. gov. cn/5356/5363/5371/content_833632. html，最后访问时间：2021 年 9 月 27 日。

❸ 李新辉、马海："湘潭高新区：打通企业知识产权申报'最后一米'"，载 http://news. xtol. cn/2020/0513/5341144. shtml，最后访问时间：2021 年 9 月 27 日。

下一阶段，湘潭高新区将做实、做深湘潭中心的搭建工作，充分利用省知识产权公共服务平台的优势，推动园区科技成果高效转化运用，打造模式创新、服务创新的综合服务平台。

成效

2020年1—4月，湘潭中心接受企业咨询90余次，组织举办公益培训2场，帮助国奥电力、银河新能源等企业实现知识产权质押融资1000余万元，获得授权专利74件，其中发明专利12件；2020年1—3月，为高新区申请专利161件，其中发明专利24件，同比增长84.6%；截至2020年5月，中心为湘潭市12家企业进行了2019年度湖南省知识产权战略实施专项申报工作，其中7家企业获批立项，获得专项资金80多万元。

“十三五”期间，湘潭高新区累计申请专利2000余件，其中发明专利1200余件，授权专利1000余件，其中发明专利357件。高新区先后组织园区企业湘电风能、迅达科技等申报“大功率直驱永磁风力发电机组技术的专利挖掘与布局”等近40个省知识产权战略实施专项项目，共获得专项资金300余万元。2019年，园区企业湘电风电、中通电气获批国家知识产权优势企业。截至2019年年底，园区共有2家国家知识产权示范企业、10家国家知识产权优势企业。2020年上半年，高新区35家企业申报了湘潭市知识产权质押融资，占全市55家企业的66%，融资意向额度为4.14亿元。

第二节　如何建设新型的知识产权运营平台

知识产权作为企业的战略性资产，是企业参与市场竞争的有力武器。企业可以通过知识产权运营，以许可、转让、投资、融资等市场经济的方式，将无形的财产权转化为现实的经济利益。

依托园区主体优势，通过机构集聚、信息整合，知识产权运营平台能够在创新者、服务者与投资者之间建立起高效沟通的桥梁，推动企业专利成果转移转化、收购托管、交易流转、质押融资等，助力企业知识产权与商业运作深度结合，以知识产权运营赋能企业经营目标实现。

园区结合产业优势、区域资源、政策支持，搭建具有本地特色的新型知识产权运营平台，打造撮合机制，精准对接企业知识产权运营供需，提高企业的知识产权运用能力，成为产业园区运营服务完善升级的优选之路。当下新兴科技发展迅速，人工智能、大数据等新兴技术为知识产权运营平台的建设提供了新的方向。

一、上海张江科学城：打造知识产权国际运营试点平台

2018 年 4 月，国家知识产权运营公共服务平台国际运营（上海）试点平台获国家知识产权局批复，启动为期 1 年的

建设。2019 年 5 月 17 日，该试点平台在张江科学城正式运营，成为国家知识产权运营公共服务体系的重要组成部分以及上海科创中心建设的重要基础设施。

该试点平台围绕国际化、市场化、专业化的特点，聚焦知识产权交易服务、金融创新、海外布局及维权、重点产业运营及基础服务 5 项核心业务功能，构建了以平台承建者——上海国际知识产权运营管理有限公司为主体，以知识产权交易机构和上海国际知识产权运营联盟为依托的“一体两翼”组织框架，整合技术、资本等各方资源，面向重点产业领域开展知识产权运营，打造服务于技术转移转化的交易估值能力、服务于科创板信息披露的技术尽调能力以及重点产业运营的综合服务能力，建设知识产权跨境交易运营的重要枢纽和国际知识产权金融创新的策源地。

平台从产业特征出发，采用强强联合的方式，将国际技术并购、国内知识产权交易、农业科技成果转移转化等交易功能分别交由南南全球技术产权交易所、上海知识产权交易中心、上海农村产权交易所（以下简称“上海农交所”）等机构承担；平台还联合江苏省科技厅，依托江苏省生产力促进中心与上海农交所，共建长三角农业科技成果交易服务平台，融合上海相对成熟的农业科技成果交易服务体系与江苏丰富的农业科技创新资源，以区域农业科技成果交易转化的市场体系建设为抓手，实现长三角区域农业科技成果交易服务市场的联通；平台还与上海市公共卫生临床中心合作，与世界卫生组织对接，共建公共卫生与生物医学知识产权专业运营平台；还与中国信息通信研究院共建新一代电子信息知识产权专业运营平台，以及与浦东科创集团、中科院控股公司等单位共同发起设立国际知识产权运营基金……

除了立足上海、服务全国外，该试点平台还在不断探索辐射全球的知识产权运营。2018 年，上海国际知识产权运营管理有限公司牵头成立上海国际知识产权运营联盟，通过建设国际合作的网络机制和会员机制，积极吸纳具有国际背景的知识产权服务机构、企业、商会、金融机构、高校与科研院所等，推进知识产权教育、信息、仲裁调解、交易运营等优质资源集聚，建立连接高校、研究机构、企业、技术转移转化机构、金融投资机构的服务网络，形成知识产权运营服务共商、共建、共赢的生态。平台还通过接洽国际组织，各国驻沪领事馆、商务处、商会、投资局以及世界知名大学技术转移机构等，探索跨境知识产权运营合作新模式。

此外，平台还建立了一体化交易网站——“中知路”，网站为知识产权的发布、购买提供了诸多便利。上海知识产权局相关负责人表示，希望通过试点平台的建设，让知识产权交易变得像网上开店、网上购物一样便捷，同时，希望通过网站将一些国外的优秀知识产权引入中国，服务国内企业。

知识产权国际运营试点平台的建设，能够帮助扩大知识产权跨境交易和创新要素有效供给，促进我国产业迈向全球价值链中高端，加快培育国际经济合作和竞争新优势，对于上海市加快建设亚太地区知识产权中心城市、具有全球影响力的科技创新中心和卓越的全球城市具有重要意义。

二、杭州高新区（滨江）：知识产权运营进入数智时代

（一）建立全球产业科技发现与科创服务平台

2021年1月15日，杭州高新技术产业开发区（滨江）举行中国（浙江）自由贸易试验区杭州片区滨江区建设推进大会，并发布全球领先的产业知识产权运用基础设施平台——全球产业科技发现与科创服务平台（www. linkinip. com）。[1]

该平台底层整合了知识产权、标准、工商、人才、投融资等基础数据，融合了全球知识产权等创新资源，通过大数据、人工智能、知识图谱等技术，促进技术、数据、资本要素自由流动和深度融合，有效连接创新供给侧、产业需求侧和资本赋能方，服务政府产业创新决策、创新主体知识产权经营管理、科技投融资决策等场景，为政府、企业、高校院所、金融机构、投资机构等主体提供技术支持。平台采用线上与线下相结合的方式，构建以“一个平台，三大载体，多维服务”为核心的运作体系。

“一个平台”，集纳全球6000万家企业、1.3亿件专利、1400万名工程师和5万家投资机构等相关数据，运用大数据、人工智能、知识图谱等技术，集成开发科技金融、中国

[1] 杭州滨江市场监管：“知识产权‘智库’上线！知识产权运营进入数智时代”，载 http://www. hhtz. gov. cn/art/2021/1/15/art_1229254157_59023069. html，最后访问时间：2021年9月19日。

创新全景等七大功能模块，包含知识产权盘点等 20 项小工具，为政府、企业、金融机构、投资机构搭建精准高效的服务对接平台。

“三大载体”，包括杭州产业科技发现与科创服务中心、知识产权研究院、上市公司知识产权加速器三大功能平台，分别构成全球产业科技发现与科创服务平台的运营服务物理空间、理论创新研究智库和特色项目实践基地。

“多维服务”，指全球产业科技发现与科创服务平台能够发挥在专业团队、数据资源、技术研发、创新研究等方面的优势，以知识产权为抓手，为各类主体提供全方位的科技发现与科技创新服务，包括知识产权质押融资、知识产权证券化、知识产权保险、知识产权产业化、知识产权融资租赁、上市企业知识产权服务、知识产权价值评价、企业科技创新评价、产业专利导航、知识产权分析评议等。

全球产业科技发现与科创服务平台的上线，对政府部门来说，有利于了解区域产业发展现状，分析产业链短板，进行产业规划、科技招商、人才引进；对科创企业来说，有利于盘点自身的知识产权，获取相关产业发展状况，匹配创新资源；对金融机构来说，有利于批量找出符合条件的企业，出具企业创新评价报告，评估知识产权价值，监测知识产权法律状态。

截至 2021 年 3 月，该平台已为全区 100 多家物联网企业提供服务。未来，平台将立足滨江，深入推进知识产权运营全链条的数字化探索和重塑性变革，协助自贸区随时掌握国际科创竞争态势，精准招商引才，通过专利导航，有针对性地做好物联网产业链的强链、补链、延链、固链工作，打造高质量科创要素生态体系，助力高新区实现高质量发展。

（二）建立中国物联网产业知识产权运营中心

高新区一直积极推进数字经济和制造业高质量发展双引擎工作，在物联网领域培育了数字安防、人工智能两大千亿级产业集群，形成了从关键控制芯片和传感器设计，到终端设备制造、物联网系统集成、网络通信设备、信息软件开发、网络安全研究的“物联网+”全产业链，集聚了一批全球领先的物联网关键技术研发和产业化应用企业。2018—2021年，物联网企业发明专利申请复合增速达47.3%，是全国平均水平的3倍，产业专利创新高度活跃。其间38.6%的专利转让、46.2%的专利许可、60.7%的专利质押都来自物联网产业，产业专利运营需求旺盛。

2021年3月，国家知识产权局正式批复杭州高新区（滨江）建设中国物联网产业知识产权运营中心，这是长三角地区首家国家级产业知识产权运营中心，也是继首批国家知识产权示范园区、首批国家专利导航产业发展实验区、浙江省首个国家知识产权服务业集聚发展示范区之后，又一国家级知识产权创新平台落户杭州高新区。[1] 运营中心以全球产业科技发现与科创服务平台为数据载体，力争通过三年建设，基本建成知识产权要素齐全、产业创新生态健全、“知识产

---

[1] 区府办：“中国物联网产业知识产权运营中心落户滨江”，载 http://www.hhtz.gov.cn/art/2021/3/29/art_1229439024_59025488.html，最后访问时间：2021年9月19日。

权+产业+资本+机构+人才”融合发展的国家级产业知识产权运营平台。

1. 打造“五位一体”运营体系

为加快物联网产业知识产权运营中心筹建落地，高新区充分发挥在全国物联网产业的领先优势，建立知识产权市场激励机制和产权安排机制，以数据要素驱动物联网产业知识产权资本化和产业化，以“数字化变革加速物联网产业知识产权市场流转与价值实现”为思路，打造涵盖物联网产业专利导航服务中心、知识产权资产托管中心、知识产权金融服务中心、知识产权投资运营中心、知识产权交易中心的“五位一体”运营体系。同时，高新区边申报、边建设、边运营，在物联网产业知识产权运营的基础设施、驱动引擎、流程变革、运营模式等方面实现“四个率先”。

2. 绘制物联网产业链数字图谱

高新区还创造性地落实国务院有关“以产业数据、专利数据为基础的新型产业专利导航决策机制”的要求，绘制物联网产业链数字图谱，打造“智能、动态、可视”的产业大脑。相关产业链图谱已接入高新区“经济大脑智能驾驶舱”，有效支撑政府产业分析、园区产业监测、产业创新图谱研究、企业及科研院所技术方向预测、技术链布局等应用。

三、成都高新区：推动知识产权金融大厦创孵基地建设

2020 年 9 月 21 日，成都高新技术产业开发区知识产权

金融大厦创孵基地启动，这是四川省首个知识产权特色楼宇，也是成都高新区作为全国首个知识产权新经济示范园区的核心载体之一。

大厦面向全球招商，除了高成长性科技企业，还将招引高端知识产权服务、科技金融、大数据、评估等资源，以及律所、公证、仲裁、司法鉴定等法律服务头部机构，构建"知识产权创新服务、高价值知识产权培育、知识产权产业化运营"三大体系，打造标准化、品牌化知识产权服务产品，为入驻企业提供知识产权全链条加速服务。同时，利用知识产权大数据资源，围绕重点产业精准挖掘并招引具有高价值专利的企业，对创新项目进行知识产权常态、定向、重点加速，打造覆盖 IP 到 IPO 全链条的服务资源，培育一批具有全国影响力的原创科技成果，助力企业快速成长上市。大厦建成后将成为主导产业与知识产权、科技金融、法律服务融合发展的特色楼宇。

创孵基地将对知识产权与产业协同发展、激发区域创新活力产生积极影响。高新区财政金融局负责人表示，希望通过知识产权手段实现"三个赋能"——赋能创新创业、赋能产业培育、赋能企业上市，力争将大厦打造成国内第一栋具备强大资本吸纳能力、产融结合能力和创新转化能力的综合服务平台，成为双创升级和高品质知识产权赋能空间的新样板。[1]

---

[1] 王鹏："成都高新区知识产权金融大厦创孵基地启动"，载 http://www.sc.chinanews.com.cn/bwbd/2020-09-21/135205.html，最后访问时间：2021 年 9 月 15 日。

四、青岛崂山区：打造多中心、多平台协同的产业知识产权运营中心

2021年4月20日，在“2021年崂山区知识产权宣传周”启动仪式上，青岛市首家国家级知识产权运营中心——“中国智慧家庭产业知识产权运营中心”正式启用。该运营中心将按照“打造三个中心、构建两个平台、探索一种模式”的总体架构进行建设运营。

“三个中心”是指依托海尔承建的国家高端智能家电制造业创新中心、海尔数字化家电国家重点实验室、海尔数字家庭网络国家工程实验室打造智慧家庭专利培育中心；依托海尔承建的国家技术标准创新基地（家用电器）打造智慧家庭专利标准化中心；依托海尔成立的中家知识产权运营中心（青岛）有限公司，打造智慧家庭专利运营中心。

“两个平台”是指依托海尔牵头的智慧家庭专利运营基金，打造资本赋能平台；依托海尔HOPE（Haier Open Partnership Ecosystem）平台，打造人才赋能平台。

“一种模式”是指专利培育中心、专利标准化中心、专利运营中心共同组成协同创新生态，培育高价值专利，推动高价值专利运用和保护；资本赋能平台与人才赋能平台共同组成创新赋能生态，推动高价值专利的孵化和产业化，通过三个中心和两个平台的高效协同，以专利运营为核心，推动“技术专利化—专利标准化—标准国际化”，带动我国家电产业的转型升级。

第三节　如何建设高效的知识产权信息服务平台

在商业社会中，信息是一种极具价值的资源，是追求竞争优势的关键工具。园区、企业要想开展知识产权工作，必须获得充分且精确的信息支撑。

知识产权信息服务平台可以通过信息聚合，打通知识产权创造、运用、保护、管理以及服务过程中的“信息孤岛”，实现技术、人才、资本等要素的有序流动和深度融合，提升园区治理决策能力，帮助企业充分发掘与利用知识产权中的技术信息、法律信息和经济信息。

部分园区为助力产业导向、企业发展，立足区内企业创新与经济发展的信息服务需求，搭建了集信息查询、数据加工、政策申请等为一体的知识产权信息服务平台，如重点产业数据库、专题数据库、投融资信息平台等，开展行业情报研究与专利导航，科学调整和制定重点发展领域的产业规划和布局，同时不断丰富平台内容和功能，帮助企业提升知识产权信息运用能力，科学高效地进行战略决策和研发创新。

一、杭州高新区（滨江）：以数据平台建设提升信息服务效能

（一）打造浙江高新技术产业高价值知识产权培育平台

2020 年 4 月 21 日，浙江高新技术产业高价值知识产权培育平台成立。平台入驻滨江区知识产权大厦，将基于区域高新技术产业的发展状况，培育、挖掘一批高价值知识产权组合，打通创新供给侧、产业需求端和资本赋能方的信息壁垒，加速知识产权与科技成果的市场流通与价值变现。

平台的建设运营主体为六棱镜知识产权科技集团（以下简称“六棱镜”）。六棱镜结合高效搜索、复杂图谱分析、在线关系挖掘、自然语言处理、机器学习等技术，打造出业界领先的科技竞合知识图谱数据库，通过主动情报分发和关系网络推理，提升信息流动效率，实现知识产权运营主体间的紧密连接、高频互动。

平台围绕滨江区物联网、人工智能、集成电路、智能制造、生命健康等重点产业，沿产业链上下游细分领域精加工全球专利和中国企业、工程师、投资机构等相关数据，打造知识产权投融资项目全景展示、匹配撮合专区，为企业提供知识产权评价、金融机构对接、产业创新图谱构建、数据驱动知识产权咨询、IPO 知识产权辅导等服务。此外，该平台对接全球创新资源，可以提前进行知识产权分析，预判技术是否能够申请专利，为企业尤其是研发型企业带来了福音。

（二）发布全国产业知识产权运营数据中台战略

2020年4月21日，全国产业知识产权运营数据中台在杭州市滨江区知识产权宣传周启动仪式上发布。该数据中台是一种新型信息基础设施，是一个面向近800个细分产业，以全球知识产权数据为纽带，深度关联工商注册、金融资本、投资并购、荣誉资质、专家人才等数据资源，凝炼成以专利、企业、人才、资本等产业经营要素为实体节点，以资本流、人才流、技术流等为关系脉络，以科技创新竞争与合作为语义主题的知识图谱数据库。该数据中台以数据接口、计算支持、内容生产和情报分发的方式服务知识产权运营生态建设，广泛应用于产业创新规划、技术路线研判、精准科技招商、高端人才引进、科技成果转化、知识产权金融等场景，满足各类市场主体和职能部门的数据治理和决策需求。

二、上海张江科学城：构建生物医药重点领域专题数据库

国家知识产权局与上海市人民政府《新一轮合作会商第一次会议纪要》中明确提出，国家知识产权局将上海市作为“专利运用导航产业高端发展示范工程”的试点城区，在张江国家自主创新示范区创建专利引领型产业特区。

作为目前我国研发具有自主知识产权药物的重要力量，张江高科技园区的生物医药产业发展与知识产权工作紧密相连。2013年，张江高科技园区成为全国首批8个专利导航实

验区之一。2014 年，张江高科技园区全面启动“专利导航生物医药产业发展实验园区”建设，将构建生物医药重点子领域专利专题数据库、筹建生物医药产业专利联盟、建设专利转移转化平台等纳入工作安排，其核心建设内容为：以最新专利成果为研发起点，将专利运用嵌入产业、产品和市场创新中，通过建立专利信息分析与产业运行深度融合、专利创造与产业创新高度匹配的工作机制，推动产业高端发展。

其中，生物医药重点子领域专利专题数据库将追踪生物医药关键技术领域国内外最新发展动态，每两周发布一期。此外，园区还在重点领域开展对重点申请人、重点技术专利、重点产品专利等的分析，完成分析报告，甄选出核心专利，建成专题数据库，促进园区知识产权资源整合和信息共享。2014 年年底，张江高科技园区以抗体药物专利导航规划项目组提供的专利数据为基础，建立了抗体药物专题数据库。张江管委会还鼓励张江抗体药物企业知识产权联盟和微创医疗知识产权联盟开展专利储备工作，根据产业发展需要，围绕产业链上下游核心技术和产品，构建专利池，形成专利储备。

为落实国家专利导航实验区建设，促进园区企业专利创造、运用、保护和管理，发挥专利在引领科技创新、成果转移转化及企业发展中的作用，2018 年年初，张江管委会与北京国知专利预警咨询有限公司共同开展了项目调研，先后深入和记黄埔、三生国健、复旦张江、中科院药物所等单位，重点了解园区内抗体药物和医疗器械两个生物医药领域的专利发展现状和需求，重点关注专利导航产业规划、专利运用实务、产学研合作、专利联盟、项目运营库建设、CRO 企业运作模式、孵化器企业专利发展、专利数据库建设等内容，为进一步推进专利导航工作奠定基础。

自专利导航实验区相关工作启动以来，张江科学城已经建立了生物医药大型研发平台和产业体系，完成药物品种专利研发基本布局，形成了一批可复制、可推广的专利导航创新经验，专利数量逐年提升，专利保护力度得到强化。

成 效

张江科学城已经成为全国生物医药产业的创新高地。2014—2021 年，全国共批准 99 个创新医疗器械，有 18 个来自张江科学城；2019 年，诞生了全国 1/3 的 I 类创新药；2020 年，全国批准上市的 8 个抗体药物中有 5 个来自张江科学城；新冠肺炎疫情期间，全国首批 7 个检测试剂盒，有 3 个来自张江。生物医药产业不仅成为上海科创中心建设的重要支撑，也为保障全国产业链、供应链安全稳定发挥了重要作用。

三、上海紫竹高新区：通过科技金融信息平台解决融资难题

作为全国唯一的以民营经济为运营主体的国家高新区，上海紫竹高新技术产业开发区对民营企业经营的难处有着切身的感受，对园区内中小微科技型企业融资难、融资贵有深

刻的理解。2017年以来，为切实缓解这一问题，紫竹高新区管委会委托紫竹小苗基金启动搭建“紫竹高新区科技金融创新服务信息平台”（以下简称“紫竹科技金融平台”）。该平台集企业融资需求、银行金融产品、科技金融中介服务三大要素于一身，旨在打造高新区统一的科技金融信息交互平台，通过引入紫竹专项资金，推动科技企业与金融机构的深度合作，同时连接政府政策、科技动态、专业服务机构的最新信息，降低科技企业融资成本，提高融资效率。

2018年9月12日，紫竹科技金融平台通过一期验收，在技术、模式、服务及机制四方面成功实现创新，有效提升了紫竹高新区的科技金融服务能力。企业需要通过园区内专业科技中介的尽职调查评估后才能上线，降低了金融机构对企业资质的顾虑。此外，园区还通过自有的天使基金率先对企业进行投资，有了园区提供的零成本信用背书，企业更容易通过平台获得贷款融资。截至2021年8月，紫竹科技金融平台已汇集600多家中小企业以及300多家股权投资机构及银行。

紫竹科技金融平台已成为闵行区特色金融创新服务的“标签品牌”。该平台率先通过信息化方式帮助园区科技型企业解决融资困难，把企业的诉求信息与银行、投资机构的产品信息进行有效对接，打造了“股权+债权+专业服务”三位一体的服务体系，开创了闵行区金融服务平台化的先河。

紫竹科技金融平台的发展设想是成为一个类似淘宝网的金融交易科技平台，具备个性化、选择广、效率高的特点，能够满足多元化的融资需求。同时，立足高新区，服务“紫竹创新创业走廊”区域，辐射覆盖全闵行，为闵行区建设上海南部科创中心及国家科技成果转移转化示范区贡献力量。

四、重庆高新区：建立全国首个石墨烯专利数据库

2014 年，重庆高新技术产业开发区把石墨烯产业作为区内战略新兴产业，支持优先发展，予以重点扶持。深入研发和科技创新，促使石墨烯成为高新区一张响当当的名片。为推动科技数据、检验检测等资源共享，支持石墨烯产业化应用研究，2015 年 9 月，重庆高新区与重庆市知识产权局合作，启动建设全国首个石墨烯产业专利分析与专利数据库（以下简称“石墨烯数据库”）。该数据库于 2016 年建成并投入使用。❶

石墨烯数据库收录了经过深度加工的中国以及其他主要国家和地区的石墨烯产业专利数据并保持更新，囊括了国内外石墨烯产业所涉及的技术和产品，同时跟踪国内外与重庆九龙坡区、高新区重点支柱产业相关的知识产权发展情况，对该领域的研究成果进行了全面有效总结。此外，石墨烯数据库还提供检索和统计分析功能，能够帮助企业实现快速、精准的检索和统计分析，为园区石墨烯产业相关企业获取市场发展动向，了解专利信息，提高专利申请效率以及进行石墨烯的产业化应用研究带来了便利。

---

❶ 张莎：“深化重庆高新区知识产权工作加快建设国家自主创新示范区”，载 http://cq.ifeng.com/a/20160822/4891812_0.shtml，最后访问时间：2021 年 9 月 30 日。

随着石墨烯产业的发展，相关企业逐渐增多。重庆高新区将新增企业纳入石墨烯数据库使用名单，为其提供数据支持，助力企业创新及石墨烯产业发展。

第四节 如何培育园区内企业知识产权人才

高品质的知识产权人才是一种复合型人才。理想的知识产权人才应具备一定的理工背景和扎实的法学基础，并掌握一定的工商管理和经济学知识。知识产权人才不仅有助于保护企业的核心智力资产，规避权利纠纷，还可以参与企业发展战略的制定与实施，为企业的可持续发展保驾护航，对高新企业的经营具有重要意义。

在培育园区内企业知识产权人才方面，各产业园区主要从“引才”和“育才”入手，一方面推出具有吸引力的人才政策，吸引知识产权人才落户园区，提高企业的知识产权保护水平、运营水平；另一方面广泛联合政府机构、高校、律所、服务机构等资源，搭建平台，创新人才培养模式，开展知识产权培训、讲座、沙龙等活动，构建多主题、多层次的知识产权培训体系，提高企业知识产权人才队伍素质。

培育园区内企业知识产权人才，不仅有助于增强企业的知识产权意识，营造园区知识产权氛围，还能切实提高企业的知识产权管理水平，密切知识产权与企业经营的联系。

一、上海张江科学城：多方共推知识产权人才培育

（一）开展专利工作者培训班

2019年11月，为加强知识产权实务人才培养，提高企事业单位的专利工作能力，帮助张江科学城企事业单位做好专利试点、示范单位申报的准备工作，上海推进科技创新中心建设办公室（以下简称“上海科创办”）联合上海市知识产权服务中心举办张江知识产权系列活动——上海市专利工作者培训班。

培训班主要面向工商注册地在张江科学城或张江核心园的企事业单位中从事专利管理和服务的人员以及相关的科技工作者、法律工作者，课程内容包含专利基础知识、企业知识产权管理、大数据行业知识产权保护、专利申请与审查、专利权的形式和保护、专利信息利用及专利资产评估等。此外，上海科创办还提供全额培训费补贴，每家单位限1人，以提升知识产权工作者参与培训的积极性。

（二）联合培育知识产权海外维权人才

2020年4月，上海市发布《关于强化知识产权保护的实施方案》，提出“在长三角生态绿色一体化发展示范区、张江科学城等区域先行先试知识产权保护创新政策”。张江科学城积极响应号召，不断加强各类知识产权争端风险防范和应对能力建设。在上海市商务委的支持下，由上海国际贸易

知识产权海外维权服务基地与英国伦敦大学玛丽女王学院商法研究中心合作举办的公益项目“第四届国际贸易知识产权海外维权高级研修班”于2020年9月在张江园区开班。

该研修班采取国内线下专题辅导与国外教授线上培训相结合的方式授课，并通过公众号、网站等渠道，组织长三角地区的知识产权工作者参与学习。课程通过对英国和欧盟等国家和地区知识产权法的解读和比较，增进知识产权工作者对全球化背景下知识产权法律问题的理解；通过案例教学与专家辅导相结合的方式，对相关国家知识产权法的核心要点进行实践性培训，介绍法律解释、推理、论证的技巧，提升了知识产权工作者的实务能力。

该研修班为集聚在张江园区的高科技企业以及长三角地区的知识产权界同人提供了进一步了解对外贸易知识产权规则的平台，在提升知识产权工作者维权能力的同时，充实了国际贸易知识产权人才的储备。

（三）举办知识产权系列活动

知识产权是建设创新型国家的重要支撑，也是企业参与全球竞争的核心要素。为进一步强化张江科创企业海外专利的战略布局意识，提升海外专利布局与运营实务能力，张江科学城建设管理办公室联合同济大学上海国际知识产权学院、上海科创中心海关举办张江知识产权系列活动。

系列活动第一场于2021年7月30日在张江科学城启动，主要面向园区内企事业单位的知识产权管理人员、科研人员，高校、科研院所的知识产权工作者等，邀请高校教师、政府机构负责人等针对当下热门的知识产权话题和最新政策做专题讲座，深入探讨企业如何基于自身的市场、技术和知识产权工作基础开展高价值专利国内外布局、应对海外专利纠纷、探索知识产权公证保护新路径，为相关工作者提供知识产权创造与保护的新思路，助力园区企业在经济全球化的背景下更好地保护自身的无形资产。

二、苏州工业园区：中新合作赋能知识产权人才培训体系建设

（一）构筑知识产权人才“金字塔”

苏州工业园区不断探索知识产权人才培养体系，构筑立体式的知识产权人才“金字塔”。2014 年，国家知识产权局批准在苏州工业园区成立江苏省首个国家中小微企业知识产权培训基地。2019 年 7 月 26 日，《苏州工业园区优化营商环境行动方案》发布，提出要加大国家中小微企业知识产权培训（苏州）基地建设力度，积极探索支撑创新发展的知识产权国际化运行机制，打造知识产权的国际合作样板区。

国家中小微企业知识产权培训（苏州）基地依托园区知识产权人才“金字塔”的主阵地——独墅湖图书馆，立足苏州，服务江苏，辐射全国，致力为江苏省及全国中小微企业培养应用型、实战型、操作型的知识产权经营管理人才。[1]

---

[1] 国家知识产权局网站：“江苏首个国家中小微企业知识产权培训基地获批成立”，载 http://ip. people. com. cn/n/2014/1105/c136655 - 25977169. html，最后访问时间：2021 年 9 月 13 日。

该基地以“资源整合、发展创新”为宗旨，力求串起完整的知识产权人才培育服务链，目前已完成“人才库、师资库、课程库”建设，形成标准课程模块，举办或承办了一系列面向中小微企业的知识产权培训、讲座、沙龙等活动。仅2016年就举办各类论坛、培训、沙龙等共计36场，超过500家企业的5200余人参加，推动了中小微企业全面提升知识产权创造、运用、保护和管理能力。

除国家中小微企业知识产权培训（苏州）基地外，园区还拥有江苏省知识产权培训基地、智慧芽知识产权学院等线上线下培训平台，拥有国家专利代理师（人）资格证书的知识产权专业人员已超过300位。2017年4月25日，“知识产权人才发展创新论坛”在国家中小微企业知识产权培训（苏州）基地举行，首度发布《江苏省企业知识产权人才调研白皮书》，并成立“江苏省企业知识产权人才研究与促进中心”“苏州市知识产权经理人沙龙”。截至2020年4月，园区累计组织举办了23期知识产权专题活动，如“第三届桑田岛产业知识产权论坛”“知识产权与生命健康论坛”“中日医药专利保护及专利链接制度讲座”“人工智能专利保护沙龙活动”“PCT申请及保护”等，服务人数超千人。园区知识产权培训、课程、师资体系逐步形成，能够持续为企业输送知识产权实务人才。

（二）与新加坡联合培养知识产权实务人才

2019年10月，苏州工业园区管委会与新加坡知识产权局国际事务机构签署合作备忘录，双方在知识产权国际化人才培养等方面达成协议。[1] 双方将共同开展知识产权实务人才培养合作，组织政府、企业和研究机构参与；推动建立知识产权运用和商业化国际合作机制，推动以知识产权为载体的高质量创新成果在园区转移转化；园区今后将积极组织相关单位和机构参与新加坡知识产权周活动，借助该平台加强园区品牌的国际宣传；新方将为有意拓展国际市场的园区企业提供服务与策划等。

2020 年 7 月 3 日，《苏州工业园区优化营商环境创新行动 2020》发布，该文件规定提升知识产权保护和运用能力，包括鼓励引进境外知识产权服务机构，深化中新知识产权国际交流与合作等。

2020 年 8 月，中新知识产权国际化人才培训在园区开班，这是中新合作备忘录中就知识产权国际化人才培养落地的一项重要内容。培训共计 4 场，围绕企业创新转型升级、知识产权商业化、专利情报助力科技企业制胜等主题，采用新方线上授课、园区线下集中学习的形式。新加坡国立大学工程领导力研究院、工程学系副教授孙慧萍作为首期分享嘉宾为企业深度解读《企业的创新转型升级与知识产权保护》；27 家科技型企业代表集中充电，并获得新加坡知识产权学院颁发的结业证书。[2]

---

[1] 苏州工业园区管理委员会："集聚中新力量 培养知识产权人才"，载 http://www.sipac.gov.cn//szgyyq/bayue/202008/10d71f14fe8e40b3840d37d2a84c113c.shtml，最后访问时间：2021 年 9 月 13 日。

[2] 苏州日报："中新知识产权合作迈新步"，载 http://www.sipac.gov.cn/szgyyq/mtjj/202008/1545e6fca8864dffac8a0ac18197cfce.shtml，最后访问时间：2021 年 9 月 11 日。

三、苏州高新区：发布知识产权领军人才政策

苏州国家高新技术产业开发区于2012年获批全国首家知识产权服务业集聚发展试验区，并于2016年成为全国首批国家知识产权服务业集聚发展示范区之一，已形成完整的知识产权服务链，形成了较好的示范效应。随着各地陆续开展知识产权服务业集聚发展试验区建设，苏州高新区在知识产权服务业发展，特别是高端人才和优质项目引进等方面，面临着激烈的竞争，且区内企业的知识产权部门建设与先进企业相比有较大差距。为进一步加强高端人才和优质项目引进，推动区内重点科技企业提升知识产权管理水平，2017年8月，苏州高新区在江苏省率先推出知识产权人才政策——《苏州高新区知识产权领军人才计划实施细则》。

该政策将知识产权领军人才分为“创业领军人才”和“创新领军人才”两类，并对申报条件、评审方式、扶持政策等做了规定。

（1）申报条件。创业领军人才的申报要求注重人才条件，在人才学历、资质，对企业投入、股份比例等方面都有相应要求。创新领军人才的申报要求则是人才与企业条件并重，在人才学历、资质和企业资质、税收等方面设定了相应条件。

（2）评审方式。创业领军人才、创新领军人才主要通过专家集中评审、风险投资机构推荐、创业大赛优秀项目推荐三种途径申报，常年接受申报，区科技局定期组织审核，每年组织一次专家集中评审。

（3）扶持政策。主要从资金方面对所立项目进行支持。对创业领军人才，最高给予50万元启动资金支持；对创新领军人才，最高给予20万元扶持基金支持。

此外，为进一步提高知识产权服务机构和企业引进高层次知识产权人才的积极性，该政策规定，具备一定资质的知识产权服务机构和企业引进符合条件的硕士及以上知识产权人才可申请相应补贴，补贴标准为2万元/人，每年每家服务机构申请奖励人数不超过2人，每家企业累计不超过3人。

管理方式上，区科技局组织对知识产权领军人才项目进行中期检查和验收。各下属单位对各自辖区范围内的领军人才服务机构和企业进行日常监督和管理。

苏州高新区相关负责人表示，知识产权领军人才政策的出台，对引进与培育创新创业高端知识产权人才起到了积极作用，在为区内企业提供更优质知识产权服务的同时，也推动了区内企业加快建立管理规范、运行高效的知识产权管理体系步伐，促进企业知识产权创造、运用、管理和保护能力快速提升。

成　效

"知识产权领军人才政策"经过三年选拔，累计立项28个，其中创业领军人才项目10个，创新领军人才项目18个；截至2020年5月，苏州高新区知识产权从业人员超过5000人，培养江苏省知识产权工程师近200人、专利代理师超过200人；累计获批江苏省知识产权领军人才44人、骨干人才

70 人，并有 2 人入选江苏十大杰出专利发明人，1 人入选省十大优秀专利发明人；累计引进超过 100 家知识产权服务机构，品牌服务机构及其培育单位占比超过 40%；万人有效发明专利 122 件，是苏州市平均水平的 2 倍、江苏省平均水平的 4 倍。苏州高新区已形成门类齐全、内容完整、服务高端的知识产权服务产业链。

四、广州开发区：以中新知识城为载体集聚知识产权人才

（一）打造中新广州知识城，吸纳知识产权人才

2010 年 6 月 30 日，中新广州知识城奠基，旨在以知识经济为创新模式，汇聚高端产业与人才，打造一座经济、人文、生态高度和谐的可持续发展城市。这是继苏州工业园、天津生态城之后，中新两国又一跨国合作的标志性项目。

广州知识城规划建设占地 622 亩、总投资 60 亿元的知识产权服务园区，以作为落实国家知识产权运用和保护综合改革试验的高端平台载体。高标准打造知识产权交易中心大厦和保护中心大厦等主体建筑，突出运营和保护双核功能，引进、培育一批具有引领示范作用的知识产权特色服务机构及高端知识产权人才。

（二）发布新政，补贴高端知识产权人才

2020 年 12 月 31 日，广州市黄埔区、广州开发区发布

《广州市黄埔区、广州开发区、广州高新区知识产权专项资金管理办法》，有效期 5 年。在人才引进方面具体包括以下内容。❶

（1）国家高新技术企业、瞪羚企业、省级以上科研机构，设有独立知识产权管理部门，新引进或培养知识产权中高级管理人才，具备专利代理师（人）资格证书或广东省知识产权专业方向高级或正高级专业技术资格职称，一年内申请发明专利不少于 20 件或 PCT 国际专利不少于 5 件的，给予一次性扶持 25 万元。

（2）加强知识产权人才队伍建设，计划 5 年内引进各类知识产权人才 100 名。经遴选，对本区新引进的知识产权领军人才、青年拔尖人才，按其在本区实际购房金额的 80% 分别给予最高 250 万元、50 万元购房补贴，分 5 年等额发放，并对参与遴选的知识产权领军人才和青年拔尖人才从年龄、学历（职称）、工作经验、年收入等方面作了规定。

五、北京中关村：构建主题鲜明、层次多样的知识产权培训体系

中关村知识产权服务业联盟于 2013 年 7 月 30 日在北京中关村示范区成立，涵盖代理、信息、法律、商用化、评估和培训六大类知识产权服务领域，充分发挥集群优势，整合

❶ 中国新闻网："广州开发区建全球知识产权高地 企业最高可获 200 万元资助"，载 https://baijiahao.baidu.com/s?id=1687961182823085978&wfr=spider&for=pc，最后访问时间：2021 年 9 月 20 日。

知识产权服务业上中下游资源，对接中关村各分园区、产业基地、企事业单位等主体，以期提供优质高效的知识产权服务。❶

涉及培训服务的内容包括知识产权教育培训、知识产权人才职业能力框架设计、职业分类分级实务培训、国际交流及引进人才类培训等，逐渐形成主题鲜明、层次多样的培训体系。

（1）通过企业高层知识产权培训，帮助企业高层增强知识产权战略规划和布局意识，提升知识产权管理和运用能力。

（2）通过企业知识产权经理人沙龙，聚焦行业热点，探索前沿理论，分享实务经验，服务园区发展。

（3）通过知识产权大讲堂，开展以“企业知识产权管理运用的中美实务”“知识产权质押融资助力企业发展”等为主题的交流培训活动，提升企业的知识产权运营能力。

六、杭州高新区（滨江）：加大对知识产权智力资源引进的奖励力度

2021 年 6 月 30 日，杭州高新技术产业开发区（滨江）发布《关于进一步加强知识产权工作的实施意见》，新增专利代理机构等级评价奖励，并将资助对象扩展到事业单位，对单位和个人分别给予奖励，进一步鼓励知识产权人才和服

❶ 王康：“全国首家知识产权服务业联盟在中关村成立”，载 http://ip.people.com.cn/n/2013/0802/c136655－22420587.html，最后访问时间：2021 年 9 月 17 日。

务机构培育引进。

（一）培育引进知识产权人才

对区属企事业单位新获得或新引进具有国家知识产权领军人才称号的专业服务人才，给予单位10万元、个人10万元奖励；对区属企事业单位新获得或新引进具有国家知识产权百名高层次人才、全国专利信息领军人才称号的专业服务人才，给予单位5万元、个人5万元奖励。

（二）培育引进知识产权服务机构

对总部设在区内的国家级知识产权服务品牌机构，给予一次性奖励50万元；国家级知识产权服务品牌机构在区内设立分支机构的，给予一次性奖励10万元；区内专利代理机构依据《专利代理信用评价规范》（TZPAA 001—2021）获得A级评价的，给予一次性奖励10万元。

对具有行业主管部门许可的合法资质且依法经营的知识产权服务机构，给予三年实际使用面积80%的租金补贴，最高补贴500平方米（国家级知识产权服务品牌机构最高补贴1000平方米）。

第二章　产业园区如何助力企业知识产权创造

第一节　如何从政策层面激励企业知识产权创造

政策是政府指引企业适应经济新模式、开展知识产权工作的重要工具，知识产权激励政策的制定与发布，一方面可以完善丰富知识产权领域的顶层设计，为创新驱动发展战略提供了现实支撑；另一方面，能够为企业注入创造研发的动力，推动知识产权创造量质齐升。

各产业园区在制定知识产权创造激励政策时，不仅参考国家有关规定、其他园区的先进经验和做法，还进一步结合园区特点，因地制宜地贴合当地产业发展模式，打造园区品牌。例如，通过设立知识产权专项资金，从授权专利补贴、高价值专利组合培育、优势企业扶持、争先创优奖励等多角度对企业予以资金补助；对接社会金融服务，从融资贷款、金融保险等角度出发，为企业的创新保驾护航；设立管理规范，鼓励并支持企业将知识产权进行转化运用，为企业的成果转化搭建平台。在产业园区一系列政策的激励和引导下，一批批高质量授权专利纷纷涌现，园区企业逐渐从政府引导创造转向自己主动创造，知识产权创造的积极性得到显著提升。

一、广州开发区：出台知识产权专项资金管理办法

2016年7月13日，国务院批复同意在中新广州知识城开展知识产权运用和保护综合改革试验，要将广州知识城打造成“立足广东、辐射华南、示范全国”的知识产权引领型创新驱动发展之城。自此，广州开发区成为全国首个也是唯一的知识产权综合改革试验田。

广州开发区作为广州建设国际科技创新枢纽的核心区，拥有众多高新技术企业，企业在创新创业的过程中对知识产权服务有着巨大需求。近年来，广州市黄埔区、广州开发区高度重视知识产权事业发展对全区创新驱动发展战略的支撑作用，关注知识产权顶层设计，多次出台关于知识产权的重磅政策，不断完善优化全区知识产权政策环境。

2017年5月，《广州市黄埔区、广州开发区加强知识产权运用和保护促进办法》（“知识产权10条”）颁布，主要分为服务机构落户奖励、经营贡献奖励、交易激励、金融扶持、信息分析奖励、保护资助、培训扶持七个板块。绝大部分条款为原创，起点高、力度大，先行先试魄力足，全国范围无

先例，是一项具有突破性、创新性和引领性的政策。2020年4月26日，广州开发区管委会联合黄埔区政府印发《广州市黄埔区、广州开发区、广州高新区进一步加强知识产权运用和保护促进办法》（“知识产权10条”2.0版），在前版的基础上进行了微调，政策自2020年5月17日起施行，有效期为3年。

2018年《广州市黄埔区、广州开发区知识产权专项资金管理办法》颁布，形成全链条知识产权扶持政策体系。

2019年11月26日，广州市黄埔区人民政府、广州开发区管委会印发《推进粤港澳知识产权互认互通办法（试行）》（“知识产权互认10条”），这是黄埔区、广州开发区在知识产权工作方面贯彻落实《粤港澳大湾区发展规划纲要》重要的创新举措。

2020年12月31日，广州市黄埔区、广州开发区发布《广州市黄埔区、广州开发区、广州高新区知识产权专项资金管理办法》（以下简称《专项资金管理办法》），政策有效期为5年。《专项资金管理办法》完善了基于知识产权创造、运营、保护、管理和服务的全链条知识产权政策体系，为该区打造全球知识产权高地提供有力的政策支撑。在知识产权创造方面，主要有以下措施。

（一）大幅度提升知识产权资助力度

《专项资金管理办法》对获得国内（包括港澳台）发明专利授权，通过PCT途径申请专利进入国家阶段（国外），获得美国、日本、英国、欧盟、韩国及其他国家（地区）发明专利授权的情况，分别予以 9000 元到 4 万元不等的专项资助。对于申请资助时处于专利权维持状态的国内（包括港澳台）发明专利，也给予一定的年费资助。

鼓励企业开展高价值专利组合培育，加大资助力度。对拥有一件以上核心基础专利，且该专利获得过中国专利奖或广东省专利奖，同时围绕该核心基础专利在上年度申请一定数量的发明专利、PCT 专利，并提供高价值专利组合分析报告的企业，给予 50 万元到 200 万元不等的资助。

对取得国内证明商标、集体商标注册证书的，每件给予 20 万元资助。对通过马德里体系取得商标注册证并经各指定国核准注册的，或者取得欧盟知识产权局或非洲知识产权组织（OAPI）商标注册证书的，或者在单一国家取得国外商标注册证书的，以及在港澳台地区取得商标注册证书的，均给予一定资金的扶持。

对农产品获得“地理标志产品保护”或以地理标志作为证明商标、集体商标注册成功的，给予一次性扶持 50 万元；对企业获得地理标志保护产品专用标志使用权或者获得地理标志商标许可使用权的，分别给予一次性扶持 20 万元、5 万元。

《专项资金管理办法》保留了原版中版权、集成电路布图设计登记的资助，基本实现了知识产权全类别全覆盖。

此外，该办法还对获得国家、省、市专利奖、商标奖的，按照国家级 100%、省级 70%、市级 50% 的标准给予配套扶持。对撰写获奖专利的知识产权代理机构，按照本区扶持金额的 10% 给予扶持；被国家知识产权局予以驰名商标保护的，给予一次性扶持100万元；对新纳入广东省重点商标保护名录的，给予一次性扶持5万元。

（二）鼓励企业争先创优

符合相应条件的企业可以申请区知识产权优势企业、区知识产权示范企业；申请通过的，分别给予一次性扶持10万元、20万元。区知识产权优势、示范企业有效期均为3年，期满后可重新申请。

此外，还对获评国家、省、市知识产权优势企业（单位、基地、园区）的，分别给予一次性扶持30万元、20万元、10万元；获评国家、省、市知识产权示范企业或版权示范企业（单位、基地、园区）的，分别给予一次性扶持50万元、30万元、20万元。

（三）鼓励企业充分利用专利信息开展研究活动

对国家高新技术企业及各级知识产权优势、示范企业一次性投入2万元以上购买自主品牌专利、商标数据库、检索、管理系统（或账号）的，按实际发生费用的50%给予资助，最高资助5万元。

（四）鼓励企业申报国家、省、市知识产权项目

对获得国家、省、市知识产权主管部门立项资助的知识产权项目，采取后补助的方式给予配套资助，标准分别为100%、70%、50%，最高额分别为500万元、300万元、100万元。

未来，广州市黄埔区、广州开发区将紧紧围绕国务院批复的《中新广州知识城总体发展规划（2020—2035 年）》中“打造全球知识产权高地”的战略目标，继续加大力度推动知识产权创造与运用，强化知识产权保护，发展知识产权服务业等多项战略任务的深入实施，将全区打造为“立足广东、辐射华南、示范全国”的知识产权引领型创新驱动发展之城。

成效

2017—2018 年，广州市黄埔区、广州开发区累计为园区内企业及个人发放知识产权资助超过 2 万项，资助金额总计 2.45 亿元。

2018 年，黄埔区、广州开发区专利申请量首次突破 2 万件，达到 29 203 件，专利授权首次超过 1 万件。截至 2018 年年底，园区通过贯标的企业已达 1134 家，占广州市总量的 35%；其中通过贯标的高新技术企业 666 家，在广州市占比 38%。在知识产权质量提升工程带动下，园区高新技术企业发明专利申请量和有效发明专利量分别占广州市高新技术企业的 44% 和 50%。

2019 年，广州开发区 PCT 国际专利申请量 756 件、发明专利授权量 2803 件，占全市近五成，位居全国 219 家经开区首位。2020 年 1—9 月，该区专利申请量 270 341 件，同比增长 35.1%；专利授权量 16 655 件，同比增长 25.2%；PCT 国际专利申请量 364 件，占全市比例的 36.73%。企业发明专利申请量、授权量、有效量分别占全市的30%、39%、37%。开发区成为全市发明创造的“主力军”。

截至2020年11月，全区专利申请量35 237件，其中发明专利申请量11 157件；专利授权量20 572件，其中发明专利授权量3008件。

不断优化的知识产权政策环境为黄埔区、广州开发区知识产权事业发展提供了重要的推动力。近年来，黄埔区、广州开发区屡获殊荣：2018年，广州开发区知识产权局被国务院知识产权战略实施工作部际联席会议办公室评为“全国知识产权战略实施工作先进集体”；2019年3月，“探索知识产权运用和保护综合改革试验”被国家知识产权局列入第一批知识产权强省建设试点和典型案例；2019年，广州开发区推进的3项工作入选“2019年度广东省知识产权十大事件”。

二、上海张江科学城：设立专项资金支持知识产权发展

上海浦东新区政府计划于“十四五”期间设立张江科学城专项发展资金。为规范专项资金的使用和管理，2021年8月2日，浦东新区政府发布《上海市张江科学城专项发展资金管理办法》，有效期至2025年12月31日。重点围绕强化创新策源功能、打造高端产业重要增长极、提升城市综合服务功能三个方面，加快形成“科产城融合”发展新格局，助推张江科学城打造引领创新发展的国际一流科学城。

张江科学城建设管理办公室会同相关部门，根据科学城建设的目标任务和年度重点工作，编制专项资金预算，发布年度项目申报指南，明确专项资金重点支持方向、支持领域、申报要求等。根据《2021 年张江科学城专项资金政策申报指南》，知识产权资助项目主要有如下几项。

（1）支持建立知识产权管理体系。对获得国家知识产权示范企业称号的企业，给予 30 万元事后一次性支持。

（2）支持开展海外专利布局。对国外发明专利获得授权的，给予一次性奖励每件 10 万元；对国外发明专利授权的，自授权之日起，给予连续六年 50% 的年费资助；对进入国际、国家标准制定组织的标准必要专利，每件给予一次性 30 万元的奖励。对一个单位，每年支持开展海外专利布局资助总额不超过 200 万元。

（3）加强知识产权运营。对企事业单位实施专利导航引领科技创新工作，经综合评定，给予 50% 资助，单个项目资金支持总额不超过 30 万元。

（4）提升版权运用和保护能力。对获得国家、上海市版权管理部门认定的版权示范单位，分别给予 30 万元、20 万元的一次性支持。

成效

2002 年诞生在张江科学城的上海微电子装备（集团）股份有限公司，其封装光刻机产品在中国大陆市场占有率超过 90%。截至 2020 年 6 月，公司累计申请专利 3380 余项，其中发明专利占比达85%以上，PCT（专利合作条约）及海外国家地区专利申请达800多项，占比近25%。公司先后9次获得由国家知识产权局评定的中国专利优秀奖。

截至2020年年底，张江科学城每万人口有效发明专利量384件，位居全国高新区第二位，是上海市平均数的6倍。

三、武汉东湖高新区：注重知识产权资助质量导向

武汉东湖新技术开发区（以下简称“东湖高新区”）不断探索、发展、健全具有光谷特色的知识产权政策体系。基于2011年颁布的《关于加强知识产权工作的若干意见（试行）》以及2015年颁布的《关于进一步加强知识产权工作的若干意见》，东湖高新区管委会与湖北自贸区武汉片区管委会于2019年7月15日联合发布《关于促进知识产权高质量发展的若干措施》（以下简称《知识产权高质量发展措施》），政策有效期为5年。新政凝聚了光谷获评国家知识产权示范园区以来的经验和智慧，也有面对新时代新形势的创新和突破。

（一）覆盖面广

作为高新区知识产权的综合性政策，《知识产权高质量发展措施》覆盖专利、商标、版权（软件著作权）、标准创制、集成电路布图设计等知识产权全领域，包含实施知识产权战略、激励知识产权创造、促进知识产权运用、加强知识产权保护、加强知识产权管理、发展知识产权服务业、建设

知识产权诚信体系七大版块，资助范围包括知识产权创造、运用、保护、管理，以及公共服务激励、专利奖奖励和当前国家和地方重点推进的各项知识产权试点、示范工作需要的配套支持。东湖高新区任意一家企业的任意一项专利自诞生伊始，即进入该措施的支持视野。从管理、运用、保护到衍生出专利组合、专利联盟等，该措施都将“陪跑陪读”。

（二）质量导向

《知识产权高质量发展措施》立足稳中求进的总基调，在对资助资金的使用范围和资助内容的概括上更加科学、规范和明细，合理提升了部分项目的资助额度。

对于一般资助，按照“授权在先、部分资助”的要求，资助范围仅限于获得授权的专利申请。发明、实用新型、外观设计的资助标准分别为5000元、1000元、500元每件，对首次获得专利授权的企业给予对应双倍资助；对通过PCT途径获得美国、欧盟、日本发明专利授权的，每件给予5万元资助，其他国家则为3万元。

对获得中国专利金奖、银奖、优秀奖的企业分别给予50万元、20万元、10万元奖励；对获得中国外观设计金奖、银奖、优秀奖的企业分别给予20万元、10万元、5万元奖励；对获得湖北省专利金奖、优秀奖的企业分别给予20万元、10万元奖励。

对于专项资助，以扶优扶强为导向，根据企业实施不同层次的知识产权战略，开展不同类型的专利信息利用项目，给予择优分级支持，注重企业知识产权工作实效。

此外，该措施加强了激励知识产权创造的力度，对主导创制国际标准的企业，奖励由之前的每项100万元提升至200万元；对主导创制国家标准、行业标准、地方标准的企业则分别给予50万元、30万元、10万元每项的奖励；对参与创制国际、国家、行业、地方标准的企业给予50万元、10万元、5万元、3万元每项的奖励。每家单位一年可获得的标准创制奖励总额由原先的200万元提升至500万元。

（三）精准培育

针对知识产权工作处于不同阶段的企业，《知识产权高质量发展措施》提出了有针对性的支持模式，从政策层面引导企业走上最适合自身现状的知识产权发展之路。对于初创企业，开展“扫零”工程，实施知识产权“启航”计划，对获得授权的首件专利给予双倍资助；对于中小企业，贴息支持其开展知识产权质押融资，解决融资需求大、抵押难的难题；对于优势企业，鼓励支持其开展知识产权贯标认证，开展专利信息利用项目，建设知识产权宣传墙；对于强势龙头企业，支持其实施知识产权战略，打造专利组合、专利池，构建专利联盟。

成 效

2011—2018年，东湖高新区发明专利年度申请量由3253件跃升至18 057件，授权量由145件跃升至5642件。企业知识产权拥有量的持续提升，与当地经济发展形成良性互动，涌现出一批以斗鱼科技、华星光电、烽火通信为代表的知识产权运用能力突出的企业。

四、武汉经开区：发布促进知识产权高质量发展办法

近年来，武汉经济技术开发区作为湖北省和武汉市重要的制造业基地，集聚了汽车及零部件等行业顶尖的工业设计、研发制造、咨询服务资源，形成了较为完善的产业生态，在2019年全国国家级开发区综合实力评比中位列第10名，实现地区生产总值1643.5亿元，占武汉市的9.6%。截至2020年10月，经开区实有市场主体总数近5万户。这一成绩的取得离不开园区营商环境的优化和对企业知识产权的重视。[1]

2019年8月12日，经开区印发《关于促进知识产权高质量发展办法》及《关于促进知识产权高质量发展办法实施细则》，均自2019年9月15日起施行，政策有效期3年。该办法中规定“激励知识产权创造”，具体包括以下方面。

（1）对上年获得中国（含港、澳、台地区）发明、实用新型、外观设计专利授权的单位，分别给予5000元、2000元、1000元每件的资助。

（2）对上年以PCT形式提出的国际专利申请并获得外国发明专利授权的单位，分别给予不超过10万元/件的资助，

---

[1] 中国经济网：“武汉经开区完善知识产权体系 为企业发展铺就‘快车道’”，载https://baijiahao.baidu.com/s?id=1681401121994586312&wfr=spider&for=pc，最后访问时间：2021年9月25日。

且不超过单位实际支付的官费和代理费之和，同一发明创造最多资助不超过10个国家。

（3）对上年获得中国专利金奖、银奖、优秀奖的单位，分别给予100万元、20万元、10万元每项的奖励；对获得湖北省专利金奖、优秀奖的单位，分别给予16万元、6万元每项的奖励；对获得中国外观设计金奖、湖北省外观设计金奖的单位，分别给予20万元、10万元每项的奖励。获得奖励的单位可适当对以上获奖专利的主要发明人给予奖励。

（4）对上年获得国家主管部门认定为中国驰名商标的单位，一次性给予30万元/件的奖励。

成　效

武汉市市场监督管理局数据显示，截至2020年9月30日，武汉经开区（汉南区）完成发明专利申请量2085件，同比增长69.93%，其中企业发明专利申请量1933件，同比增长84.45%，增速均位居全市第一，武汉经开区每万人发明专利拥有量超过120件。

截至2021年6月，全区累计发放知识产权专项奖励资金近2000万元，区内企事业单位获得中国外观设计专利金奖1项、省专利金奖3项、省外观设计专利金奖2项。

五、苏州工业园区：对解决“卡脖子”难题的企业给予重奖支持

为全面实施知识产权战略，进一步推进园区知识产权创

造等工作，2019 年 7 月 1 日，《苏州工业园区进一步深化知识产权战略实施细则》发布，具体包括：

（1）对通过 PCT 向国外申请发明专利并进入国家阶段的企事业单位，每件给予最高 3 万元资金支持，每家企事业年度国外发明专利支持金额累计不超过 200 万元。

（2）企事业单位和个人获得授权的国外专利被列为“江苏省知识产权创造与运用（专利资助）专项资金”补贴对象，每进入一个国家或地区给予 5 万元资金支持，每件专利最多支持其进入 2 个国家或地区。

（3）对于企事业单位年度获得授权的国内发明专利，每件给予 5000 元资金支持。对于企事业单位的首件国内发明专利，再给予 2000 元资金支持。

（4）按实际缴纳的授权费对个人获得的发明专利给予补贴；对于当年度通过科技型中小企业评价，且当年申请发明专利或集成电路布图设计专有权登记的企业，给予 3000 元的资金支持。

（5）企事业单位获得国内注册商标、通过《马德里协定》获得商标国际注册的，每件分别给予 1000 元、不超过 5000 元的资金支持，每家企事业单位每年支持金额累计分别不超过 2 万元、50 万元。

（6）企事业单位进行一般版权作品、软件著作权登记的，每件分别给予 100 元、300 元的补贴，每家企事业单位年度支持数量最高为 20 件。

（7）对企事业单位获得的每件《集成电路布图设计登记证书》给予 1000 元补贴。

2019年7月26日,《苏州工业园区优化营商环境行动方案》("营商环境30条")发布,规定打造知识产权创造核心区,加大授权发明专利奖补力度,提升高质量、高价值专利创造能力。围绕园区主导产业,对拥有核心技术、解决"卡脖子"难题的知识产权企业给予"重奖"支持。鼓励企业开展国际专利布局,支持企业参与国际标准和规则制定,开展PCT国际专利申请和商标国际注册,突破技术和贸易壁垒。

2020年7月3日,《苏州工业园区优化营商环境创新行动2020》发布,规定提升知识产权保护和运用能力,具体包括实施企业海外知识产权布局推进计划、知识产权密集型企业培育计划,形成一批高质量知识产权优势企业。

成 效

"十三五"时期,苏州工业园区累计新增发明专利授权超过1万件,较"十二五"时期增长53.8%。2019年,园区PCT专利申请1134件,发明专利申请7453件,发明专利授权1902件,万人有效发明专利162.28件,各项指标继续保持全市第一。截至2019年年底,园区纳米、生物医药、人工智能三大产业累计完成发明专利申请3644件,PCT专利申请量744件。一批科技企业取得骄人成绩:信达等4家企业获得中国专利奖,苏大维格等4家企业获批国家知识产权优势示范企业,飞依诺等6家企业获得2019年江苏省专利项目奖,盛科等4家企业获得2019年苏州市高价值专利培育奖,金唯智等3家企业获苏州市优秀专利一等奖。截至2020年年底，园区万人有效发明专利 174.4 件，高价值专利 6333 件，均列全市第一。[1]

六、杭州高新区（滨江）：知识产权奖励单项最高 200 万元

2021 年 6 月 30 日，杭州高新技术产业开发区（滨江）发布《关于进一步加强知识产权工作的实施意见》（以下简称《加强知识产权工作实施意见》），旨在进一步增强区域自主创新能力，全面推进国家知识产权示范园区、国家知识产权服务业集聚发展示范区、国家高新技术产业标准化示范区、国家专利导航产业发展实验区建设，提高知识产权创造、运用、保护和服务水平。[2]

政策包含促进知识产权创造、激励知识产权运用、加强知识产权保护、提升知识产权服务 4 个版块共 12 条。在促进知识产权创造方面，主要包括以下内容。

（一）最高 200 万元，推进知识产权创造

与 2017 年版本的政策相比，《加强知识产权工作实施意见》新增了对国家政府质量奖、各级政府质量奖提名奖的奖

---

[1] 苏州日报："构建知识产权保护新格局"，载 http://www. sipac. gov. cn/szgyyq/jyqzk20210430cxzc/202104/2fe351da615247a79ef443b8be661a0d. shtml，最后访问时间：2021 年 9 月 12 日。

[2] 天堂硅谷报："我区发布新政 加强知识产权工作"，载 http://www. hhtz. gov. cn/art/2021/7/19/art_1487008_59029234. html，最后访问时间：2021 年 9 月 19 日。

励，以鼓励质量提升：对新获得国家、省、市、区政府质量奖的，分别给予单位200万元、100万元、50万元、20万元奖励；新获得国家、省、市、区政府质量奖提名的，分别给予单位100万元、50万元、25万元、10万元奖励。

对获得中国商标金奖、中国驰名商标认定的企业，分别给予100万元、50万元奖励。对新获得境外商标注册的企业给予不超过50%的费用资助；鼓励企业品牌建设，对获得浙江省品牌示范企业或浙江省知名商号的，均给予企业10万元奖励。新获得“浙江制造”品牌认证的，给予企业20万元奖励；鼓励标准创新，对参与制定各级标准的企业给予相应5万元至100万元不等的奖励。

该实施意见还对新增的国家专利银奖、外观设计银奖提供相应奖励：新获得中国专利金奖、中国外观设计金奖的专利权人，给予100万元奖励；新获得中国专利银奖、中国外观设计银奖的专利权人，给予50万元奖励；新获得中国专利优秀奖、中国外观设计优秀奖的专利权人，给予20万元奖励；新获得浙江省专利金奖和专利优秀奖的专利权人，分别给予20万元、10万元奖励等。

（二）培育知识产权优势企业

对首次认定为国家知识产权示范企业、国家知识产权优势企业、省专利示范企业的，分别给予30万元、20万元、10万元奖励；鼓励企业参加国家企业知识产权管理规范标准创建工作，对获得国家知识产权局备案机构出具的《企业知识产权管理规范》认证证书的企业，给予认证成本费用奖励。

七、青岛崂山区：依据专利维持年限给予相应奖励

青岛崂山区在山东省先行先试内容全面的知识产权扶持政策，根据区域发展特点，多次优化政策内容，建立了完备的知识产权政策引导体系。

为深入推进新旧动能转换重大工程，推动知识产权工作保持全国一流水平，2020 年 12 月 22 日，崂山区印发《青岛市崂山区促进知识产权工作发展实施细则》（以下简称《促进知识产权工作发展细则》），政策施行期限为 2020 年 1 月 1 日至 2021 年 12 月 31 日，目标建设全国一流的知识产权示范园区和知识产权服务业集聚发展示范区，把崂山区打造成“立足青岛、服务山东、辐射全国”的知识产权高地。[1]

《促进知识产权工作发展细则》分为鼓励知识产权创造、建立专利导航产业发展机制、推进特色知识产权运营、引进和培育高端知识产权服务机构、强化企事业单位规范化管理、加大知识产权人才培育力度、加强知识产权保护、支持专利运用八个方面。在鼓励知识产权创造方面，主要包括以下内容。

（1）对当年授权的专利地址在崂山区的国内发明专利给予奖励，职务发明每件 5000 元，非职务发明每件 2000 元。

---

[1] 崂山政务网：“助推新旧动能转换，崂山区在知识产权方面又发大招儿！”，载 http://www.laoshan.gov.cn/n206250/n18207574/n32212030/n32212041/n32212096/n32212694/191226162513074515.html，最后访问时间：2021 年 9 月 29 日。

对当年授权的国防专利，每件奖励5000元。

（2）鼓励企事业单位通过PCT或巴黎公约途径申请国外专利进行技术保护，对企事业单位在设有专利审批机构的其他国家或地区取得发明专利授权的，每件每个国家奖励2万元，最多按5个国家予以奖励。每个单位每年累计最高奖励200万元。

（3）对专利地址在崂山区的国内有效发明专利，自授权之日起维持至第5年、第10年和第15年的，分别奖励2000元、6000元和13 000元。每个单位或个人每年累计最高奖励200万元。

（4）对集成电路布图设计登记予以奖励，当年获得“集成电路布图设计登记证书”的，每件奖励2000元。

此外，该细则还强化企事业单位规范化管理，从企业层面对知识产权创造给予激励。对获批国家知识产权示范企业、国家知识产权优势企业、山东省知识产权示范企业、山东省知识产权优势企业的，分别奖励20万元、10万元、10万元和5万元。

成　效

截至2018年年底，青岛市崂山区已累计拨付知识产权专项扶持资金超过5000万元，精准定位政策扶持方向，以提高专利质量为目标，加大对发明专利授权、PCT国际授权、优质专利维持等的政策支持力度，取消对发明专利申请、PCT国际专利申请、实用新型专利授权等的奖励，通过政策引导，推动崂山区发明专利授权量由2012年的569件增长到2018年的2243件，增长近3倍。

八、烟台高新区：出台综合性知识产权扶持政策

2017年以来，烟台国家高新技术产业开发区抓住建设国家知识产权示范园区契机，切实将实施知识产权战略作为提升产业层次、打造核心竞争力的重要举措，努力推动知识产权工作与科技成果转化、产学研合作、创新创业、专利协同运用等深度融合，不断健全完善知识产权创造、运用、保护、管理、服务机制和体系，取得明显成效。

（一）强管理，构建完善推进体系

烟台高新区出台《国家知识产权示范园区烟台高新技术产业开发区工作规划（2017—2019）》，成立国家知识产权示范园区建设领导小组，设立知识产权示范园区建设领导小组办公室，配备专职人员，落实专项经费，建立专项考核评价机制，扎实推进知识产权示范园区建设。

（二）出台全市首部综合性知识产权扶持政策

2019年7月，烟台高新区立足本区实际，优化整合专利、商标、集成电路布图设计、地理标志等相关扶持政策，出台烟台市首部、山东省第二部综合性知识产权扶持政策——《烟台高新区知识产权专项扶持资金管理办法（试行）》，旨在进一步提升知识产权在激励企业自主创新、推动高质量发展和优

化营商环境方面的作用。[1]

专项资金主要用于知识产权创造、运用、保护、管理、服务五个方面。其中，知识产权创造资金主要用于发明专利、集成电路布图设计、注册商标、地理标志保护产品等资助；PCT发明专利申请资助；国内有效发明专利维持资助；新认定驰名商标资助，具体有：

（1）获得国内发明专利授权的，每件资助2000元。

（2）获得国外发明专利授权的，单位每件每个国家资助2万元，个人每件每个国家资助1万元；对同一件发明专利在多个国家（地区）获得发明专利授权的，最多按5个国家（地区）予以资助。

（3）PCT专利申请，单位申请每件资助1万元，个人申请每件资助4000元。

（4）有效发明专利维持资助。国内发明专利自申请之日起满5年的，每件资助1000元；满8年的，每件资助2000元；满12年的，每件资助3000元。

符合上述四款资助政策的，每家单位每年资助总额最高不超过50万元。

（5）获得“集成电路布图设计登记证书”的，每件资助2000元。

（6）企事业单位通过《马德里协定》获得商标国际注册的，每件资助2万元，每年最高不超过5万元；企事业单位

---

[1] 刘玉涛、孔梅力：“高新区出台烟台市首部综合性知识产权扶持政策”，载http://yantai.dzwww.com/ytxw/gxq/201907/t20190726_17016839.htm，最后访问时间：2021年9月23日。

取得国内注册商标的，每件资助500元，每年最高不超过4万元。

（7）新认定的驰名商标，每件资助110万元。

此外，园区还从企业层面对知识产权创造给予激励，鼓励企业争先创优。

（1）新认定的烟台高新区知识产权优势企业、山东省知识产权示范企业、国家知识产权优势企业、国家知识产权示范企业，一次性分别资助10万元、10万元、20万元、30万元。

（2）开展知识产权密集型企业培育工作。年专利授权量达10～15件，且发明专利不低于5件的，奖励5万元；年专利授权量达16～25件，且发明专利不低于10件的，奖励10万元；年专利授权量达25件以上，且发明专利不低于15件的，奖励20万元。

除了数量，烟台高新区还注重知识产权创造的质量，鼓励专利质量上新高。对获中国专利金奖、银奖、优秀奖的项目，分别奖励100万元、70万元、50万元；对获山东省专利奖特别奖、一、二、三等奖的项目，分别奖励100万元、50万元、20万元、10万元；获得烟台市专利奖一、二、三等奖的项目，分别奖励5万元、3万元、1万元。此外，鼓励"创客"创新创业，对在高新区3年内注册的中小微企业首件国内授权发明专利（受让除外）一次性奖励3万元。

成　效

2016—2019年，烟台高新区发明专利年申请量由388件增加到448件，有效发明专利数量由271件增加到496件，万人发明专利拥有量连续四年位居全市第一。2020年上半年组织区内企业申报区级知识扶持资金，共拨付11家企业101.2万元。❶ 截至2020年7月，30家企业通过知识产权贯标认证，10家企业获批国家知识产权优势示范企业并通过国家知识产权局优势示范考核。区内企业8项专利成果获省级以上专利奖，其中中国专利奖优秀奖4项。2020年上半年推荐的"一种海洋平台的建造实施方法"专利项目获山东省专利奖一等奖，推荐的"Eylea及其生物类似药专利导航"项目获山东省知识产权立项。

第二节　如何建立帮助企业知识产权创造的服务体系

园区内企业的知识产权创造不仅需要自身创新能力的提升和创新机制的建立，还有赖于外部服务体系的完善，例如知识产权代理、科技创新指导等。外部服务体系可以分为园区层面和第三方服务机构层面。园区可以通过构建知识产权服务联盟（平台）、开展相应的服务项目、创新服务方式等，为企业知识产权创造提供良好的外部环境。此外，园区还可以通过知识产权服务业载体建设、制定相关引进政策等，集

❶ 张菁："烟台高新区深化国家知识产权示范园区建设，推动企业创新驱动发展"，载https://baijiahao.baidu.com/s?id=1672353022848207865&wfr=spider&for=pc，最后访问时间：2021年9月23日。

聚市场化第三方服务机构，优化园区知识产权服务环境。

构建高质量的知识产权服务体系，为企业提供专业的知识产权指导服务，可以帮助企业更为全面地掌握相关领域的知识产权信息，制定合理的知识产权战略，避免重复研发和不必要的资源浪费，提升企业知识产权创造的效率。专业的知识产权服务是促进企业知识产权发展，推动区域经济提质增效的重要因素。

一、北京中关村：打造服务业联盟及服务管家项目

（一）成立全国首个知识产权服务业联盟

2013 年 7 月，中关村成立全国首个知识产权服务业联盟——中关村知识产权服务业联盟，53 家知识产权服务机构成为中关村知识产权服务业联盟首批成员单位，这将有效促进知识产权服务与科技创新的融合，提升中关村各创新主体的知识产权创造、运用、保护和管理能力。联盟为企业提供优质高效、种类丰富的知识产权服务，涵盖代理、信息、法律、商用化、咨询和培训六大种类，具体包括以下内容。

1. 代理服务

涉及专利、商标、著作权、集成电路布图设计、植物新品种的申请、注册、登记、复审、无效、异议等代理服务。

2. 信息服务

涉及知识产权信息检索分析、数据加工、文献翻译、数据库建设、软件开发、系统集成等信息服务。

3. 法律服务

涉及知识产权法律维权援助，企业上市、并购、重组、清算、投融资等商业活动中的知识产权法律服务。

4. 商用化服务

涉及知识产权评估、价值分析、交易、转化、质押、投融资、运营、托管等商用化服务。

5. 咨询服务

涉及知识产权战略咨询、政策咨询、管理咨询、实务咨询等服务。可以分为：推动重大项目决策、行业发展规划、产业联盟构建中的咨询服务；企业管理制度完善、服务贸易、市场拓展、海外布局、核心技术转让、标准化等事务中的咨询服务。

6. 培训服务

涉及知识产权教育培训，提升知识产权服务从业人员的专业素质，涵盖知识产权人才职业能力框架设计、职业分类分级实务培训、国际交流及引进人才等培训服务。

联盟成立后，品牌服务机构竞相涌现。截至 2016 年年底，中关村知识产权服务业联盟共有 21 家机构被评为全国知识产权服务品牌机构和全国知识产权服务品牌培育机构，14 家机构被评为国家知识产权分析评议服务示范创建机构。此外，知识产权服务新业态日渐兴起，以“互联网 + 知识产权”为特色的服务新业态快速发展，涌现出一批以“创意宝”“知果果”“思博”“来注标”等为代表的知识产权服务业电商新品牌。

（二）启动中关村知识产权服务管家项目

2016 年 4 月，中关村成为全国首批国家知识产权服务业集聚发展示范区之一，这将进一步引导和鼓励知识产权服务业在中关村集聚发展，创新知识产权服务模式，加速知识产权服务业与产业的深度融合。

2020 年 7 月 14 日，中关村知识产权服务管家项目启动。该项目是中关村知识产权促进局深入园区开展知识产权服务的积极尝试，也是促进局与“三城一区”（中关村科学城、怀柔科学城、未来科学城、北京经济技术开发区）、中关村国家自主创新示范区分园区联合推进知识产权工作的一项重要举措，旨在结合园区需求，充分发挥服务机构专业优势，进一步增强示范园区知识产权创造、运用、保护、管理和服务能力，探索形成中关村知识产权园区服务最佳模式。中关村知识产权促进局、园区、服务机构三方将紧密配合，保障服务管家项目推进落实。[1]

在服务管家项目中，中关村知识产权促进局将在分园区集聚优质知识产权服务资源，一名工作人员匹配一家专业机构，服务一家园区，着力解决中关村各分园区及“三城一区”存在的知识产权人员、经验不足问题，提升园区知识产

[1] 杨柳：“北京中关村启动知识产权服务管家项目”，载 https://baijiahao.baidu.com/s?id=1672441457525137257&wfr=spider&for=pc，最后访问时间：2021 年 9 月 17 日。

权综合运用水平，激发区域创新潜能。[1] 服务机构将为园区管委会开展知识产权工作提供咨询服务；调研园区知识产权发展现状，掌握政府部门、行业协会（联盟）、服务机构及园区企业的知识产权保护需求；为园区企业提供“一对一”的知识产权专业咨询和辅导；举办知识产权专题培训；编制完成年度园区知识产权服务工作报告等。

二、北京经开区：知识产权保护分中心推行定制化服务

2021 年 4 月 25 日，北京市知识产权保护中心经开区分中心成立，这是北京市首家自贸区知识产权保护中心分中心。分中心通过建设“一站、一室、一庭、一窗、一厅”，打造经开区知识产权综合服务平台，打通知识产权创造、运用、保护、管理和服务的全链条，形成以保护引领创造、促进运用、创新管理、优化服务的发展格局。

（一）打造“五个一”知识产权综合服务平台

（1）一站，就是专利预审工作站。专职预审员围绕四大主导产业，面向经开区企业开展预审备案、专利申请预审、专利复审、无效预审等服务，将专利审查周期由 30 个月缩短为 4— 6 个月。

---

[1] 北京日报：“‘三城一区’及中关村多个园区有了知识产权‘管家’”，载 https://baijiahao.baidu.com/s? id = 1703277097795721070&wfr = spider&for = pc，最后访问时间：2021 年 9 月 17 日。

（2）一室，就是纠纷调解工作室。针对经开区创新主体遇到的知识产权纠纷，组织行业、法律、技术等领域的专家开展调解，给予快速维权援助指导，集聚各类知识产权快速协同保护资源，打造“一站式”知识产权纠纷解决机制。

（3）一庭，就是知识产权巡回审判庭。分中心将与北京知识产权保护中心审判庭合作开展知识产权巡回审理活动，推动经开区知识产权案件巡回审判常态化开展。

（4）一窗，就是商标受理窗口。窗口可办理商标注册申请、费用收缴、代发商标注册证、注册商标专用权质权登记申请等。

（5）一厅，就是知识产权运营服务大厅。通过开展专利检索、知识产权培训及路演、专利导航、组建知识产权运营服务联盟、知识产权质押融资等服务，进一步推动知识产权运营服务工作。

（二）推行知识产权定制化服务

为了更好地服务企业，北京经开区知识产权运营服务大厅于2021年5月底实行“预约定制化”服务，只要是区域内的企业和公众，都可以定制知识产权服务。

应企业要求，2021年7月9日，分中心工作人员来到北京安智因生物技术有限公司，对预审备案及案件提交问题进行详细解答。该生物公司负责人称，作为生物医药企业，他们对专利申请的需求很大，以前申请专利没有指导，周期比较长，现在有了分中心，可以对他们的专利预审工作进行指导，效率大大提高了。在分中心指导下进行预审，再向国家知识产权局提交申请材料，无疑为企业的专利申请上了一道“保险”，让专利申请驶上“快车道”。

该知识产权运营服务大厅还提供免费的知识产权检索服务，可以帮助有意申请专利的企业和个人了解同类专利的情况，避免重复研发和不必要的资金浪费。此外，分中心围绕知识产权政策、运营，商标实务等企业关注的内容，多次举办培训会，提升企业知识产权创造运营效率。分中心还提供快速维权、知识产权保护协作等服务，并结合企业需求，以培训、一对一咨询、上门辅导等多种方式，点面结合，为企业答疑解惑。[1]

从组织企业参与培训，到企业自主提出辅导需求，北京经开区持续将知识产权服务精准输送企业，建立起“企业点单，服务到家”的工作模式，进一步完善了经开区知识产权创造、运用、保护、管理和服务的工作链条。

三、上海漕河泾开发区：以知识产权服务业推动科创中心建设

上海漕河泾新兴技术开发区从2008年开始系统地开展知识产权工作，通过10多年的努力，开发区建成了国家知识产权示范园区和国家知识产权服务业集聚发展示范区，形成了以知识产权服务业为特色的科创服务体系，为科创中心建设

---

❶ 蒋科平：“为创新护航！北京经开区3个月完成超400家企业知识产权业务服务”，载 https://baijiahao.baidu.com/s?id=1705791041576771503&wfr=spider&for=pc，最后访问时间：2021年9月30日。

发挥了重要作用。

为深化服务业集聚发展示范区建设，上海漕河泾开发区出台扶持政策，引导知识产权服务业发展，通过“政府引导＋市场需求＋园区公共服务平台＋专业化运作”共筑多元知识产权服务模式，面上以“漕河泾知识产权服务平台”为公共服务支撑，点上以“三大中心＋两协会＋160余家各类专业服务机构”为专业支撑，“三大中心”即上海知识产权交易中心、上海知识产权服务中心、上海商标审查协作中心，“两协会”为上海市知识产权服务行业协会、上海市商标品牌协会，形成了较为完整的知识产权服务体系。

2016年10月，开发区以“加快发展科技服务业，为创新创业提供支撑”为主题，举办了全国“大众创业万众创新活动周”上海分会场漕河泾科技服务示范区专场沙龙活动，进一步探讨和明确了知识产权是“双创”发展的重要资源和核心竞争要素，是催生创新创业热潮的“催化剂”，大力发展科技服务业特别是知识产权服务业，是开发区参与科创中心重要承载区建设的重要组成部分。要针对区内众创空间、孵化器等“双创”平台开展专项知识产权服务，包括对“双创”平台孵化服务管理人员加强知识产权培训；对“双创”平台中的孵化企业进行定时培训，在企业发展初期进行政策宣讲，灌输知识产权管理意识；引导机构针对企业个性化知识产权服务需求，提供“一对一”“点对点”“面对面”服务。

开发区围绕“一条主线”“两个聚焦”“三大抓手”“四大资源”，推进“五项措施”，构建完备的知识产权服务体系。

“一条主线”是指：实施运用和保护双轮驱动，构建供需两旺的服务市场，加快推进徐汇建设上海科创中心重要承载区进程。

“两个聚焦”是指：聚焦知识产权服务市场化机制建设，聚焦知识产权服务业与区域重点产业融合发展、相互促进。

“三大抓手”是指：抓服务能级提升，大力推进“互联网+”知识产权；抓引导机制建设，健全政策扶持引导机制，激发市场需求；抓项目示范，在共性、关键项目推进过程中，夯基础、建机制、补短板、调活力。

“四大资源”是指：整合区域内“大院、大所、大校、大企”四大优势资源，结合国家新出台法律、政策，先行先试，将资源优势转化为经济优势。

“五项措施”是指：构建“互联网+”知识产权综合公共服务平台；实施知识产权创新培育工程；推进高端知识产权人才培养计划；深化知识产权服务业“嵌入式”发展；打造“徐汇漕河泾”国际化知识产权服务品牌。

（一）构建“互联网+”知识产权综合公共服务平台

（1）建设“三合一”知识产权公共服务平台。依托区知识产权服务中心等机构，充分利用信息化手段整合政府部门、企业、科研院所、高校和信息分析机构资源，实现服务集成化、信息化。

（2）开通“科技创新服务券”知识产权通道，推进面向社会公众的专利、版权、商标等知识产权的检索查询、法律状态评估、在线统计分析、技术价值鉴定等知识产权公共服务。

（3）建立信息数据库，全面掌控园区 4000 多家科技企业的专利申请动态，有的放矢地给企业推送相关政策。

（二）实施知识产权创新培育工程

（1）实施资源对接工程。鼓励知识产权服务机构与区域“四大资源”结对子，以市场化机制推动知识产权供给侧改革创新，提升高价值知识产权创造与运用水平。

（2）实施品牌机构培育工程。鼓励知识产权服务机构进行技术创新、管理创新和商业模式创新；支持服务机构利用云计算、大数据等新兴技术手段开展服务；加强知识产权服务标准的宣传培训，推动建立知识产权服务行业规范；通过行业协会和知识产权产业联盟，加强会员自律，推进行业信用评价、诚信公示和失信惩戒制度建设。

（3）实施专利、标准协同创新工程。支持企业或产业联盟主导制定技术标准，鼓励标准化示范企业或示范产业联盟开展超前专利布局、专利和标准协同创新，推动“专利标准化，标准全球化”。

（4）实施著名和驰名商标培育工程。制定区域商标培育规划，加强培训引导，根据企业发展需求和商标培育意愿，建立重点商标培育数据库，支持重点商标企业开展商标战略规划、预警和运营等工作。

（5）推进数码版权创新保护工程。促进构建更加健全的数字版权法规体系，加快标准的制定和技术创新，鼓励数码相关企业加大技术保护措施的研发和应用，形成整体有效的网络分享与共赢机制。

（6）实施高价值专利培育工程。2020 年 1 月 23 日发布的《徐汇区知识产权运营服务体系建设实施方案（2019—2021 年）》规定：支持漕河泾开发区等产业园区建设一批高价值专利培育示范中心，打造 20 个高价值专利组合；构建若干个集中许可授权的专利池，探索开展商业化运营。

（三）推进高端知识产权人才培养计划

（1）国际化高端人才培育计划。加强与世界知识产权组织和国际机构合作，推动引进欧美技术转移经理人职业培训体系，搭建行业资源与国际机构合作通道，协助区域生物医药、信息产业龙头企事业单位培育知识产权高级管理人才。

（2）创新人才培养计划。提高与区域内高校合作水平，开展知识产权高级管理人才研修班、知识产权管理硕士、技术转移硕士等高层次知识产权人才培养项目。

（3）优秀人才评选计划。鼓励知识产权服务人才不断提高服务质量和水平，树立专业化、国际化服务规范。

（4）人才交流计划。依托区域知识产权服务业联盟，促进成员单位间的协同联动、合作交流和业务研讨；采取培育和引进相结合的模式，推动各类服务人才向示范区延伸、集聚，构筑人才高地；鼓励服务人才参与知识产权试点/示范园区、企业、学校创建工作。

（四）深化知识产权服务业“嵌入式”发展

（1）促进知识产权运用。鼓励服务机构深入创新端和产业端开展业务，支持服务机构参与重大经济科技活动的知识产权评议；设立引导项目，促进高价值专利实现市场价值。

（2）推进企业知识产权发展。支持机构为科技企业开展专利战略制定、知识产权贯标等工作，协助企业构建知识产权管理体系和技术创新体系，推动知识产权管理和服务更广泛融入企业的研发、生产、销售、进出口等环节。

（3）优化知识产权发展环境。鼓励服务机构深入文化、教育等领域开展公益服务，支持服务机构参与知识产权纠纷的预防和调解工作，不断优化区域知识产权发展环境。

（4）打造"零距离"知识产权服务。2020 年 5 月 20 日，上海市商标品牌创新创业（漕河泾）基地成立。基地由漕河泾开发区负责建设，通过打造高端服务平台，围绕商标品牌培育、发展、集聚、提升和保护，为园区企业商标品牌建设提供"零距离"的身边服务。[1]

（五）打造"徐汇漕河泾"国际化知识产权服务品牌

开发区还依托中欧知识产权促进中心、上海市知识产权服务业协会，加强国际交流，扩展国际影响力，为上海中外资各类企业、研发中心提供优质专业的知识产权服务，形成以知识产权服务业为特色的科创服务体系。

（1）提升国际影响力。筹划举办具有国际影响力的知识产权论坛等活动，推动知识产权服务机构加强与国外相关组

---

[1] 新华网："上海漕河泾开发区打造知识产权服务升级版"，载 http://yun.ce.cn/yq/202005/26/t20200526_34977825.shtml，最后访问时间：2021 年 9 月 24 日。

织的合作交流，鼓励服务机构“走出去”学习先进经验，提升示范区在全球知识产权服务网络中的影响力。

（2）加强国际合作。与世界知识产权组织亚太地区分支机构开展合作；探索与国际企业集团创新中心、知识产权教育服务机构等开展合作等。通过加强与国际优质服务资源的合作，提升国际影响力和辐射力。

（3）鼓励开拓国际市场。鼓励科技企业与服务机构进行海外专利布局，支持服务机构利用国际合作交流渠道为企业提供知识产权风险规避和纠纷应对的专业服务，推动跨国技术合作与市场竞争。

（4）加强人才培养。与世界知识产权组织合作，共同举办“WIPO 知识产权服务体系有效运用高级研修班”；与同济大学上海国际知识产权学院签署战略合作协议，在国际人才培养、国际交流等方面开展合作；区内上海中欧知识产权促进中心通过顾问、客座讲学、合作研究、项目攻关等多种形式灵活引进高端智力资源，多次邀请欧洲企业知识产权学院知名教授面向科技企业开展知识产权创新管理培训讲座，内容包括专利阅读、专利数据库信息检索等。

（5）开展横向交流合作。相继同合肥高新技术产业开发区、杭州高新区（滨江）、广州开发区就如何加强知识产权服务业示范区建设和发展知识产权服务业进行深入探讨，加强各单位间互动，促进资源共享，让知识产权在促进产业发展转型、服务地方经济上发挥更大作用。

经验

（一）政府支持引导，市场驱动发展

知识产权服务业发展需要依靠“政府引导＋市场驱动＋行业内部因素驱动”综合实现。沣河泾开发区基于原有良好的知识产权服务业基础，由政府出台相应政策，引进或树立标杆龙头服务机构，促使服务业集群产生，推动行业发展，形成服务业集聚示范区“双轮驱动”发展模式。

集纳政府、服务机构、社会等资源，构建公共服务平台。通过网络平台为政府、企业、服务机构三方搭建桥梁和纽带，发展“虚拟集聚”。一方面，挖掘企业知识产权服务需求；另一方面，通过激发市场潜在需求，开展各类试点项目，提升服务机构服务能力与企业需求的匹配效率。

（二）全面协调发展，重视转型推进

知识产权服务业六大领域的协调发展，是推进地方产业结构调整、转变经济增长方式、提升城市创新功能与企业竞争力的基础条件之一。从行业分工、服务过程、知识创新、政策支持和价值分配角度，系统培育地方知识产权服务业产业链，构建知识产权信息咨询、转化运用、保护维权、培训教育等服务链，是促进区域知识产权服务业全面发展、服务企业与地方经济的重要保证。

在全面协调发展的基础上，开发区重视推动服务机构从传统的代理服务向高端服务转型，通过知识产权贯标、评议、结对子、战略等项目，提升了服务机构对发展趋势、转型方向的认识，也促进了企业从知识产权创造到管理、运用和保护的转变。

（三）优化空间布局，开放集聚发展

在知识产权服务业的空间形态上，应采用“小集聚、大分散”“交织型、嵌入式”的开放式集聚发展模式。以开发区为核心，小规模集聚数十家服务机构，更多的服务机构则分散到整个徐汇区，同时，优化空间布局，改变服务机构集聚在楼宇建筑的观念，依托优越的创新生态环境，使服务机构与企业交织在一起，嵌入式集聚发展一批优质知识产权服务机构。侧重发展“虚拟集聚”，也就是功能集聚，在网络公共服务平台集聚各项知识产权政务资源和优质服务机构资源，通过多种方式服务区域企业。

（四）推动成果转化，促进产业升级

以漕河泾开发区为试点，将知识产权工作与技术转移、产业转移工作相结合，三者合署办公。重点围绕电子信息、生物医药、新能源、新材料等战略性新型产业，通过完善技术创新市场导向机制，加快市场化知识产权服务体系建设，调动企业和科研人员技术创新的积极性。开发区已构建了规范化、常态化的成果转化市场通道，能够充分挖掘、发挥开发区智力成果资源优势，提升各类资源优势的辐射带动作用，促进产业结构优化升级。

（五）聚焦人工智能，打造特色服务

2018 年 1 月 9 日发布的《徐汇区关于建设人工智能产业集聚区的实施意见》提出漕河泾开发区要依托其在高端芯片、智能硬件、智能驾驶、智能制造领域的优势地位，建设人工智能产业集聚园区和应用示范园区。2020年1月23日发布的《徐汇区知识产权运营服务体系建设实施方案(2019—2021年)》支持漕河泾开发区牵头带动在人工智能产业链上下游的创新型企业、高校院所、服务机构组建产业知识产权联盟，在产业关键领域推动建立产学研合作机制和产业核心知识产权研发体系。

漕河泾开发区共有人工智能企业约300家，包含一批行业龙头企业，其中年营业收入超过500万元的成熟企业约260家，年营业收入不足500万元的孵化企业约40家。2017年区内人工智能企业总营业收入约620亿元。开发区一方面积极引导区内服务机构向人工智能企业开展服务，推动服务机构向高端领域发展，另一方面积极对接产业，关注人工智能领域各层次的知识产权保护，探索联合产业联盟设置人工智能知识产权中心，加强对知识产权服务人员的培训，提升服务专业度，加强与人工智能领域机构的合作，争取将示范区打造成国内首个专项提供人工智能全方位知识产权服务的标杆示范区。

特色亮点

（一）工作机制——建立两级管理机制，灵活运用市场机制

示范区建立了“领导小组—协调推进办公室”两级管理机制，领导小组由上海市知识产权局、徐汇区人民政府、漕河泾开发区三方组成，负责对示范区的建设目标、方向和重

要事项进行决策；协调推进办公室由徐汇区知识产权局和漕河泾创业中心组成，在示范区管理过程中灵活运用市场机制，有效利用市场力量。

（二）双优集聚——建设知识产权服务中心，搭建公共服务平台

按照优质服务机构“载体集聚”和优质服务资源“网络集聚”的双优“大集聚”理念，推进“知识产权公共服务中心”（载体）和“知识产权公共服务平台”（网络）两大主体建设。

知识产权公共服务中心作为展示中心、服务中心、机构示范区，以构建知识产权服务“一站式”平台为目标，引入十几家战略合作伙伴作为后台支撑，围绕专利政策咨询、专利成果转化、专利信息检索、专利查新、知识产权培训、知识产权纠纷调解、司法鉴定等提供全方位服务。

首先，知识产权公共服务平台集聚行政项目、机构服务、企业需求等资源，为企业提供知识产权相关政策、法律法规、热点动态、经典案例等内容；其次，平台可以夯实专利信息对产业发展的支撑作用，为漕河泾电子信息等重点发展产业及重点领域提供专业的专利信息库及分析；再次，从行业规范制定、诚信体系对接、业务交流、人员培养等角度，平台可为产业发展发挥引导和促进作用；最后，平台构建示范区微信平台，整合服务机构、企业和专家库资源，定期发布最新政策和服务信息，打造政府、企业和机构信息互通的“快速通道”。

开发区还构建优质服务机构和服务推荐评价机制，将知识产权公共服务平台中的知识产权服务通过知识产权公共服务中心进行宣传推广，引导区内更多企业获得针对性服务。

（三）产业促进——推进知识产权服务项目，促进区域产业转型升级

发挥知识产权服务业的市场杠杆机制和倍增放大效应。以科创成果为依托，以科技型企业的创新需求为导向，以企业知识产权信息处理的需求为着眼点，通过市场化机制发挥专业服务机构对产业创新的支撑和服务作用；通过帮助企业知识产权发展来促进区域产业转型升级；通过每年设立知识产权服务业发展资金，加快推进包括专利托管、重大知识产权评议、企业贯标等知识产权管理和应用试点项目，将企业知识产权产出作为申请区重大产业化项目扶持政策的“一票否决”指标，鼓励企业运用和保护自主知识产权。

（四）氛围营造——多种方式促进区域知识产权集聚发展

举办各种主题论坛、研讨会，加强知识产权维权投诉管理，增强区内企业的知识产权意识和对知识产权运用、保护的能力，从而提高企业创新水平。

成　效

2016—2019 年，漕河泾开发区作为示范区核心区，发明专利、PCT 申请、实用新型申请年均保持 2016—2017 年为 9.2%、2017—2018 年 37.6%、2018—2019 年 20.7% 的增长速度，累计专利申请数分别为 2016 年 25 183 件、2017 年

29 961件、2018 年 35 289 和 2019 年 43 335 件，年平均增幅接近 20%，发明授权量也大幅度攀升。

截至 2021 年 1 月，漕河泾开发区累计专利申请数 5.3 万件，年平均增幅接近 20%，发明专利占比平均达到 65%；发明专利授权突破 1.2 万件，每万人发明专利拥有量提升至 419.6 件，处于全国领先地位。在 2020 年上海开发区综合评价中，漕河泾开发区综合发展指数排名中型园区第一位。2020 年 5 月，漕河泾国家知识产权服务业集聚发展示范区建设入选国家商务部“深化服务贸易创新发展试点第二批最佳实践案例”。

截至 2021 年 6 月，开发区集聚了 160 多家各类服务机构，涵盖知识产权代理、法律、信息、咨询、培训等全链条服务，园区企业“足不出园”即可享受到高质量、全方位的知识产权服务。

四、上海紫竹高新区：加强网络视听产业版权服务

为充分发挥上海市网络视听产业集群的集聚优势，加快形成辐射全国的网络视听产业集群，2010 年 2 月，国家新闻出版广电总局批准上海市文广局与上海紫竹高新技术产业开发区共同建设全国首个国家级网络视听产业基地——中国（上海）网络视听产业基地。中国（上海）网络视听产业基地建筑面积约 45 万平方米，由紫竹高新区集团下属的子公司上海紫竹数字创意港有限公司负责运营，主要涉及网络视听、影视动漫、网络游戏、信息技术、电子商务等领域，累计入

驻企业超千家。

（一）制定知识产权发展战略，推动园区企业互助共赢

高新区（基地）组织技术、专利、法律方面的人才，成立专门工作组，深入调研企业的创新内容与机制，制定了统一的知识产权发展战略和基地内企业间互补的技术路线，形成知识产权上的合力，打破国外企业或机构在视听与文化创意产业上的技术垄断。

（二）建设影视产权服务平台

为培育入驻企业发展，促进产业链延伸和垂直整合，基地规划建设了一系列网络视听产业公共服务平台，包括云计算中心、高清编辑和音效合成系统、节目交易中心、影视产权服务平台、集群渲染平台、人才培训中心等，其中影视产权服务平台于2016年投入运营，已录入产权信息近300万条。服务平台以门户网站的形式为内容制作企业提供版权通告、产权检索、产权交易、数据分析等产权服务。

（三）依托版权监测保护体系，深化版权服务工作

冠勇科技是网络视听产业基地孵化的技术企业，公司自主研发出一站式版权监测保护体系，打造了全时段、全平台、全网络版权监测平台。高新区利用该平台，为区内企业提供如下服务：

（1）版权登记服务：对接北京市版权局、上海市版权局等，实现批量作品快速登记；

（2）版权预警服务：提前向各平台发送权利预警函；

（3）版权监测服务：全网、全平台、7×24 小时服务，会员及海外权利人免费；

（4）线下处理服务：监测中心、律师事务所；

（5）代理公证服务：通过远程电子公证系统及时保全证据；

（6）代理诉讼服务：将案件分发至律师事务所。

此外，基地每年承办“中国网络视听产业论坛”，通过知识产权托管，联合司法机关、文化执法部门、律师事务所等专业机构开展版权维权、举办培训讲座和宣传活动等形式，深化版权服务工作。

（四）成立上海市商标品牌创新创业（紫竹高新）基地

为了更好地为企业提供专业、便利的商标品牌指导服务，2020 年 10 月，上海市商标品牌创新创业（紫竹高新）基地成立，这是闵行区首家商标品牌“双创”基地。上海市全面开展商标品牌创新创业基地建设，是落实国家和上海市对知识产权工作最新部署的切实举措，旨在以基地建设为抓手，促进产业集群、商标密集型产业集聚区、商标品牌服务业集聚区的发展，加速商标品牌与产业发展的紧密融合，充分发挥商标品牌推动经济高质量发展的积极作用。[1]

---

[1] 李逸：“闵行首家！全区逾 13 万注册商标在这里受到保护”，载 https://www.163.com/dy/article/G0VCM03505500E0H.html，最后访问时间：2021 年 9 月 24 日。

成　效

紫竹高新区（基地）设立时提出的“在十年内建设成为年产值超百亿、达到国际一流水平的网络视听产业集聚区”的总体目标已基本完成。截至2020年年底，该基地在上海市文旅局与紫竹国家高新区的全力共建下，累计引入企业超过1850家，其中70%以上为网络视听、影视动漫、网络游戏、技术研发、信息服务等新兴文化领域的企业。2020年，该基地落户企业创造税收收入9.36亿元，产值超过100亿元，在2020年新冠肺炎疫情以及近两年来影视类投资项目减少的不利影响下，同比增长16.27%，引入项目数量与项目总产值年复合增长率超过20%。

五、上海临港松江科技城：为知识产权创造、服务配套保障措施

上海临港松江科技城于2011年获批上海市知识产权试点园区，并于2014年升级为上海市知识产权示范园区。园区始终坚持探索新生代产业园区知识产权“创造→运用→管理→保护”的新模式与新机制，围绕建设“G60上海松江科创走廊”的要求，不断完善园区知识产权制度体系、管理体系、服务体系。2016年，园区获批“国家知识产权试点园区”，《创建试点园区工作方案》，对知识产权创造、运用、保护、管理、服务分别提出了工作目标和相应的重点任务，力争通

过2017—2019年三年的分阶段建设，构建与园区相适应的知识产权管理与服务体系，打造具有强大创新动力和雄厚创业实力的科技产业园区。

（一）工作目标

1. 知识产权创造方面，重视园区知识产权的积累和布局

一是提高园区知识产权产出，提升园区知识产权质量。保持企业专利申请量平稳增长，至试点期结束，园区专利申请量翻一番。PCT国际专利申请量实现一定提高。每万人拥有专利授权量、每万人有效发明专利拥有量稳步增长，每百万R&D经费发明专利授权数有一定提高。二是优化园区知识产权结构。鼓励园区企业积极争创自有品牌，园区软件著作权登记有较大增长，产生千项拥有自主知识产权的科技成果。三是加大培育上海市级和区级专利试点、示范企业，积极创建国家知识产权示范和优势企业。

2. 知识产权服务方面，提升园区知识产权服务水平

一是依托园区产业联盟建设，探索园区产业的专利联盟建设机制。二是加快推进知识产权服务平台建设，丰富相关服务内容。完善园区知识产权信息系统，加强对企业知识产权的统计和分析能力，为区内企业提供知识产权重要信息的推送、相关产业的专利检索、行业技术分析等服务；及时提供企业知识产权法律法规标准文件。三是试点期内，争取在培育十大新兴科技产业、产生十大行业领军人才、百家高新技术企业等知识产权工作上获得突破。四是为区内企业提供专业服务的知识产权服务机构达到10家，形成较完整的知识

产权服务链和较雄厚的知识产权服务能力。五是试点期内，通过引导、促进、培育等服务，使园区内区级以上专利试点示范企业数量翻两番，力争达到40家。

（二）重点任务

1. 知识产权创造方面，激发知识产权创造能力

根据园区产业发展重点，促进企业专利研发和申请，提升园区专利增长量，至试点期结束，园区专利申请量翻倍。提高发明授权总量以及在重点产业的发明专利数量。通过培育和引进国际化、品牌化、专业化的知识产权代理机构，开展知识产权挖掘、申请等公益培训，提高企业知识产权意识，鼓励园区内企业拥有核心技术的自主知识产权，特别是国际知识产权的拥有。建设园区特色品牌，增加园区内著名商标数量，打造1~2个在国际国内具有一定影响力和较大竞争力的知名品牌。

加强生命健康、3D打印、电子信息、智能制造等重点产业领域的知识产权工作，鼓励企业建立专利池或知识产权产业联盟，力争在上述领域突破一批关键技术，掌握一批核心知识产权，促进2~3家企业实施行业标准、国家标准、国际标准的研制。

2. 知识产权服务方面，推动知识产权服务发展

重视园区知识产权公共服务。完善知识产权信息管理平台，逐步建立知识产权信息共享和协作机制，加强对企业知识产权的统计和分析；建立对园区重点产业的专利技术检索和年度分析报告的追踪服务；完善知识产权公共服务平台，

在园区设立知识产权公共服务窗口。

在现有知识产权服务的基础上，开拓园区知识产权服务手段，丰富服务内容。加强园区知识产权服务沟通和协同机制，完善知识产权工作服务体系，重视知识产权工作实效。

（三）保障措施

为有效完成试点园区建设期间的工作目标和重点任务，园区将在组织机构、工作机制、目标管理、工作经费等方面做好保障工作。

1. 机构人员的保障

（1）设立联席会议和知识产权部。在现有的知识产权工作领导小组的指导下，进一步完善园区内的知识产权联席会议制度，联席会议的人员由园区知识产权工作领导小组、知识产权部工作人员和园区其他知识产权协作中心的负责人共同构成，由园区总经理担任会议主席；知识产权部在园区知识产权工作领导小组的领导下，主要由园区知识产权专业工作者组成，具体负责知识产权相关工作的组织、筹备、联络和开展。同时，知识产权部还将会同园区其他各部门指定的知识产权联络员，共同推进知识产权相关工作的开展。

（2）专业人员。园区的知识产权专职服务团队由知识产权专业工作者组成，包括专利工作者、专利管理工程师等，专门为区内企业解决各类知识产权问题；园区与拥有知识产权的企业建立联络员联系制度，通过企业联络员的企业知识产权工作机制，与园区知识产权部交流工作情况，配合在园区中开展各项知识产权工作；园区还与入驻的知识产权服务机构建立特派员巡回制度，根据园区和企业需要，与园区知识产权部协同开展知识产权服务，保证知识产权工作的专业水平；打造由专家咨询委员会和顾问团队等组成的专家团队，成员来自政府、社会组织、高校、律师事务所和专利事务所等知识产权专业机构，专家团队将为园区知识产权工作提供专业支持，协助园区专业服务团队为遇到知识产权相关问题的企业提供咨询和帮助。

2. 工作机制的保障

根据园区知识产权工作的组织机构由知识产权联席会议、知识产权部组成的模式，将主要由园区知识产权部会同园区的发展合作中心、创新服务中心和招商服务中心等部门的知识产权工作人员，共同推进园区的各项知识产权工作。

（1）组织建设。联席会议定期召开工作会议（每年一次），也可根据需要临时召开，主要是通报和商议工作周期内的知识产权工作总结和下一阶段的工作安排。知识产权部则根据工作需要，不定期召开工作协调会，定期召开工作总结会。同时，为提高知识产权部的知识产权服务能力，将不定期安排知识产权相关培训和人员交流。

（2）协同工作。知识产权部根据需开展的知识产权工作的主题和内容，与知识产权协作机构及相关企业、组织，定期或不定期地开展联络、沟通、配合等协同工作，共同推进相关活动和项目的顺利进行。

（3）信息共享。知识产权部按期更新园区内所涉及企业的信息情况，以及与知识产权有关的专门情况，将最新的知识产权工作情况、政策解读、典型案例等，通过刊物印制、公告发布等形式进行推送和宣传，方便企业及时了解、掌握最新动态。

3. 目标管理的保障

（1）知识产权制度建设的体系化。园区拟根据产业发展定位和企业发展需要，完善相关知识产权制度体系建设，将知识产权战略研究、知识产权经费投入、知识产权的增量和提质、专利实施的数量和效益、知识产权综合保护、知识产权宣传培训、知识产权人才培养以及其他相关创建工作逐步形成量化指标，探索知识产权绩效的考评指标体系建设，帮助园区企业参照学习并建立知识产权制度体系，确保顺利实现试点工作的目标。

（2）知识产权管理工作的程序化。以园区服务平台为支撑，通过线上线下的信息共享和推送服务机制，结合试点工作时间表，园区知识产权部将定时、定点总结园区工作经验和不足，对企业知识产权工作开展更深入的指导，定期通报、研究和推进试点工作。

4. 工作经费的保障

为顺利有效开展试点园区工作，园区将通过挖掘自身潜力和充分利用地方的各项资金扶持措施，有步骤地开展园区知识产权工作。

（1）建立园区的知识产权发展资金。园区将设立专项知识产权发展资金，并加大投入力度，专门用于园区内的知识产权工作，支持包括园区的知识产权课题研究、产权转化、宣传培训、人才培养、信息服务及试点示范工作等，促进园区内企业自主知识产权的创造和转化实施，提高企业创新创业能力。

（2）用好政府的各项资金扶持。在试点园区建设期间，市、区知识产权行政管理部门将加大对园区的扶持力度，园区将充分利用各级政府提供的各项优惠措施，落实到园区企业在知识产权创造、运用、保护、管理和服务的各项工作中，体现出园区知识产权工作组织化、产业化和商业化的有效性。

（3）鼓励企业设立知识产权专项基金。积极鼓励有条件的区内企业设立知识产权专项经费，专门用于知识产权的申请、维持、保护、宣传培训以及转化实施等。

下一步，园区将以技术创新、成果转化两大重要承载区建设，国家知识产权试点园区建设，辐射全国的科技服务示范区建设为抓手，在以下六个方面推进园区知识产权工作：升级知识产权服务体系，全面完成试点建设指标；加强统计分析工作，做优开发区综合评价，提升科创指数；加强政策服务力度，助推新兴产业培育；深化金融服务，宽纾企业之困；完善公共服务平台，聚焦专业精准服务；升级科技服务能级，助力创新创业。

六、广州开发区：打造粤港澳大湾区知识产权服务中心

2016 年 7 月 13 日，位于广州开发区内的中新广州知识城获国务院批准，成为全国唯一的“知识产权运用和保护综

合改革试验区域”。广州市黄埔区、广州开发区围绕打造“知识产权保护样板区、知识产权运营业发展先行区、知识产权引领产业高端发展示范区和知识产权制度创新实践探索区”的战略目标，深耕国家知识产权运用和保护综合改革试验田，先行先试，大胆实践，扎实推进知识产权综合改革工作，形成了一批可复制、可推广的经验做法，用生动的“黄埔实践”探索和丰富中国特色知识产权发展之路。❶

黄埔区、广州开发区保留知识产权局的单独设置，在中新广州知识城设立区级知识产权局，负责知识城的商标和特殊标志的管理工作，实现专利、商标、版权行政管理职能“三合一”，牵头推动知识产权运用和保护综合改革试验。

（一）对引进优质知识产权服务机构给予政策支持

1. 颁布“知识产权10条”

2017年5月，《广州市黄埔区、广州开发区加强知识产权运用和保护促进办法》（以下简称“知识产权10条”）颁布，其中规定了服务机构落户奖励、经营贡献奖励等。

2. 颁布“知识产权10条”2.0版

2020年4月，广州开发区管委会联合黄埔区政府印发《广州市黄埔区、广州开发区、广州高新区进一步加强知识产权运用和保护促进办法》（以下简称“知识产权10条”2.0版），在“知识产权10条”的基础上进行了微调。政策

---

❶ 广州市人民政府：“广州开发区知识产权综合改革五周年硕果累累”，载 http://www.gz.gov.cn/ysgz/jyzc/fzzc/content/post_7381657.html，最后访问时间：2021年9月19日。

自2020年5月17日起施行，有效期3年，在发展知识产权服务业方面，主要包括以下内容。

（1）服务机构落户奖。对新设立的知识产权服务机构，在本办法有效期内首次统计达到规模以上且当年主营业务收入1000万元、5000万元、1亿元以上的，经认定分别给予100万元、500万元、1000万元的一次性奖励。

对新入驻中新广州知识城且正常开展业务的境外知识产权服务机构租用办公用房且自用的，按实际租金的50%给予补贴，补贴期限自入驻之日起算，最长3年，单一机构每年最高补贴50万元。

（2）经营贡献奖。对当年统计达到规模以上或对本区地方经济发展贡献30万元以上，且营业收入同比增长10%以上的知识产权服务机构，按其当年对本区地方经济发展贡献的50%给予奖励，最高奖励1000万元。

3. 颁布《知识产权专项资金管理办法》

2020年12月31日，广州市黄埔区、广州开发区发布《广州市黄埔区、广州开发区、广州高新区知识产权专项资金管理办法》，政策有效期5年。其中规定加大对知识产权创造、管理和服务环节的资金扶持力度，引入优质知识产权服务机构集体入驻开发区，具体包括以下内容。

（1）根据专利代理机构代理区内企业发明专利授权量，给予代理机构10万—50万元不等的资助，单个机构每年最高资助100万元。

（2）鼓励引进和培育知识产权服务品牌机构。被国家知识产权局认定为高校国家知识产权信息服务中心、技术与创新支持中心（TISC）或国家知识产权信息公共服务网点的，给予一次性扶持资金 50 万元；经国家知识产权局认定的全国知识产权服务品牌机构总部、全国知识产权服务品牌培育机构总部设在本区的，分别给予一次性扶持资金 50 万元、20 万元；经认定的品牌机构在本区新设立全资子公司的，给予一次性扶持资金 10 万元，单个品牌机构仅对一家子公司给予扶持。

（3）鼓励孵化器管理机构发挥平台优势，加大知识产权服务投入力度。对符合条件的孵化器给予 5 万元资金扶持；对经确定的知识产权综合服务平台给予 5 万元资金扶持，知识产权综合服务平台需每年接受复核，通过年度复核的，给予 5 万元资金扶持。

（4）每年对知识产权社会团体给予经费扶持。对符合相应条件的社会团体给予 10 万元或 30 万元的资金扶持。

（5）加大对孵化器知识产权创造、小微企业知识产权托管、知识产权维权服务的支持力度。

（二）引进高端智库，构建高质量知识产权服务体系

黄埔区、广州开发区致力构建高质量知识产权服务体系，促进高价值专利创造，引进了国内知识产权泰斗吴汉东教授领衔的广东中策知识产权研究院、北京大学粤港澳大湾区知识产权发展研究院等知识产权高端智库。截至 2021 年 7 月，全区共聚集 300 多家知识产权服务机构，包括 20 多家全国知识产权服务品牌机构和 7 家境外优质机构，拥有 3 家世界知识产权组织在华技术与创新支持中心，服务内容涵盖知识产

权代理、法律、信息、商用化、咨询、培训六大领域，形成了较为完善的服务体系。

（三）关注中小科技企业知识产权创造需求

中小科技企业在初创阶段研发投入较大，在专利技术转化成商品进入市场前，常常因缺少资金造成优质项目夭折。广州开发区每年开展“十百千”知识产权质量提升工程，组织知识产权品牌机构对接区内孵化器，聘请资深知识产权导师入驻园区，指导企业进行专利创造；选取发展潜力大的高新技术企业，由服务机构进行深度对接、全方位指导，帮助企业进行核心技术知识产权布局。

“广州开发区知识产权运用和保护综合改革体现出来的特色，就在于它是真正关注中小型科技企业需求，服务于中小企业的发展，而不仅仅是局限于龙头企业。”广州知识产权交易中心负责人表示，近年来广州开发区聚集了300余家知识产权服务机构，正是这些“软实力”，让更多企业愿意落户开发区。[1]

（四）设立知识产权服务工作站

国家知识产权局专利局专利审查协作广东中心在广州开发区33家重点企业设立了知识产权服务工作站。截至2021年7月，中心累计开展入站服务超200人次，完成近20项专

[1] 广州日报：“知识产权证券化，已有近40家企业受惠”，载https://www.sohu.com/na/476994525_120152148，最后访问时间：2021年9月10日。

利微导航工作，有力提升了企业知识产权运用能力，助力创新主体高价值核心专利产出。

金发科技股份有限公司是第一批工作站挂牌单位，公司知识产权部负责人表示，三年来，工作站的工作成果已经融入金发科技的研发、市场、知识产权等多个部门之中，特别是有关专利审查最新的法律规定、动态，企业都能快速接收，及时开展专利分析，这对企业研发十分重要。

（五）立足大湾区建设，密切中新交流合作

近年来，广州市黄埔区、广州开发区抢抓粤港澳大湾区建设的重大历史机遇，依托中新知识城上升为国家级双边合作项目的契机，搭建多元化交流平台，加强与“一带一路”沿线国家及地区的知识产权交流合作。

广州开发区成立了粤港澳大湾区知识产权联盟，积极承办粤港澳大湾区知识产权交易博览会，发布了《粤港澳大湾区专利趋势观察报告（2016—2018）》和《湾区九市地理标志报告（2019）》。开发区还积极推动中新国际知识产权创新服务中心投入运营，举办“一带一路”知识产权交流分享会，宣传推介知识产权综合改革经验，讲好知识产权黄埔故事。

中新知识城不断创新知识产权体制机制模式。2021 年 4 月，国家知识产权局批复同意在广州开发区开展外国人参加专利代理师资格考试、外国专利代理机构在华设立常驻代表机构试点工作，试点期限为 3 年。此外，中新知识城先后推动“粤港澳知识产权互认 10 条”政策、“知识产权 10 条”

2.0 政策及其实施细则出台与落实，鼓励知识城企业以其拥有或其在职新加坡居民拥有的新加坡知识产权作为标的物取得融资支持，有效解决企业融资渠道窄、跨境融资难的问题，积极落实《加快集聚境外知识产权服务机构打造国际一流营商环境工作方案》，通过提供资金扶持，开展项目共建，为促进中新知识产权国际合作，增加知识产权高端服务供给提供全方位支持。

成效

打造全球知识产权高地是国家赋予中新知识城的使命之一，历经多年发展，广州开发区推进国家知识产权综合改革试验成效卓著，知识产权综合改革的辐射带动效应已初步显现，知识产权服务园区日益成形。截至 2021 年 7 月，开发区集聚了国家专利审查协作广东中心、中国（广东）知识产权保护中心、广东省知识产权服务业集聚中心等专业服务机构 300 余家。

知识产权服务体系的完善还带动了区域科技创新和高价值专利创造，为经济高质量发展提供了重要支撑。作为全球最大的改性塑料生产企业之一，金发科技累计申请国内发明专利 2356 件、PCT 国际专利 176 件，获得中国专利奖 16 项，并将多达 25 项具有自主知识产权的阻燃、无卤、增韧等核心专利技术转化为国家标准，真正走上了以自主创新形成专有技术，以专有技术推动标准化，以标准化促进国际化的可持续发展道路。

2016—2021 年，黄埔区、广州开发区年专利申请量由 1.39 万件提高到 3.52 万件，增长 1.54 倍；年专利授权量由 6700 多件提高到 2.26 万件，增长 2.33 倍；知识产权质押融资由 1.48 亿元提高到 26.13 亿元，增长 16.66 倍；全区获评国家知识产权示范企业、优势企业由 9 家增加到 74 家，增长 7.22 倍。

2019 年年底，经第三方机构对标国家营商环境评价体系进行模拟测评，广州开发区知识产权指标排名全国第一。截至 2020 年年底，广州开发区共有有效发明专利 17 341 件，累计获得中国专利奖、广东省专利奖 197 项，每万人高价值专利拥有量近 54 件。

七、武汉东湖高新区：推动知识产权公共服务平台与服务机构齐发展

（一）打造知识产权公共服务平台

2016 年 7 月 28 日，武汉东湖新技术开发区（以下简称“东湖高新区”）与武汉知识产权研究会联合打造的“知会行”计划启动。“知会行”计划是面向会员单位和市场主体开展的论坛、沙龙、讲座、研讨、咨询、交流、培训等活动的统称，旨在“会聚众智，知行合一”——聚合武汉知识产权智力资源，连接“政、产、学、研、商”，围绕知识产权创造、运用、保护、管理和服务，为会员单位和市场主体提供全方位的知识产权服务，做好“服务会员、服务政府、服务社会”的工作。

2016年8月19日，作为“知会行”计划平台之一的“光谷知识产权创新创业沙龙”启动。该沙龙主要面向光谷各大产业园区企业、其他企事业单位和高校，旨在以知识产权学术交流为支撑，举办有影响力的品牌学术会议和专题论坛、培训，打造一个功能全面、服务大众的精品平台，提高企业知识产权运营、保护能力，同时加强理论界与实务界的沟通合作，促进“政、产、学、商、研”一体化，建立创新与市场、资本对接的服务平台，推动地区知识产权事业蓬勃发展。

此外，武汉知识产权专家诊断室、长江经济带知识产权运营平台相继落户东湖高新区。借助这些平台，知识产权服务机构能够开展专家诊断、专题培训、路演、政策宣讲等服务，加深与园区、企业的联系。

（二）集聚知识产权服务机构

东湖高新区不断推进国家知识产权服务业集聚发展试验区建设。2017年10月，历时三年建设的国家专利审查协作湖北中心（以下简称“审协湖北中心”）投入使用，截至2019年8月，该中心审查员队伍已达到1100人，审查能力稳步提升。高新区管委会与审协湖北中心签订合作协议，由该中心为高新区“3551人才”引进、产业发展提供知识产权分析评议、专利导航等高端服务，双方将在探索专利导航产业发展、知识产权服务业集聚发展新模式等方面开展密切合作。

2019年7月15日，东湖高新区管委会、自贸区武汉片区管委会联合印发《关于促进知识产权高质量发展的若干措施》，政策有效期5年，其中提出发展知识产权服务业，具体包括以下内容。

（1）对新设或由外地迁入的在东湖高新区注册、纳税的知识产权服务机构或在东湖高新区登记注册的社团组织，给予3年房租或物业管理费支持，最高补贴30万元/年。对新落户的“互联网+知识产权”代理服务机构，经认定，给予10万元奖励。对国际组织、国外机构设立分支机构或办事处的，给予10万元补贴。对国内外知名知识产权服务机构将总部迁入东湖高新区或设立第二总部的，经认定最高给予100万元资金支持。机构直接投资额达到招商引资标准的，按照《武汉东湖新技术开发区关于促进招商引资的实施意见》的规定执行。

（2）对年代理东湖高新区企业发明专利超过500件、300件以上的代理机构分别给予10万元、5万元奖励。对在高新区内为企业开办知识产权培训班的服务机构，按培训人数100元/人/天补贴，最高给予1万元/期补贴。对知识产权服务机构引进应届大学生就业，按照2000元/人补贴。企业培养和引进专利代理师，给予企业1万元/人奖励。

（3）对入选国家级品牌服务机构、知识产权评议、信息服务机构、运营服务机构的单位，给予10万元奖励。鼓励各类众创空间、孵化器为初创企业开展知识产权服务。对当年确定为省级知识产权双创服务基地的单位给予5万元奖励。

随着试验区建设的推进和相关政策的出台，一批国内外知识产权服务机构纷纷进驻高新区，知识产权贯标认证机构也在高新区设立分支机构。截至2019年8月，高新区累计集聚各类知识产权服务机构79家，其中代理服务机构40家、信息服务机构6家、商用化服务机构22家、法律培训其他服务机构11家，累计从业人员2000人，建立了覆盖知识产权代理、信息服务、金融、转移转化、法律培训、贯标认证、价值评估等全链条的知识产权服务体系。

八、青岛崂山区：以知识产权港为核心集聚服务资源

为营造良好创新创业氛围，青岛崂山区以知识产权服务业集聚发展为抓手，加快构建知识产权全链条服务体系，全面激发企业创新活力。2015年12月，崂山区获批山东省首家国家知识产权服务业集聚发展试验区，推动了全省知识产权高端服务资源在崂山区汇集，2019年4月，崂山区获批国家知识产权服务业集聚发展示范区。

（一）打造知识产权港，集聚知识产权优势服务资源

获批山东省首家国家知识产权服务业集聚发展试验区以来，崂山区积极开展创建工作，以知识产权全链条服务为牵引，培育多元化、专业化的知识产权服务体系，着力打造市场化知识产权服务“矩阵”——青岛·崂山国家级知识产权港。2016年6月15日，知识产权港正式启用，先后引进了一批知名知识产权服务机构，培育了一批本土国家级知识产权服务机构。知识产权港是崂山区甚至青岛市知识产权工作

重要的“起航港”，也是一个“服务港”，具备向社会公众提供知识产权服务、普及知识产权知识、培育知识产权文化氛围、完善知识产权服务体系、凝聚优势服务资源和高端人才等功能。

2020 年 12 月 22 日，崂山区印发《青岛市崂山区促进知识产权工作发展实施细则》，施行期限为 2020 年 1 月 1 日至 2021 年 12 月 31 日，提出引进和培育高端知识产权服务机构，具体包括以下内容。

（1）对在崂山区纳入规模以上服务业统计的知识产权服务机构给予 20 万元的一次性奖励，获得各级服务业纳统奖励的机构按照就高不重复原则给予奖励；对引进或培育的年主营业务收入 1000 万元以上且在当地从业人员 50 人以上的知识产权服务机构给予 30 万元的一次性奖励；对引进或培育的国家知识产权服务品牌（培育）、分析评议服务示范（创建）机构给予 10 万元的一次性奖励。

（2）每年给予知识产权联盟（协会）一定经费支持用于联盟（协会）发展，累计支持额度不超过 20 万元。

（3）推动知识产权服务机构集聚发展，对 2019 年来经备案入驻崂山区的知识产权服务机构给予前三年 50% 的房租补贴，每个机构每年补贴额度最高 20 万元，补贴期间不得转租。

2021 年 4 月 20 日，在崂山区市场监督管理局的支持下，青岛中天智诚科技服务平台有限公司联合首批 6 家知识产权服务机构，成立知识产权服务联合体，为区内企业提供更加优质高效的知识产权服务，提升崂山区知识产权工作水平。

（二）发布省内首个“知识产权在线管理系统”

2021 年 4 月 20 日，崂山区发布山东省内首个“知识产权在线管理系统”，该系统与崂山区云商大数据平台对接后，可以为企业提供专利、商标、版权等多维度服务，实现申报材料的在线提交、评审、审查，在对接代理机构、专利导航、知识产权转让等方面助力中小企业发展，同时实现更精准的市场监管服务。[1]

（三）以托管服务助力企业知识产权创造

针对中小企业知识产权管理方式单一、专业人员缺乏、管理经费不足等难题，崂山区依托知识产权服务骨干机构，为区内中小企业提供涵盖知识产权咨询、代理、培训、法律、商用化等全要素的知识产权托管服务，年均托管企业 400 余家，提高了中小企业知识产权总体水平。

未来，崂山区将打造知识产权服务新高地，推动国家知识产权服务业集聚发展示范区建设，争取每年培育或引进 1 ~ 2 家营业收入过千万元的综合性知识产权运营服务机构，服务机构总数达到 200 家。推进崂山区知识产权服务业联盟建设，引导服务机构高端化发展，形成差异化、市场化、链条式的知识产权市场化服务体系，将崂山打造成立足青岛、服务山东、辐射全国的知识产权服务产业战略高地。

---

[1] 闪电新闻：“青岛市崂山区发布省内首个‘知识产权在线管理系统’”，载 https://baijiahao.baidu.com/s?id=1697548880777695847&wfr=spider&for=pc，最后访问时间：2021 年 9 月 29 日。

成效

截至2019年4月，青岛市崂山区已聚集专利、商标、资产评估、融资担保等知识产权服务机构170家，其中国家知识产权分析评议服务示范创建机构5家，全国知识产权服务品牌（培育）机构6家，均占全市六成以上，初步形成了集代理、法律、信息、商用化、咨询、培训六大知识产权服务于一体的服务体系。

2018年，崂山区发明专利申请8638件，发明专利授权2243件，有效发明专利拥有量8736件，均占青岛市总数的1/3以上；PCT国际专利申请768件，同比增长77%，总量占青岛市70.6%，占山东省近半；每万人发明专利拥有量199件，是山东省的23倍，已连续10年保持山东省县（市、区）第一。全区发明专利申请量、发明专利授权量、有效发明专利拥有量、PCT国际专利申请量、万人发明专利拥有量五项指标均居山东省首位。

2019年，崂山区发明专利申请8940件，发明专利授权3104件，有效发明专利拥有量11 429件，分别占青岛市总数的41.37%、40.29%、35.80%；每万人发明专利拥有量251件，是青岛市的7倍，山东省的25倍。在2019年2月25日发布的《中国区县专利与创新指数》榜单中，崂山区位列“中国创新百强区”榜单第26位，山东省首位。

2020年，崂山区发明专利授权3449件，有效发明专利拥有量14 214件，连续5年保持山东省首位；每万人发明专利拥有量312件，是山东省的26倍，位居全国前列；完成商标注册5834件，崂山区有效商标注册量2.8万件；崂山区拥有马德里国际商标399件，中国驰名商标23件，山东省著名商标44件，青岛市著名商标58件。

九、厦门火炬高新区：推行企业“免申报”政策兑现方式

（一）抓服务方式创新，推行“免申报”政策兑现方式

2019年8月，厦门国家火炬高新技术产业开发区在福建省率先推行“免申报”政策兑现方式，突破传统的“企业申报—相关部门受理—予以兑现”的模式，企业无须申报，即可获得政策奖励资金。

“免申报”政策兑现方式以“数据跑路”代替“企业跑腿”，变企业吃透读懂政策为管委会主动匹配符合政策条件的企业，通过精准推送政策，直接为符合条件的企业拨付政策资金，变“企业要我服务”为“主动为企业服务”，把政策红利主动送上门，真正实现“一趟不用跑”，减轻企业负担，提升企业获得感。

2020年6月19日，《厦门火炬高新区进一步支持企业科技创新若干措施》（以下简称“创新十九条”）发布，覆盖研发创新、企业培育、引才用才、创新生态、知识产权等方面，全方位支持企业科技创新。为了让政策得到高效落实，“创新十九条”全部采用线上申报，大大提高政策兑现效率，其

中“鼓励企业建设各类研发机构”“促进高新技术企业成长”“促进技术先进型服务企业成长”“支持企业开展科技攻关”“培育知识产权优质企业”“鼓励企业申报专利奖”6 项政策采用“免申报”兑现方式，实现企业“一趟不用跑、政策红包送上门”。

截至 2020 年 11 月，通过“免申报”方式直接派发给企业的创新政策红包共计超 4500 万元，惠及企业 250 余家。截至 2021 年 1 月，“免申报”政策已增扩至 14 项，兑现扶持资金近 5500 万元，政策服务效率进一步提升。“免申报”案例还获评福建省机关体制机制创新优秀案例二等奖。

（二）抓创新主体培育，构建高企服务工作机制

发挥企业在技术创新中的主体地位，构建“后备企业遴选—创新升级指导—申报认定辅导—政策支持激励”的创新主体培育工作机制，依托火炬高企服务中心、知识产权服务中心等专业机构，为企业研发创新、技术升级等提供专业辅导，以上门服务、一对一辅导、现场咨询等方式贴心服务企业。

2020 年，厦门火炬高新区创新主体不断涌现，保持全国瞪羚企业榜单第八位；国家级高新技术企业总数突破千家；新增国家专精特新“小巨人”企业 19 家；新增省市科技小巨人及领军企业近 200 家；16 个项目获省级科技进步奖奖项；27 个项目获市级科学技术奖，占全市 49%；新认定厦门市技术先进型服务企业 8 家；罗普特、四信通信等 6 家企业获得国家重点研发计划“科技助力经济 2020”重点专项项目立项，立项数占全市 66.7%。截至 2021 年 9 月，高新区拥有

各级专利奖近200个，其中国家专利奖23个，拥有国家知识产权优势企业21家，省级知识产权优势企业38家。

（三）抓创新平台布局，引进优质研发资源

聚焦高新区主导产业发展，着力推进主导产业核心技术创新。一手抓企业研发创新，提升自主创新能力；一手抓行业技术研究院、新型研发机构等优质创新资源引进，全面提升研发创新能级。

2020年，厦门火炬高新区引进中科院西光所、微软、IBM、SAP等创新赋能中心；推进企业创新平台建设，引进TCL显示技术研发中心等；全年新增4家国家企业技术中心，占全省57.1%，全市100%；新增17家省级各类研发平台，12家市级各类研发平台。[1]

（四）抓创新服务供给，推出火炬创新券

“火炬创新券”是厦门火炬高新区为鼓励和支持区内企业加强研发、勇于创新而推出的一种电子化支付凭证。高新区管委会指定委属单位作为火炬创新券的运营单位，负责火炬创新券的发放、兑现等日常管理工作。高新区集聚优质科技服务机构，严选服务事项，为园区企业提供法律、咨询、知识产权等专业科技服务。企业可通过火炬创新券获得的服务包括发明专利代理（含国际发明专利）、软件著作权代理、

---

[1] 张海军：“《厦门火炬高新区创新发展指数（2020）》发布”，载https://baijiahao.baidu.com/s?id=1690291445250097621&wfr=spider&for=pc，最后访问时间：2021年9月27日。

知识产权贯标、知识产权诉讼等。

2020 年，高新区新增火炬创新券服务机构 39 家，可供企业选择的服务事项近 550 项，火炬创新券使用额比增 117%，合同数比增 68.2%。

十、烟台高新区：以政策激励构建多层次知识产权服务体系

烟台国家高新技术产业开发区以山东半岛国家自主创新示范区建设为引领，多举措推动创新创业工作开展，不断提升区域孵化能力，培育出了一批具有突出影响力的高新技术企业和在新兴产业领域具有良好发展前景的科技型中小企业，为高质量发展提供强劲动力。

2019 年 7 月 30 日，高新区出台《烟台高新区知识产权专项扶持资金管理办法》（试行），设立“知识产权服务资金”。资金主要用于知识产权服务机构培育及知识产权服务业发展；知识产权运营、专利展示交易、信息分析、维权援助、大数据融合等公共服务平台建设及维护运行；知识产权人才培训；高价值核心专利培育及知识产权风险防控。在知识产权服务资助方面，主要包括以下内容。

（1）对符合相应条件的代理机构或专利代理机构在区内设立的分支机构，一次性资助 5 万元。

（2）驻烟代理机构年度内代理区内发明专利（进入实质审查阶段）申请量 100 件、200 件以上的，分别资助 5 万元、10 万元。

（3）对开展知识产权高端培训、搭建高端知识产权活动平台的驻区知识产权服务机构，给予经费支持最高不超过10万元。

（4）对与专业机构合作共建的知识产权公共服务平台给予资助，资助内容包括建设知识产权数据库、购置服务器等信息化管理硬件设施等。

（5）区内企事业单位员工新获得专利代理师资格证书，给予单位2000元/人奖励。

烟台高新区通过政策资助积极引进、培育专业知识产权服务机构，初步形成了包含专利代理、专利咨询、资产评估和价值分析、专利运营和交易、技术转移的多层次知识产权服务体系。

此外，高新区还大力开展中小微企业专利“清零”活动，组织知识产权服务机构开展“一对一”指导帮扶，截至2020年7月，累计帮扶26家中小微企业实现发明专利授权零突破；大力培育一批市场覆盖面广、影响力大、资产价值高的知名商标和品牌，截至2019年年底，高新区有效注册商标拥有量达到6880件，集成电路布图设计、计算机软件和其他作品著作权登记数量均取得较大发展。

第三节　如何帮助企业进行知识产权挖掘、布局

企业的知识产权挖掘、布局主要集中在专利领域。专利

作为企业知识产权的重要组成部分，其挖掘和布局对企业的知识产权工作具有重要意义。

专利挖掘是指在技术研发或产品开发中，对取得的技术成果从技术和法律层面进行剖析、整理、拆分和筛选，从而确定用以申请专利的技术创新点和技术方案。专利挖掘的方法主要有：以问题为导向进行专利挖掘；以竞争对手技术为导向进行专利挖掘；以项目研究为导向进行专利挖掘。专利布局是指综合产业、市场和法律等因素，对专利进行有机结合，涵盖与企业利害相关的时间、地域、技术和产品等维度，构建严密高效的专利保护网，形成对企业有利的专利组合。专利布局可分为路障式布局、城墙式布局、地毯式布局、围栏式布局等。

基于专利挖掘进行合理有效的专利布局，能够帮助企业在所属领域获得专利竞争优势，降低专利侵权风险。企业需要根据自身及竞争对手的专利情况、市场环境等选择合适的专利挖掘方法和布局模式。为帮助企业进行专利挖掘、布局，产业园区可通过政策引导、精准帮扶，积极推进高价值专利培育、专利导航等工作，帮助企业保护创新成果，提升专利综合质量，形成“数量布局、质量取胜”的良好局面。

一、北京中关村：以专利导航引导企业研发与布局

2013 年 8 月，北京中关村科技园区被国家知识产权局确定为全国首批 8 个“国家专利导航产业发展实验区”之一，此后，中关村积极探索专利导航工作模式，以专利信息提升

企业知识产权工作实效，推动产业发展转型。

（一）多维推动专利导航产业发展实验区建设

2016 年 8 月发布的《中关村国家自主创新示范区发展建设规划（2016—2020 年）》提出“建设中关村专利导航产业发展实验区”，具体包括：围绕移动互联网产业，积极搭建平台、整合资源、统筹规划、协同推进，完善专利导航产业机制，优化专利导航产业布局，强化产业发展基础；开展专利导航产业细分领域专利分析，支持企业开展微观专利导航试点，引导企业围绕产业链关键节点进行研发创新和专利布局；建设中关村专利导航网络平台，展示、推广相关成果；开展专利导航产业知识产权分析评议，推动知识产权评议工作制度化、规范化和长效化；探索形成专利导航产业持续发展的运行模式，建设成为“专利密集、布局合理、经营活跃、优势明显”的全球移动互联网产业集聚高地；推广中关村移动互联网专利导航工作模式和经验，支持丰台轨道交通光机电专利导航产业发展实验区建设，支持基础较好的分园根据自身产业发展优势开展专利导航园中园试点。

（二）对专利导航项目提供政策支持

2019 年 4 月 15 日发布的《中关村国家自主创新示范区提升创新能力优化创新环境支持资金管理办法》提出“支持知识产权领军示范企业开展知识产权高端推进工作”，具体包括：对中关村示范区知识产权领军企业和重点示范企业，支持其开展知识产权战略制定、数据挖掘、信息检索分析、法律服务、布局、预警、运营、专利导航以及高价值专利转化等知识产权高端推进工作，每年每家领军企业支持金额不超过200万元，重点示范企业支持金额不超过100万元，支持比例不超过实际发生费用的50%。

2019年4月18日，中关村联合北京市知识产权局印发《中关村国家自主创新示范区知识产权行动方案（2019—2021）》，在“主要任务”中提出“制定重点产业知识产权战略。聚焦中关村重点发展的人工智能、集成电路、生物医药、智能制造与新材料等产业，制定知识产权战略，以全球视野把握产业链中关键领域的专利发展趋势，分析技术研发演进方向、专利布局、人才分布等情况，绘制产业技术路线图，明晰全球产业竞争格局，明确产业发展策略。支持企业实施运营类专利导航项目。每年支持10家以上重点企业开展20项以上专利导航项目”。

（三）专利导航助力高价值专利挖掘、布局

为强化高价值专利和高质量科技成果挖掘、评估、转化、运用全链条服务，促进科技成果加速落地转化，中关村管委会于2020年9月30日印发《关于强化高价值专利运营 促进科技成果转化的若干措施》，提出“提升高价值专利挖掘、布局能力”，具体包括以下内容。

（1）打造示范性高价值专利挖掘技术转移服务平台。推动中关村示范区高校院所、医院技术转移机构独立或与知识产权专业机构合作，开展专利申请前评估，制定高价值专利培育、评价标准或管理规范，建设高价值专利库；持续跟踪

评价专利运营转化情况，及时完善专利申请前评估方法和高价值专利培育管理机制；探索通过前期对企业免费许可与后期收益分成相结合的方式推动专利转化运营。

（2）发挥知识产权专业机构专利挖掘作用。支持知识产权专业机构围绕中关村示范区重点产业领域挖掘、筛选高校院所、医院的高价值专利，与高校院所、医院沟通对接专利转化意愿，提供专利转化运营规划、“服务入股”、孵化培育等服务。

（3）鼓励开展知识产权公益服务。中关村示范区每年发布重点高精尖产业或细分领域专利导航需求，支持知识产权专业机构、企业、社会组织围绕相关需求，承担专利导航研究，形成各领域专利技术指南、产业技术路线图、关键核心技术清单等，为中关村示范区创新主体开展专利技术规划布局提供参考。鼓励知识产权专业机构开发面向公众免费开放的公益性知识产权数据库，实现重点产业领域专利精准检索分析。

二、北京经开区：推进高价值专利培育中心建设

“10 +”中试基地和“20 +”技术创新中心加速培育科技成果，科技成果进一步孵化出一批智能网联汽车、集成电路、机器人等产业领域的“高精尖”企业，带动高端汽车、产业互联网等产业产值接续突破千亿大关，推动30多家企业成功上市……作为北京市建设国际科技创新中心主平台“三城一区”中的“一区”，北京经济技术开发区在推进国际科

技创新中心高水平建设中发挥着越来越重要的作用。

北京经开区不仅注重知识产权数量的提升，还通过政策引导，推动知识产权由量变到质变。从2018年开始，经开区在全市率先推进高价值专利培育中心建设。三年来，采用“龙头企业+高端服务机构”的试点培育模式，推动具有自主知识产权的高科技企业和国内高端知识产权服务机构联合组建高价值专利培育中心，引导培育中心提升专利质量，加快高价值专利产出，支持开展专利导航、专利挖掘、专利风险评估等工作，为产业创新资源集聚提供支撑。此项工作作为经开区重点打造的项目，入选北京市知识产权局“一区一特色”专项工程。

2018年4月，京东方光电、京东两家国家知识产权优势示范企业正式作为培育对象，由北京国知专利预警咨询有限公司提供专利服务，共同启动培育工作。

作为区内最早一批高价值专利培育中心之一，京东方在高价值专利布局上取得了丰硕成果。截至2020年，京东方累计可使用专利超过7万件，在年度新增专利申请中，发明专利超过90%，海外专利超过35%，覆盖美国、欧洲、日本、韩国等国家和地区。2020年，京东方的专利技术在全球多个领域获权威机构高度评价，不仅以1892件的PCT专利申请量连续5年进入全球PCT专利申请前10名，京东方的美国专利授权量还实现连续3年跻身全球前20名，在人工智能与大数据算法领域有14项技术位列世界前10名，5项人工智能技术获得行业冠军。高价值专利的布局为京东方带来强大的创新力和品牌力，创新技术的转化助力京东方造就多个

“全球第一”。

京东与服务机构合作，将整个高价值专利培育划分为三个阶段，预计对重要战略技术方向的整体技术架构、相关专利竞争格局和技术专利保护等产生深远影响。在专业机构相关负责人看来，通过为期半年的培育，较好地梳理了京东的技术脉络，建立了技术全景图，为京东全面参与技术竞争奠定基础；另外，分析专利布局强度、研发热度、合作强度、市场广度、市场吸引力、龙头企业关注度、技术近似度等研究专利竞争格局，协助企业掌握技术的应用情况和专利竞争情况，供企业结合自身特点进行宏观方向决策。截至 2018 年 5 月，京东在国内外拥有 3000 多项专利申请，其在仓储物流领域的专利申请以每年 100% ~150% 的速度增长。此外，京东金融作为京东的子集团，近年来专利申请量也是增长明显，各项研发成果有着高价值的专利保护，形成了京东牢不可破的“护城河”。高价值专利培育中心提供的“智力”支持，也促进了京东在人工智能、大数据和云计算等方面的技术发展战略，为京东实现高质量发展提供了保障。

经开区还不断完善专利导航工作机制，实施专利导航项目，围绕电子信息、生物医药、智能制造等核心重点产业开展专利导航分析，对技术领域专利发展的总体布局、各国专利分布情况、关键技术专利状况等进行全面分析，并搭建“一中心三站五点”服务格局，有效帮助企业解决知识产权相关问题。

成 效

2018年1—10月，北京经开区专利申请7249件，同比增长41.4%；专利授权3644件，同比增长29.9%。2020年经开区发明专利申请量8021件，授权量1628件，同比分别增长59.8%和21%。截至2020年年底，经开区累计培育京东、京东方等5家高价值专利培育中心，全面梳理全球及中国的专利发展态势，开展高价值专利储备梳理、专利信息利用、专利竞争态势分析、专利布局分析等培育工作，摸清高价值专利布局路径，保护企业创新成果，推进企业高价值专利在全球布局。

三、苏州工业园区：深入开展纳米技术专利导航工作

苏州工业园区将纳米技术应用产业列为战略性新兴产业，确立了以纳米技术引领全区新兴产业发展的战略决策，将纳米技术创新与产业化发展列为“一号工程”，将纳米技术产业列为“一号产业”，园区已发展为全球八大纳米技术产业集聚区之一。

2013年8月，苏州工业园区成为国家首批“专利导航产业发展实验区”，并且是全国8个实验区中重点建设的3个实验区之一。2021年3月发布的《苏州工业园区关于促进制造业高质量发展的若干意见》提出，“完善知识产权运营体系

建设，深入开展专利导航，探索构建覆盖全产业链的重点产业专利池，支持扩大海外知识产权布局”。专利导航不仅能为园区找准产业发展的“切入点”“制高点”“着力点”“突破点”，也能为园区产业转型升级描绘出了清晰的发展轨迹。园区以纳米技术应用为主导开展实验区建设，大力推进纳米技术专利导航工作，探索专利导航产业高端发展的新模式。

（一）开展微机电系统（MEMS）领域专利导航工作

微机电系统（MEMS）是园区“一号产业”的重要部分，也是国家政策重点支持、具有重大发展前景的战略性新兴产业之一。园区经过多年的积累，已成为国内 MEMS 产业创新与产业化最具吸引力的区域，并于 2015 年圆满完成 MEMS 领域的专利导航工作。[1]

在专利导航的设计中，苏州工业园区利用国家知识产权局权威数据库资源及专利分析优势，与国家知识产权局知识产权发展研究中心、北京国之专利预警咨询中心全面开展专利导航分析合作，对 MEMS 产业领导者和市场竞争者专利、科研院所和创新团队专利、重点技术专利动向等进行细致分析，确立了 MEMS 产业专利分析数据的完整性、及时性和权威性，建立专利超市商业模式以及 MEMS 专利池，配合中国半导体行业协会 MEMS 分会完成《中国 MEMS 产业十三五规划》《中国 MEMS 企业名录与产品汇编》，形成《苏州工业园

---

[1] 苏州工业园区管理委员会：“创知识产权园区品牌”，载 http://www.sipac.gov.cn//szgyyq/c113591/201705/7755796864954e769cb0905e390291de.shtml，最后访问时间：2021 年 9 月 13 日。

区专利导航纳米技术应用产业（MEMS 方向）创新发展规划》，建立专利导航产业发展及运营机制，确保 MEMS 产业重点发展领域关键技术自主可控。

2015 年 10 月 27 日，中国半导体行业协会 MEMS 分会联合园区知识产权运营与服务中心发布含检索、分类、分析三大功能的全国 MEMS 产业专利导航综合服务平台，并免费向 MEMS 分会会员单位开放，帮助 MEMS 企业了解国内外产业技术的最新进展，预测相关发展趋势，跟踪竞争对手研发方向，发现和避免专利侵权风险，减少重复研发项目投入。

园区利用 MEMS 产业专利分析和预警研究成果，尝试开展了 MEMS 领域专利的收储和运营。园区知识产权运营与服务中心建设了国内首个 MEMS 产业领域专利运营平台，平台向上对接国家知识产权运营总平台，向下服务园区及全国 MEMS 产业领域企业、科研院校，搭建 MEMS 产业知识产权供需双方的桥梁，服务 MEMS 产业知识产权成果交易、知识产权投融资和无形资产评估，促进 MEMS 知识产权成果转移转化。此外，园区还利用知识产权评议在纳米领军人才项目评审中的经验，开展纳米项目投资过程中的知识产权评估、创新性评议等工作，导航优质项目发展，提升产业竞争力。

（二）开展氮化镓领域专利导航工作

2016 年，苏州工业园区在氮化镓领域推广 MEMS 专利导航运营工作的成功经验和模式，于 3 月 18 日召开氮化镓领域企业座谈会，介绍园区即将出台的知识产权新政以及 MEMS 专利导航及运营工作，正式启动园区氮化镓领域专利导航工作，从专利角度为氮化镓产业发展指明方向，这是园区知识产权运营与服务中心继 MEMS 专利导航项目后启动的又一个产业细分领域的项目。在 9 月 7 日举行的氮化镓宏观专利导航技术分析对接会上，参会专家就氮化镓领域的行业政策、标准、动态和市场信息等进行了交流，商讨确定了《氮化镓专利导航项目提纲》。

2017 年 3 月 17 日，园区召开氮化镓产业专利分析与预警研究成果发布会暨氮化镓产业对接合作论坛，并于同年启动氮化镓领域专利运营平台建设，围绕纳米细分领域开展专利运营工作。

（三）深入推进企业专利微导航工作

苏州工业园区还围绕企业的产品、市场布局、竞争环境等方面，深入推进企业专利微导航工作，园区知识产权运营与服务中心联合国家知识产权局下属单位——北京国之专利预警咨询中心为园区企业量身定制专利微导航项目，提升企业专利运营能力，帮助规避专利侵权风险。截至 2017 年 5 月，已有 8 家企业完成企业专利微导航分析报告。

（四）搭建交流合作平台，助推实验区建设

苏州工业园区通过举办桑田岛产业知识产权国际峰会、专利导航产业发展国际高峰论坛等活动，集聚国内外知识产权资源，为企业、研究机构、服务机构和政府等搭建开放共享、合作共赢的平台，助力专利导航产业发展实验区建设。

2016 年 8 月 10 日，苏州工业园区桑田岛知识产权论坛

拉开帷幕，园区知识产权运营与服务中心联合6家律师事务所成立律师工作站，并聘任了首批6位首席律师，正式启动知识产权律师智囊团建设，从知识产权服务角度为企业答疑解惑，进一步加速专利导航纳米技术产业发展实验区建设。

成　效

苏州工业园区开展的MEMS领域专利导航对促进MEMS产业发展、帮助企业明晰MEMS产业专利布局、建立专利策略、跟踪和掌握MEMS产业技术领域发展趋势和动态、提高研发起点和技术竞争力发挥了重要作用。2016年，园区累计实现MEMS产业专利申请超过200项，其中发明专利申请增长100%，形成具有MEMS产业核心技术的重大创新系列产品，实现MEMS产业产值超40亿元；2018年，实现MEMS产业发明专利申请双倍增长，与此同时，产业规模完成跨越发展，实现MEMS产业产值超80亿元。

四、苏州高新区：专利导航助推特色产业研发布局

医疗器械产业是苏州市八大新兴产业之一，同时也是苏州国家高新技术产业开发区重点支持的战略性新兴产业之一。2016年，苏州高新区获批国家专利导航医疗器械产业发展实验区。在建设期内，高新区开展了医疗器械产业“医学影像方向”专利导航分析，对指导医疗器械产业专利布局、风险防范、精准招商发挥了重要作用。

高新区通过专利导航实验区建设，实现了专利制度与医疗器械产业的有机融合，以专利信息分析科学指引全区医疗器械产业发展方向和中长期规划，逐步建成专利信息分析与医疗器械产业运行决策有机结合、专利创造与医疗器械产业创新能力高度匹配、专利布局对医疗器械产业竞争地位保障有力、专利运营对医疗器械产业效益支撑有效的国家专利导航医疗器械产业发展实验区。

2020 年，高新区启动“新一代信息技术专利导航宣讲和预警分析项目”，为技术研发、产业调整、市场运营、内部资源配置等经营活动进行导航，通过预警分析帮助企业进行专利态势分析与监测预警。2021 年 4 月 23 日，高新区举办“新一代信息技术专利分析和预警报告发布会”，对新一代信息技术研究概况、专利概览、重点技术专利概览、全球主要申请人分析等方面进行了介绍，并全面分析了新一代信息产业技术的现状、趋势、研发重点和空白点，提出了促进新一代信息技术产业发展和实现高端突破的系列建议，协助各类创新主体寻找研发热点、降低研发成本，促进企业创新和产业转型升级。

成　效

近年来，通过共建院所创新平台、引进龙头企业、不断强化构建新一代信息技术产业创新生态圈，一批高成长性领军企业在苏州高新区涌现，全区新一代信息技术产业产值超千亿元。同时，新一代信息技术产业的知识产权保护及运营也受到园区及企业的高度重视。截至2020年年底，高新区新一代信息技术产业有效发明专利达1800件，占全区有效发明专利的22%。企业知识产权人才培育不断加强，累计培养江苏省知识产权工程师超100人。知识产权对产业发展的贡献度逐步提升，企业创新意识、创新能力不断提高。

截至2020年6月，高新区累计承担各级知识产权项目达287项，其中国家级26项、省级26项；累计获批国家知识产权示范企业6家、国家知识产权优势企业6家；累计获得国家专利优秀奖14件；过去10年，高新区国内发明申请年均增长15.45%，国内发明授权年均增长27%，PCT申请年均增长38.32%，国内注册商标年均增长30.6%。

五、杭州高新区（滨江）：推出浙江省首个产业专利导航公共数据库

专利信息蕴含了技术的发展趋势，专利数据库类似一个“加速器”，能够帮助企业快速定位行业发展的前沿技术、技术密集区和空白区，为研发方向提供参考，有效规避一哄而上、产能过剩等产业风险，有利于行业的良性竞争与发展。

2013年8月，杭州高新技术产业开发区（滨江）被国家知识产权局确定为全国首批8个“国家专利导航产业发展实验区”之一。在2014年3月召开的高新区专利导航规划项目启动会上，国家知识产权局确定将物联网数字安防产业作为杭州高新区专利导航产业重点领域，全面推进实验区工作。

2015年，为满足企业技术研发、专利转移转化、专利导

航、分析评议和海外专利布局等专业需求，杭州高新区数字安防产业专利导航数据库上线，这是浙江省首个为区域产业发展搭建的专利导航公共数据库。该数据库收录了全球安防领域的50万件专利并保持每周更新，具备灵活检索、在线翻译、引证分析等功能，用户一次可批量下载大量专利。数据库向该区数字安防领域的企业免费开放，相当于为企业提供了一位量身定制的大数据高参，有助于企业提升创新能力，加快全球战略布局。数据库上线后两年内，区内65家企业通过平台已进行10万余次检索、1.8万次专利分析和1.2万次专利地图分析。

2019年，杭州高新区完成人工智能领域产业专利导航，发布《人工智能产业专利导航分析报告》及《第三代半导体材料及器件行业专利预警分析研究》。2020年以来，高新区充分发挥世界知识产权组织技术与创新支持中心、浙江高新技术产业高价值知识产权培育平台作用，实施专利导航产业发展工程，精准分析全球专利最新成果，助力企业明晰创新路径，抢占全球技术科研"制高点"，制定并发布《杭州高新区（滨江）生命大健康产业图谱》《红外热成像技术专利导航分析》等报告，为谋划布局生命健康产业提供支撑。

2021年6月30日，杭州高新区发布《关于进一步加强知识产权工作的实施意见》，在"鼓励知识产权储备运营"部分，新增对产业规划类专利导航的资助，具体包括：支持区内企事业单位开展行业专利数据库建设，开展企业运营类专利导航、专利预警分析，以及重大经济科技活动知识产权评议等知识产权活动，经审核，单项活动经费给予50%的资助，最高不超过 20 万元，同一申请人每年最高资助不超过 50 万元；每年择优开展产业规划类专利导航项目 5 个，每个项目最高资助 30 万元，每个单位至多申报 1 个项目。

六、青岛崂山区：专利导航指引企业创新路径和专利布局

2016 年以来，青岛崂山区围绕国家知识产权示范园区和服务业集聚区建设，通过政策引导，积极推进战略性新兴产业专利导航和专利池建设，鼓励知识产权服务机构与优势产业企业探索建立专利与产业结合的工作机制，推动产业的专利协同运用。

2020 年 12 月 22 日，崂山区印发《青岛市崂山区促进知识产权工作发展实施细则》，施行期限为 2020 年 1 月 1 日至 2021 年 12 月 31 日。该政策提出“建立专利导航产业发展机制”，具体包括：对承担全区战略性新兴产业研究，经市级以上知识产权主管部门立项并评审通过的产业规划类专利导航项目，给予项目承接单位 30 万元的一次性补助；对经市级以上知识产权主管部门立项并通过验收的企业运营类专利导航项目，每个项目分别给予企业 5 万元、服务机构 2 万元的奖励。每个单位每年累计最高奖励 20 万元。

专利导航分为产业规划类和企业运营类，其中企业运营类专利导航是指对产品的一项或多项关键技术开展导航分析，以提升企业竞争力为目标，以专利导航分析为手段，以企业产品开发和专利运营为核心，贯通专利导航、创新引领、产

品开发和专利运营，指引企业创新路径和专利布局，推动专利支撑企业创新发展。2020 年，崂山区共有 5 个项目被确定为 2020 年度青岛市企业运营类专利导航项目，占青岛市立项总数的 1/4，这是崂山区专利导航创新工程的新成果。

崂山区“专利导航创新工程”的核心是实施高价值专利培育计划，通过开展核心技术、竞争对手和专利侵权风险等分析，明确技术开发方向和专利布局策略，使企业既能紧盯市场需求和科技前沿，又能实现专利预警、防御。崂山区支持海尔、歌尔等企业发挥集团优势，创造引领产业发展的核心专利，构建核心技术专利池，形成“专利布局 + 专利转化”模式。2020 年，全区构建完成专利池 12 项，其中 8 项成功入选青岛市关键核心技术专利组合（专利池）资助项目，占全市总数的 44.4%。

崂山区还设立专项培训资金，将知识产权培训列入全区培训工作计划，围绕企业实际需求开展全覆盖式专题培训，同时深入企业宣传国家、省、市的相关政策，帮助企业挖掘对当前发展有利、对未来发展具有布局意义的发明专利，推动专利数量增长的同时实现质量提升。

成效

2018 年，青岛市崂山区 3 个专利导航项目获得山东省立项，11 个项目获得青岛市立项，其中海洋生物技术专利导航与专利预警战略研究为青岛市海洋生物产业发展定位和政策制定提供了参考依据。

2019年，崂山区战略性新兴产业领域5个专利导航项目通过验收，5个专利导航项目新立项，7个项目获批青岛市关键核心技术专利组合（专利池）项目，专利组合（专利池）项目占全市的40%。[1]

2016—2020年，崂山区累计实施产业规划类专利导航项目2个，企业运营类专利导航项目38个，40个项目中获山东省局立项4个，获青岛市局立项16个。

七、青岛西海岸新区：推进高价值专利培育和专利导航

青岛西海岸新区市场监督管理局在2020年的工作思路中提出，要推进骨干企业专利导航和高价值专利培育。2021年7月1日，新区知识产权工作领导小组印发《青岛西海岸新区高价值专利培育工作方案（2021—2025年）》（以下简称《西海岸方案》），强化高价值专利和高质量科技成果挖掘、评估、转化、运用全链条服务，加快培育高价值专利，促进科技成果加速落地转化。

《西海岸方案》的主要目标为：争取到2025年，高水平建成国家知识产权快速维权中心，建立起覆盖新区主导产业领域的高价值专利组合，力争高价值专利数量突破6000件，中国专利奖、山东省专利奖获奖总量突破100项，组建30个

[1] 米恒振、季晨雪："打造知识产权'崂山高地'青岛市崂山区2020年知识产权宣传周主题日活动启动"，载 http://qingdao.sdnews.com.cn/xwzx/202004/t20200422_2721267.htm，最后访问时间：2021年9月29日。

以上布局合理、保护全面、具有较强产业支撑和国际竞争力的高价值专利组合，实施 100 个以上企业运营类专利导航项目，在山东省海外风险防控和高价值专利培育大赛方面培育一批优胜项目，全区知识产权质押融资额度累计 10 亿元以上，知识产权证券化工作取得突破。

《西海岸方案》将重点任务分为以下几点。

（1）加强高价值专利创造产出。建立专利申请前评估模型；加强战略性新兴产业核心专利培育；加强高价值专利运营导航和评议分析；加强海外同族专利培育。

（2）提升高价值专利运用效益。开展知识产权商业化价值评价；提升区域知识产权质押融资能力；深化高校院所专利成果转化激励；推进重点领域专利成果双向转化。

（3）提升高价值专利保护水平。培育发展一批标准必要专利；规范提升专利代理市场秩序；加强专利技术调查官队伍建设；提升知识产权维权和保护效能。

《西海岸方案》还从组织领导、服务体系、资金投入、考核机制四个方面提供保障措施，其中服务体系部分包括修订出台加强知识产权工作的若干政策，推动与科技、产业、金融等政策的联动，向知识产权投融资、知识产权托管、专利导航、高价值专利培育、知识产权运营平台建设和人才培养、知识产权维权援助和保护等方面倾斜。

为适应发展形势变化，进一步提升新区知识产权创造质量、运用水平和融合发展能力，青岛西海岸新区市场监管局于 2021 年 10 月 14 日制定了《关于加强知识产权工作的若干政策》，政策有效期为 3 年，确定每年安排 3000 万元，用于强化知识产权密集型产业培育，增强知识产权服务科研创新和产业发展的能力。政策条款和扶持标准的设定上着重突出“精准”“优化”“提升”三个原则，其中规定：对新入选山东省、青岛市企业运营类专利导航项目的，给予20万元资助；知识产权服务券可用于专利导航分析辅导、标准必要专利（SEP）评估服务，可用额度5万元。

八、连云港经开区：为企业知识产权创造提供精准帮扶

2020年，连云港经济技术开发区紧扣“高质发展、后发先至”的主题，大力实施创新驱动战略，以知识产权助推园区产业转型升级，为建设“高质量发展引领区、改革开放新高地”提供了有力支撑。[1]

（一）围绕重点企业抓提升，实施高价值专利培育工程

经开区积极实施高价值专利培育工程，通过政策引领、项目扶持、专题辅导等形式，围绕主导产业开展集成创新，在医药等重点领域培育打造一批创新水平高、权利状态稳、市场竞争力强的高价值专利龙头企业，支持领军型企业建设高水平创新载体，大幅提升专利布局能力。经开区还推动医药龙头企业、高校院所、高端知识产权服务机构协同创新，

[1] 连云港经开区管委会新闻中心：“连云港开发区：以知识产权助推园区高质量发展”，载 http://www.lda.gov.cn/lygjjjskfq/yqxw/content/6ec674d7-675d-4026-a672-190d08d641a0.html，最后访问时间：2021年9月24日。

形成高价值专利培育机制，产出一批技术创新难度高、竞争力强的高价值专利。

截至2019年7月，区内共有江苏省高价值专利培育示范中心3家，区域获批数全省第一，其中恒瑞医药项目高分通过江苏省知识产权局终期验收，获最高扶持500万元，项目建设经验在全省推广。

2020年，“三大药企”授权发明专利108件，占全区的70.6%；康缘药业、豪森药业共荣获中国专利奖金奖、银奖、优秀奖各1项，累计获中国专利金奖5项、银奖1项、优秀奖13项，实现“三大药企”中国专利金奖“全覆盖”。豪森药业通过省高价值专利培育示范中心验收，至此“三大药企”高价值专利培育示范中心建设已全部验收通过。

（二）围绕优势产业强基础，开展专利质量提升行动

为强化培育以新医药、新材料、新业态、高端装备制造为核心的“三新一高”优势产业，经开区以规模企业为重点，主动与省内高端知识产权服务机构沟通，以培育国家高新技术企业为契机，分组上门，精准服务，鼓励企业早申报、多申报专利，确保申报企业至少具备1个发明和5个实用新型专利（“1+5”专利模式），提升优势企业知识产权储备。同时，积极推动专利服务向新竣工和开工项目提供前端介入的新模式，提前介入辅导，宣传扶持政策，深挖专利潜力，提高申报质量，促进专利量质并举。此外，深入走访企业，摸清各类商标发展底数和基本发展状况，从注册简介、流程要点、奖励政策等方面指导帮扶，推动企业申报国家驰名商

标和马德里国际注册商标。

2020年，针对高新技术企业和规上企业，连云港经开区开展专利质量提升行动，实现30家企业发明专利清零，培育国家知识产权示范优势企业8家、拥有10件发明专利以上的“专利大户”企业12家、江苏省知识产权战推项目承担单位1家、省知识产权贯标认证企业3家、省知识产权贯标备案企业17家，形成一批拥有自主知识产权的创新型企业梯队，苏云医药、中复碳芯等企业通过专利布局保护核心技术，已成长为各行业的“单打冠军”。同时，经开区积极参与制定自贸区科技创新产业发展政策，促进企业专利技术成果转化。

（三）围绕产业方向重指引，实施专利导航工程

连云港经开区深入实施专利导航工程，充分发挥专利信息对产业发展决策的精准指引作用，引导产业和企业与国内技术发展方向主动接轨。例如，围绕非植入式医疗器械产业，重点针对体外诊断试剂（含配套仪器）分支和康复医疗器械分支开展研究，利用非植入式医疗器械产业体外诊断方向的专项分析报告，为该产业龙头企业提出重点技术创新发展和专利培育运营的规划建议。[1]

接下来，经开区将以国家知识产权示范园区建设为工作重点，进一步在专利产出、产权保护、企业培育等方面下功

---

[1] 连云港经开区管委会综合行政执法局：“区市场监管局‘四大举措’推进国家知识产权示范园区建设”，载 http://www.lda.gov.cn/lygjjjskfq/bmdt/content/8fd427fe-9bf8-4b6f-a442-d85533dc804e.html，最后访问时间：2021年9月25日。

夫：一是政策引领，完善知识产权高质产出机制；二是强化基础，构建知识产权维权保护体系；三是帮扶引导，提升企业知识产权创新能力，推进知识产权事业高质量发展。

成效

2016—2018 年，连云港经开区区内企业获省市专利资助 1167.8 万元，其中省级国（境）外资助 928.4 万元，占全市资助的 73.6%。

截至 2018 年 8 月，全区规模以上企业知识产权拥有率达 91.7%，65 家企业获批贯标创建，7 家企业入选国家知识产权示范优势企业，5 家企业获批连云港市级知识产权示范优势企业；全区累计获中国专利金奖 4 项、国家专利优秀奖 7 项、省级专利奖项 5 项、市级专利金奖 7 项；累计申请 PCT 专利 121 件，占全市申请总量的 64.3%；新医药、新材料、临港装备制造等主导产业拥有有效发明专利 676 件，占总量的 95%，其中生命健康产业拥有有效发明专利 530 件，占总量的 75%；全区万人发明专利拥有量达 80 件。

截至 2018 年年底，经开区发明、实用新型、外观设计专利的比例已由 3 年前的 22：33：45 调整为 26：57：17，专利结构进一步优化。

2020 年，园区企业专利申请、专利授权增幅分别为 43.9%、80.9%；PCT 专利申请 85 件；商标申请同比增长 38.6%；万人有效发明拥有量超过 120 件。

第三章　产业园区如何助力企业知识产权运用

第一节　如何利用知识产权运营平台助推企业知识产权运用

知识产权运营是指权利人和其他相关市场主体通过优化资源配置，通过一定的商业模式实现知识产权价值的商业活动，即由知识产权产生经济利益的过程。目前我国知识产权运营的主要方式包括许可、转让、投资、融资等，融资方式又包括质押融资、信托融资、资产证券化融资等，也有部分企业把诉讼作为一种知识产权运营模式，以此获利。

知识产权运营平台即为权利人和其他相关市场主体提供上述运营服务的公共平台，旨在为企业创新成果的转移转化、收购托管、交易流转、质押融资、专利导航等提供平台支撑。除知识产权运营中心、交易中心、相关公共服务平台外，广义的知识产权运营平台还包括“服务”联盟、赛事、服务券、博览会等。知识产权运营平台可以通过整合资源、规范管理、优化模式等，提升运营能力，充分发挥平台优势，助推企业知识产权运用，多维度实现知识产权价值。

一、北京中关村：以知识产权投融资服务联盟对接融资供需

融资难、融资贵是制约“双创”企业发展的“瓶颈问题”之一。北京市结合中关村等园区的实际需要，探索推出专利质押融资等服务举措，构建了以知识产权价值实现为核心，以贴息政策为引导，评估、担保、运营、贷款、保险、投资多种业务模式高度融合的中关村知识产权金融服务新生态。

中关村知识产权投融资服务联盟成立于2012年，是中关村知识产权促进局深入推进知识产权投融资服务试点工作的重要内容之一。中关村知识产权促进局作为联盟的常设机构，负责推动联盟成立，吸纳新成员，以及推进知识产权投融资服务平台的建设运营，协调政策资源和跟进工作措施，促成各方实现服务需求信息共享与优势互补，为中关村企业提供更为快捷、精准的服务。

该联盟以知识产权为主线，吸纳银行、风险投资等投融资机构以及评估、证券、担保、保险、律所、知识产权代理咨询等配套服务机构为联盟成员，其中包括建设银行中关村分行、北京银行中关村分行、中国技术交易所、中国人保财险北京分公司、齐鲁证券等，致力于为中关村国家自主创新

示范区企业提供贯穿知识产权价值链条的投融资整体方案。申请成为联盟会员单位，需由中关村知识产权促进局对其资质、信誉等进行审核。

联盟围绕提升知识产权运营管理水平、推进知识产权金融产品和组织创新、服务中关村企业创新发展的宗旨，提供以下知识产权投融资服务：构建知识产权投融资快速通道和全流程服务体系；开展知识产权与金融相结合的产品与服务的研究、设计、优化、应用及推广；开展知识产权投融资服务促进政策调查研究及相关试点；促进资源共享，强化联盟成员知识产权投融资协同服务；开展知识产权投融资服务人才培养；发展知识产权投融资服务国际合作关系；其他中关村知识产权投融资服务相关活动。

联盟多次举办沙龙、融资对接会等，共享信息，谋划合作，探索构建“贷前有辅导，贷时有选择，贷中有监测，贷后有补贴”的全链条、一站式知识产权金融服务平台。有关部门也主动与企业沟通，走访数十家中关村企业和金融机构，深度交流知识产权质押融资工作，制作发放《企业知识产权质押融资政策辑要》，积极打破政企“信息不对称”瓶颈。

二、上海漕河泾开发区：金融服务助推知识产权价值实现

企业的发展阶段不同，所面临的需求也不同，但知识产权在企业发展的全周期上始终扮演着重要的角色。一直以来，上海漕河泾新兴技术开发区高度重视知识产权服务工作，将

知识产权服务作为推动科技创新的王牌。

（一）搭建知识产权金融公共服务平台，链接金融服务

漕河泾开发区承担了徐汇区人工智能产业知识产权联盟、人工智能产业运营中心、商标品牌创新创业基地、知识产权金融公共服务平台的建设，其中知识产权金融公共服务平台依托专利、工商、投融资、人才、标准等多维数据，可以精准描绘全区科创企业画像、工程师画像、专利画像，同时链接银行、担保、保险等金融机构，针对企业知识产权金融服务需求进行智能匹配撮合，开展知识产权质押融资、知识产权证券化、IPO 知识产权辅导等业务。

（二）成立上海知识产权交易中心

2017 年 1 月 13 日，上海知识产权交易中心正式成立。该中心由上海联合产权交易所和上海市漕河泾新兴技术开发区发展总公司共同出资成立，按照专业化、市场化、国际化的原则组建，体现公益性。在服务方面，中心是集知识产权交易和配套服务于一体的专业化权益性资本市场服务平台，依托成熟运营体系和开放式合作资源，为客户提供技术并购、产股权交易、增资扩股及企业国际化等相关知识产权交易的科技服务工作。[1]

[1] 蒯妍妍、万致："上海知识产权交易中心在漕河泾开发区挂牌成立"，载 http://ezone.mofcom.gov.cn/article/g/201702/20170202509251.shtml，最后访问时间：2021 年 9 月 24 日。

（三）聚焦运营，推动价值资产化实现

按照国际化、专业化、市场化、兼容开放的原则，开发区充分利用国内外优势资源，立足漕河泾“一五一”产业体系和人工智能、生命健康等特色优势产业，聚焦中小企业融资难和知识产权管理水平不高的问题，建设具有知识产权投融资、托管、海外维权、数据分析、产业运营等服务功能的知识产权运营平台，探索知识产权运营服务模式，推动中小企业产业升级转型。此外，开发区还设立了中小企业重点产业知识产权运营基金，开展战略知识产权收储、作价投资、许可以及专利池构建、高价值知识产权运营孵化和机构投资等服务。

三、广州开发区：以平台打造和政策支持推动知识产权运营

（一）推动知识产权交易平台建设

广州开发区于2014年设立广州知识产权交易中心（以下简称“广知中心”），这是一个由部、省、市、区四级共建的全国性交易平台。该云集众多的知识产权服务机构，提升了开发区知识产权交易的活跃度，让“知产”变现更容易。2020年，广知中心知识产权交易额达10.2亿元，在全国主要交易场所中排名第一；知识产权质押融资额达8.3亿元，全国排名第三。广知中心还积极探索区块链技术与知识产权

交易融合场景，搭建了“知交汇”IP交易联盟平台，打造全国IP交易一张网，用科技赋能IP交易，促进知识产权高效有序流转。

此外，开发区还加快布局粤港澳大湾区国际知识产权交易网络，连续推动和承办2017年、2018年广东知识产权交易博览会和2019年、2020年粤港澳大湾区知识产权交易博览会。

2020年11月，2020粤港澳大湾区知识产权交易博览会（以下简称“知交会”）落下帷幕。此届知交会线上参展机构达2469家，是上一届线下参展机构规模的8倍多，促成知识产权意向交易金额128.5亿元，比上年增长26.64%，实现知识产权交易金额18.67亿元，在参展规模、国际化程度、交易规模等方面均刷新了纪录。此外，此届知交会成功实现“全网全天候”的知识产权交易展览网络化、常规化，为打造大湾区“永不落幕的知交会”奠定了坚实基础。此后，知交会平台转入全年运营模式，面向全球创新主体、知识产权服务机构、高新技术园区等开放注册参展，随时在线开展知识产权展示、交易、洽谈，不断拓展平台服务功能，使“粤港澳大湾区知识产权交易博览会”平台成为立足大湾区、辐射全球，特色鲜明，口碑优良的国际化网上知识产权交易中心。

（二）打造军民融合知识产权运营平台

广东省是国家首批知识产权军民融合试点区域。在省、市市场监管局的指导下，黄埔区、广州开发区与中国船舶工业综合技术经济研究院达成合作，共建广东省军民融合知识产权运营平台。该平台于2019年4月启动，由广东军荣知识产权运营有限公司负责建设和运营，可以弥补军工单位以往通过计划管理体制进行技术转移的短板，标志着广东省军民融合知识产权工作进入新阶段。

平台致力于将军工、央企的技术、品牌、资源优势与市场机制相结合，围绕创新产业打造包含知识产权交易、军工技术成果数据库建设、军民融合战略发展规划、技术成果转化、咨询培训等全链条、专业化的运营服务体系，形成“线上线下配合、军民共生互利”的全产业链军民融合知识产权服务、运营生态系统；积极探索军民融合发展的新路径，对接国防建设与区域经济发展需求，促进形成“资源共享、能力协同、产业融合”的军民双向互动发展格局，打造具有全国影响力的知识产权运营服务品牌，辐射、带动广东省乃至粤港澳大湾区的科技创新和产业发展。

（三）共建广审知识产权服务综合平台

早在2017年，黄埔区、广州开发区就与审协广东中心签署共同推进知识产权综合改革试验的合作协议，提出要共建广审知识产权服务综合平台。2019年4月，广审知识产权服务综合平台上线启用，该平台以促进“高水平创造、高质量申请、高效率审查、高效益运用”为目标，紧扣专利创造、申请、审查、运用和保护全链条各环节，集资讯、数据、功能于一体，为企业提供包括专利信息检索与分析利用、专利导航、知识产权评议、专利价值评估、专利应急与预警、专利交易运营、知识产权培训的优质知识产权服务，重点培育高价值核心专利，助力地区专利由多向优、由大到强转变。

（四）为知识产权运营提供政策支持

2020年4月26日，广州开发区管委会联合黄埔区政府印发《广州市黄埔区、广州开发区、广州高新区进一步加强知识产权运用和保护促进办法》（“知识产权10条”2.0版）。政策自2020年5月17日起施行，有效期3年，其中规定了知识产权“交易激励”，具体包括以下内容。

（1）对经认定的知识产权交易平台，按年度专利、商标、版权交易金额的1%给予奖励，单个交易平台每年最高1000万元。

（2）对向国内外高等院校、科研机构购买技术成果的企业，在技术交易中涉及专利转让且包含核心技术发明专利并在本区实现转化的，按经主管部门登记的技术交易合同中实际发生技术交易额的20%给予补贴，单个合同最高200万元，单个企业每年最高1000万元；对促成技术成果转让并实现转化的知识产权服务机构，按实际发生技术交易额的10%给予补贴，单个合同最高100万元。

（3）企业或机构申报上年度自主版权登记数累计200件以上的，按其上年度购买正版软件费用的30%给予补贴，单个企业或机构每年最高100万元。

此外，政策还作出以下规定。

设立知识产权运营发展基金，投向战略性新兴产业。对新设立的知识产权产业基金、知识产权创业投资基金或知识产权股债联动基金，按其管理或委托本区基金管理机构管理的资金规模给予一次性奖励：实际管理单支基金规模 5000 万元以上、1 亿元以上的，分别给予管理机构每支 100 万元、200 万元奖励，单一管理机构累计最高 500 万元。

鼓励引导设立知识产权处置基金、知识产权维权基金，给予适当扶持。

设立知识产权信息分析奖励，鼓励高新技术企业委托具有全国知识产权服务品牌培育机构或全国知识产权分析评议示范机构资格的知识产权服务机构开展专利导航、专利预警分析、知识产权分析评议等，在项目验收合格并经审核通过后，按实际发生费用的 30% 对企业给予补贴，单笔最高 10 万元，单个企业每年最高 100 万元；按实际发生费用的 10% 对本区知识产权服务机构给予奖励，单笔最高 10 万元，单个机构每年最高 200 万元。

四、苏州工业园区：建立产业知识产权运营中心

为充分发挥知识产权在产业发展中的引领导向性、安全保障性以及资源战略性作用，2018 年 12 月，苏州市知识产权局印发《苏州市重点产业知识产权运营中心建设指导意见》，围绕产业发展特点，目标建设一批产业与知识产权有机结合，打通“创造、运用、保护、管理、服务”的知识产权供给链，激活知识产权创新链，覆盖全市重点产业的知识产权运营中心。2019 年 7 月 26 日，《苏州工业园区优化营商环境行动方案》发布，提出要加大园区重点产业知识产权运

营中心建设力度。2020 年 7 月 3 日，《苏州工业园区优化营商环境创新行动 2020》发布，规定提升知识产权保护和运用能力，具体包括：推进重点产业专利导航及安全预警分析工作，在重点产业领域构建“专利池”；开通生物医药信息数据库，免费为区内企业提供专利信息检索服务。

苏州工业园区面向纳米、人工智能、生物医药三大新兴产业设立了产业知识产权运营中心，成立专门机构并配备人员，搭建了知识产权运营平台和交流网络，建立了产业知识产权数据库，开展产业知识产权分析、知识产权预警、专利池构建、重点产业专利导航和竞争态势分析等工作。通过专利导航，园区不仅找准了产业发展的切入点、制高点、着力点、突破点，也描绘出产业转型升级的清晰轨迹。运营中心还积极探索知识产权证券化等模式，进一步深化知识产权与产业创新融合发展，产业知识产权运营已初具雏形。

（1）搭建信息平台，强化运营服务支撑。运营中心有效利用三大产业专利数据，搭建“产业专利运营平台”，通过专利数据信息化，实现重点产业及企业预警监控，及时全面掌握三大产业专利价值、企业高价值专利、企业专利转移等情况，为未来产业项目招引提供指导。截至 2020 年 4 月，累计完成知识产权动态监测报告 21 期、监测月报 7 份。

（2）专利态势分析，指引产业发展方向。运营中心针对纳米产业“氢能源燃料电池”“纳米纤维”，生物医药产业“PD－1”“细胞治疗”“基因治疗”，人工智能产业“语音识别”等，开展知识产权专题研究。截至 2020 年 4 月，共完成专利竞争态势分析报告 10 期。产业专利发展现状和趋势报告能够帮助分析市场发展潜力大、经济附加值高的专利产品，研判高价值专利产品市场前景。

园区还将运用“新媒体、互联网、大数据”工作思维和方式，持续推进知识产权工作全面深入开展。重点打造产业移动社交应用“同合圈”；培育发展园区知识产权密集型产业；加强与科研院所、金融机构等的合作，探索开展知识产权运营新模式；依托知识产权运营平台、企业知识产权托管平台，导入专利导航、知识产权创造成果，服务园区产业、企业、高校和科研机构；以大数据分析为基础，以互联网推广为手段，探索知识产权交易新模式。

五、苏州高新区：以运营中心对接知识产权与金融资源

（一）成立江苏国际知识产权运营交易中心

江苏国际知识产权运营交易中心于 2016 年 10 月在苏州国家高新技术产业开发区筹建成立，以“立足江苏、服务全国、放眼世界”为发展定位，提供包括专利、商标、著作权、技术秘密的交易、运营、金融、技术转移转化等服务。

该中心通过组建专业化的运营团队，采用线上线下相结合的运营模式，以知识产权为主体，以市场需求为导向，不断创新知识产权资源和金融资源的结合机制，丰富知识产权交易品种，为知识产权所有人、企业和投资人提供“知本”与“资本”的对接途径，更好地发挥知识产权对经济发展和

科技创新的支撑作用。此外，中心围绕产业转型、企业创新需求，积极推动具有自主知识产权的重大创新成果实施转化和二次开发，为知识产权成果商品化、产业化提供资金保障，最大化知识产权价值，为科技金融创新开拓新的途径。❶

中心已上线的系统“一站式全产业链服务云”整合工商、知识产权、司法等数据资源，已有注册会员 2000 多家。中心还搭建了苏州市知识产权金融工作平台，江苏银行、交通银行、中国银行等 8 家银行入驻平台并发布金融产品，线上线下开展融资对接服务。截至 2020 年，共完成知识产权质押贷款项目备案 26 笔，贷款金额 8279.6 万元。中心还协助苏州一家企业完成 22 件国际专利购买，交易金额达 865 万美元，推动苏州市技术进出口备案窗口入驻，便利企业技术进出口合同登记备案。

（二）成立苏州市医疗器械产业知识产权运营中心

为充分发挥知识产权在医疗器械产业发展中的引领导向性、安全保障性以及资源战略性作用，在苏州市市场监督管理局的推动和支持下，苏州市医疗器械产业知识产权运营中心于 2019 年 4 月 22 日在高新区启动。该运营中心由苏州高新区企业负责运行，由专利运营公司提供诸如专利预警分析、制定海外专利运营方针、形成海外专利布局报告等专利服务。

运营中心以“政府扶持、国资主导、市场化运作”为主

❶ 新珂：“江苏国际知识产权运营交易中心落户高新区”，载 http://www.hncom.gov.cn/cs_kfqglc_dtxw/show/92192.aspx，最后访问时间：2021 年 9 月 17 日。

导方针，结合医疗器械产业知识技术密集的特征，整合产业内重点企业、高校、科研院所、知识产权服务机构等资源，采取互联网与实体对接相结合的形式，完善管理运营体系，建立有效的知识产权运营机制；通过构建大数据平台、产业细分的知识产权运营服务联盟等，支撑产业发展及关键技术创新，将知识产权融入医疗器械产业创新链、资本链和政策链，推动产业开创性、引领性探索。

六、南京江宁开发区：推出公共导向和产业导向的知识产权运营服务

知识产权特色公共服务平台和知识产权产业运营中心是南京市知识产权局按照全市八大产业体系建设的两个层次的服务载体，是南京“一核两翼多平台”知识产权运营服务体系中“多平台”的重要支撑点。其中，公共服务平台主要提供基础性公共服务，布局了“我的麦田”“中高”“舜禹国际”3家知识产权公共服务平台，分别从事知识产权金融、高校知识产权运营交易、海外知识产权公共服务等特色服务；知识产权产业运营中心按照产业分类，布局了集成电路、智能制造等11家产业运营中心。截至2021年1月，知识产权产业运营中心拥有3.5万件可运营专利，收入达到19.75亿元。

作为南京市首个国家级知识产权示范园区，南京江宁经济技术开发区积极贯彻落实省市知识产权战略纲要，重点推进知识产权管理、政策、服务和文化“四大体系”建设，不

断创新举措，知识产权工作成效显著。

（一）知识产权运营交易架起高校、企业和市场的桥梁

2017年9月18日，国内首家面向高校的知识产权运营交易平台——中高知识产权运营交易平台入驻江宁开发区，这是开发区落实南京理工大学与江宁区全面战略合作协议的重要实践，有利于加快实现技术与资本、研发与需求、科技与产业的无缝对接，对充分发挥平台效能，更好地服务园区企业，助推创新型园区建设具有重大意义。[1]

该平台由南京理工大学联合国家知识产权出版社、国泰君安等单位共建，由南京中高知识产权股份有限公司按照“互联网+知识产权”的方式打造、运营。平台汇聚国内最优质的专利数据、金融资本、运营实践、平台开发等资源，积极破解中国高校技术处置权难题以及成果转化率低、投入产出失衡等困境。平台建立了“高校专利超市”，依托高校丰富的专利成果，建立基于供给侧、需求侧的标定体系，实现专利成果的可视化与定向运营，并通过基金运作、处置权协议等手段破解高校职务成果所有人和完成人分离的难题，弥补了现有高校知识产权管理、专利转化机制的不足，形成了专业化专利评估、培育、增值、推介、洽谈等全新商业模式。此外，平台还积极探索“基金孵化”“精准推送”等运营模式，形成了超市化便捷购买、一站式服务、线上线下协

---

[1] 南京市知识产权局：“知识产权 助力双创——中高知识产权运营交易平台正式入驻江宁开发区”，载 http://www.jnipp.cn/content? id = DDD3EDBA - DF52 - 49E4 - 9534 - B919D58E22DA，最后访问时间：2021年9月30日。

同的运营特色，从而架起高校、企业和市场融合创新的桥梁，从根本上打通高校科技成果转化路径。该项目被江苏省政府列为2017年科技创新40条重点建设平台项目。

（二）开展科技服务和技术经纪运营服务

科技服务中心是中国技术市场协会依章程设立的专门从事科技成果转化和技术转移的服务中心。鉴于南京特别是江宁开发区知识产权工作的良好基础，2017年9月18日，中国技术市场协会科技服务中心（南京）设于江宁开发区中高知识产权股份有限公司，实现北京、南京双办公。该中心依托中国技术市场协会丰富的服务资源，开展一站式科技服务和技术经纪运营服务，打造技术交易转移服务的品牌权威机构。

（三）建立产业知识产权运营中心

2019年11月11日，第四届紫金知识产权国际峰会江宁开发区专场活动启动，围绕智能电网、新材料、区块链等园区主导产业和战略性新兴产业，产业知识产权运营中心正式签约。该运营中心将通过产业知识产权大数据分析，引导组建产业联盟，集聚国内优质知识产权服务资源，培育相应产业领域的知识产权高峰企业，打造战略性新兴产业高地。

2020年，依托中钢集团设立的国家新材料产业知识产权运营中心落户江宁开发区。该项目实现当年落地、当年运营、当年通过国家验收，跑出了创新发展“加速度”。中心主要面向政府园区、金融机构、行业组织、龙头企业及科技型中小微企业，以产业知识产权服务为发力点，快速搭建具备现代服务特色的产业运营服务平台，进一步带动国内先进材料及相关产业的服务创新和产业升级。截至2021年1月，中心持有可运营专利546件。

成　效

江宁知识产权示范园区专利申请量和授权量逐年增加，历年均居南京市各开发园区首位。2019年前三季度，园区完成发明专利授权1534件，同比增长33%；PCT专利申请218件，同比增长89%；有效发明专利拥有量7299件，同比增长27%。在第四届紫金知识产权国际峰会江宁开发区专场中发布的南京企业专利创新百强榜上，江宁开发区有16家企业入围，位居全市之首。园区企业还积极创建江苏省贯彻知识产权标准化管理示范企业，一批科技型创业企业通过运用自主研发而获得的知识产权，赢得了市场和发展空间，为园区创新转型提供了有力支撑。

七、成都高新区：以高价值专利培育大赛赋能知识产权运营

作为西部首个国家自主创新示范区，成都高新技术产业开发区先后获批国家知识产权示范区、国家知识产权服务业集聚发展示范区，并于2019年6月获批全国首个知识产权新经济示范园区，率先探索知识产权与新经济融合发展，营造

良好的知识产权营商环境。

“金熊猫”高价值专利培育大赛由四川省知识产权服务促进中心指导，成都高新区管委会主办，是我国西南地区举办的首个以高价值专利培育为主题的创新大赛。大赛旨在交流高价值专利培育经验，推广高价值专利培育理念，发掘一批技术领先、市场潜力大、高价值专利优势明显的科技创新项目，营造高价值创造氛围，助推创新创业高质量发展。[1]

2020 年“金熊猫”高价值专利培育大赛创新性采取“以赛代招”的方式，获奖项目不仅可以入驻高新区知识产权加速中心，享受三年房租减免、公益知识产权服务等全链条知识产权加速服务，还可以优先匹配知识产权质押融资产品，拓宽企业融资渠道，推动知识产权快速转化。决赛当天，会同资本宣布将出资 500 万元作为此次大赛的知识产权创投基金，用于投资获奖项目或入驻知识产权加速中心的项目。[2]知识产权加速中心是高新区打造的知识产权新经济示范园区的重要支撑平台，重点构建知识产权创新服务、高价值知识产权培育、知识产权产业化运营三大体系，旨在通过知识产权服务，发现、培育优质知识产权项目，整合优质知识产权

---

[1] “金熊猫”高价值专利大赛组委会：“2021 年金熊猫高价值专利培育大赛”，载 http://jinxiongmaoip. cdibi. org. cn/，最后访问时间：2021 年 9 月 15 日。

[2] 央广网：“成都高新区打造知识产权高地 举办西南地区首个高价值专利培育大赛”，载 https://baijiahao. baidu. com/s? id = 1677321340232634728&wfr = spider&for = pc，最后访问时间：2021 年 9 月 15 日。

服务资源，促进新经济产业转型升级和高质量发展。[1]

2021 年的第二届“金熊猫”高价值专利培育大赛围绕高新区人工智能产业这一主题，将联合参赛的其他单位也纳入奖励和支持的范围，在培育、赋能高价值专利的同时，实现对知识产权机构和从业人员的培育和扶持。大赛重点考评参赛项目的专利培育质量、技术先进性和市场竞争力，邀请专家对项目进行评议和导航分析，并在赛后对获奖团队进行“一对一”的布局培育指导。赛事与高价值专利培育相互结合、彼此促进，帮助一批技术领先、市场广阔、知识产权优势明显的创新项目释放更大价值。

成　效

成都高新区利用知识产权支撑引领经济高质量发展的效应不断显现。2020 年 1—6 月，高新区新增商标申请 22 738 件，占成都市 22.87%；新增注册商标 12 769 件，占成都市 21.77%；有效商标注册量达 110 244 件，占成都市 19.84%。2020 年 1—8 月，高新区版权登记突破 4755 件，涌现出《流浪地球》《哪吒》等一批优秀版权作品。截至 2020 年 8 月，高新区万人有效发明专利拥有量达 198.2 件，有效发明专利累计达 18 865 件，占成都市 40%，累计获得中国专利奖 36 项，获批国家知识产权示范优势企业 25 家次。

---

[1] 罗琴：“成都高新区打造营商环境一流的知识产权高地”，载 http://epaper.zqcn.com.cn/content/2020－09/22/content_49226.htm，最后访问时间：2021 年 9 月 15 日。

八、重庆高新区：率先推出“科技创新券”

2016年，重庆高新技术产业开发区获批建设国家自主创新示范区，并在全市率先推出“科技创新券”（以下简称“渝新券”）试点。渝新券是鼓励企业和创业者共享各类科技创新资源与服务的一种“有价凭证”，旨在通过制度创新，改财政“后补助”为“前担保”，进而降低企业创新成本，增强企业创新动力，促进第三方资源更好地为企业服务，有效提升高新区科技创新能力。[1]

渝新券由高新区管委会发行，重庆科技服务大市场公司负责日常管理工作。渝新券包括高企申报服务券、专利服务券、上市挂牌服务券、科技资源服务券等类型，券种可根据需要进行政策性增减。高新区企业领取后可凭券向入库科技创新服务机构购买服务，服务完成并达到预期目标后，由高新区向持券服务机构兑付相应费用。以专利服务券为例，每张券的面额为1万元，高新区企业可以凭券向服务机构购买专利申请、知识产权贯标咨询、专利保险以及专利质押融资中的评估和担保等服务。

高新区创新服务中心负责人介绍，国务院在对高新区建设国家自主创新示范区的批复中要求做好知识产权保护和运用工作，提速体制机制创新，形成新的示范。高新区将不断

---

[1] 张涉：“深化重庆高新区知识产权工作加快建设国家自主创新示范区”，载 http://cq.ifeng.com/a/20160822/4891812_0.shtml，最后访问时间：2021年9月30日。

完善渝新券的管理模式和工作流程，形成全市可推广复制的先行经验。

2018 年，重庆高新区对渝新券从适用范围、券种、使用流程、补助力度、服务五个方面进行了升级，同一企业一年最高可享受近 400 万元补助。截至 2019 年 4 月，高新区累计发券 1.54 亿元，惠及企业 1000 余家。

九、青岛西海岸新区：推出国家级新区首个知识产权服务券

（一）推出知识产权服务券，拓展知识产权高端运营方向

为进一步优化新区营商环境，为区内企业提供高质量、低成本、多元化的知识产权服务，2020 年，青岛西海岸新区市场监管局创新服务举措，出台《知识产权服务券实施管理办法》，推出了国家级新区首个知识产权服务券政策，并计划在“十四五”期间每年安排 1000 万元资金，支持区内企业购买知识产权高端运营服务。[1]

知识产权服务券政策旨在促进区内企业的知识产权创造、运用和保护。该服务券采用“事前发放、事后兑现”的方式设立，是用于支持企业购买知识产权服务的权益凭证。服务券分为 A、B 券两种类型：A 类券单张面值 1000 元，采用灵

[1] 安然、殷晓旭：“青岛西海岸新区：创新知识产权服务模式 优化新区营商环境”，载 https://baijiahao.baidu.com/s?id=1690732677848841798&wfr=spider&for=pc，最后访问时间：2021 年 9 月 22 日。

活组合方式支持有明确市场均价的业务，如 PCT 国际专利申请、国内发明专利申请等；B 类券最高面值 10 万元，抵扣比例一般为 50%，用于支持企业开展知识产权综合保险、海外知识产权许可交易、核心基础专利及组合培育等高附加值的知识产权运营活动。

自政策实施以来，全区近百家企业受益，推动了知识产权运营向更高质量、更大效益方向迈进。作为第一批享受到知识产权服务券政策的企业，青岛益和电气充分感受到知识产权服务券带来的好处，正如企业总工程师说，他们不仅可以利用服务券补贴一部分申请费用，还可以在服务平台的帮助下，采购全国的服务资源，提前开展一些专利导航、海外布局等高端业务，这对企业电气产品出口、避免国际知识产权纠纷等方面起到很大帮助。

（二）市场运作，政府行政“零干预”

不同于以往由政府部门主导的投放方式，知识产权服务券的投放和管理均通过市场化的知识产权服务券平台进行，区内拥有数据化、智慧化平台的企业均可申请设立线上服务券平台，经企业申报、自主建设、专家论证等严格程序，区市场监管局和区财政局从中择优选择，让行业内知名企业或机构成为服务券投放的主导者，政府部门仅负责订立规则，实施事中监管和绩效评估，对具体业务“零干预”，最大限度推动服务资源的市场化配置。

作为知识产权服务券平台之一的“西海岸新区知识产权数字公共服务平台”将围绕国家知识产权运营体系建设，依托西海岸新区，打造一个集知识产权创造、保护、交易、质押融资、信息检索、人才教育、咨询服务、展览展示功能的综合性知识产权大数据运营交易平台，为企业提供知识产权全产业链服务。同时，借助数字经济与知识经济的发展趋势，发挥知识产权公共服务平台与知识产权城市品牌活动功能，实现知识、人才、资本等创新要素向西海岸新区聚集，为打造西海岸新区知识产权数字经济生态搭平台、聚资源、促增长。

（三）即时兑现，提高服务企业温度

区市场监管局负责对达到兑付条件的知识产权服务券业务进行“不见面”“秒批秒办”审核，即时兑付到承揽业务的服务机构，让数据“多跑路”、企业“不跑腿”，让服务平台和机构集中精力为企业提供高质量的知识产权服务。同时，严格设定服务平台和机构的约束条件，对相关业务流转进行全过程监管、全链条追溯，确保财政资金规范使用。

成　效

自2015年获批国家知识产权示范区以来，青岛西海岸新区大力实施知识产权战略，知识产权创造、运用、保护及管理水平得到跨越式提升。2015—2019年，西海岸新区专利申请增速持续保持15%以上，累计申请各类专利55 625件，其中发明专利18 134件，有效发明专利拥有量由2615件增长到7732件。2020年1—9月，全区新增发明专利申请4458件，同比增长32.2%，授权发明专利1494件，有效发明专

利数达到9057件；万人有效发明专利拥有量达到56件，位居国家级新区第二位。知识产权工作已成为服务产业创新和新旧动能转换的重要催化剂和推动力。

十、郑州高新区："三大举措"推进知识产权强区建设

2019年4月23日，郑州高新技术产业开发区在知识产权宣传周之际发布三项重要举措，深入推进知识产权强区建设。[1]

（一）发放知识产权方向科技创新专业服务券，降低企业成本

自2019年起，郑州高新区管委会每年拿出1亿元财政资金，设立"科技创新专业服务券"，支持中小微企业向服务机构购买专业化服务，降低企业创新创业成本。科技创新专业服务券分为高质量发展券、创新创业券，两者的支持对象和支持范围不同，其中高质量发展券中有关知识产权的支持内容包括PCT专利授权、知识产权贯标、专利导航和布局、标准创制等。

2019年4月16日，高新区管委会下发首批科技专业服务券的预申请和首批专业服务机构的预申请通知，共有622

[1] 葛颖："郑州高新区"三大举措"推进知识产权强区建设"，载http://www.hngrrb.cn/hngrrb/html/2019－04/24/content_81937.htm，最后访问时间：2021年9月30日。

家企业申请专业服务券，申请数额高达3.48亿元，其中涉及知识产权的达5349.82万元，占全部申请金额的15%。

（二）设立知识产权运营基金，助力企业做大做强

郑州市知识产权局和高新区管委会联合发起设立郑州高新产业知识产权运营基金。基金首期规模为2亿元，按照“政府引导、市场运作、专业管理、防范风险”的原则，立足高新区，面向符合郑州市、高新区产业发展方向的知识产权密集型行业，投资具有较高自主研发能力、拥有或控制核心专利或高价值专利组合、具备一定产业专利布局潜力、市场前景良好的高成长性企业。

基金将充分发挥财政资金的引导作用，吸引社会资本投资初创期和成长期的企业以及具有相应产业特色的知识产权运营机构，推动其快速成长，同时，引导后续投资，用“接力棒”的方式助力企业做大做强，推动知识产权运营与实体产业相互支撑，建立政府引导、社会资金参与、企业化运作的知识产权运营体系，营造政府资金和社会资本相互衔接、促进的知识产权运营投资环境。

（三）启动“智慧产业高价值专利大赛”，赋能智慧产业发展

配合郑州高新产业知识产权运营基金的发布，高新区管委会联合相关部门举办“智慧产业高价值专利大赛”，面向全球征集高价值专利项目，邀请科技、金融、投资、评估等领域以及高校的专家作为评审，连接“政产学研金”资源，

共研智慧产业发展规律，发掘智慧产业高价值专利。大赛组织多种类型的线上线下活动，包括开辟专门通道进行高价值专利备案项目征集、邀请产业优质项目参与路演等。大赛还将联合多家合作单位为获奖及优秀项目提供创新孵化服务，吸引高科技企业落户高新区，共同加快参赛项目的高专利价值运营工作，树立郑州知识产权运营品牌。

第二节　如何建立风险可控的知识产权融资模式

知识产权融资一般包括质押融资、知产引资、技术入股、融资租赁以及知识产权证券化等，其中质押融资最为常见，知识产权证券化为新的探索方向。

知识产权质押融资作为一种新型的融资方式，旨在帮助科技型中小企业解决因缺少不动产担保而带来的资金紧张难题，企业或个人可以将合法拥有的专利权、商标权、著作权中的财产权，经评估后以权利质押从银行获得贷款。尽管知识产权质押融资在欧美发达国家已经十分普遍，在我国却尚处于起步阶段。现有的知识产权质押融资模式大都具有一些共性的风险：一是法律风险，缺乏相应的保障；二是估值风险，缺乏可靠的评估；三是经营风险，缺乏确定的价值；四是处置风险，缺乏流通的渠道。由此，必须完善风险管理机制，探索建立风险可控的知识产权质押融资模式。

知识产权在具备资产专用性的同时缺乏流动性，知识产权证券化就是将企业持有的“资产”所产生的稳定现金流作为基础资产，通过结构化设计与信用增级发行证券，将知识产权转换为具有流动性、可交易的金融资产，从而在资本市场上快速融资。国内知识产权证券化主要分为二次许可模式、知识产权质押模式、供应链模式、融资租赁模式等。作为一项重要的金融创新，知识产权证券化具有融资规模大、额度高、成本低、切线长的特点。与知识产权质押融资相比，知识产权证券化产品的融资期限更长，通常为3~5年，且使用范围更广、更灵活，更有利于科技企业进行长期的研发投入或战略布局。知识产权证券化是构建知识产权运营体系的重要内容，对于建设多层次金融市场、充分发挥企业知识产权价值具有重要意义。

一、北京中关村：打造知识产权质押融资成本分担及风险补偿机制

融资难、融资贵是制约“双创”企业发展的“瓶颈问题”之一。2020年7月1日，国务院召开常务会议，指出要支持开展知识产权质押融资。2021年2月22日，北京市委书记蔡奇在市金融工作座谈会上强调，要发挥知识产权质押融资、股债联动等作用，引导社会资金更多配置到科技创新中来。

截至2021年3月，中关村拥有科技型中小企业2.2万余家，其中90%以上为小微企业，每年的总体融资缺口约6000亿元，大量的融资需求得不到有效满足。中关村结合实际需

要，针对科技型中小企业轻资产、高风险、知识产权评估变现难等问题，相继出台一系列专利质押融资服务举措，帮助企业进行知识产权资本化运作。

（一）设计专门的知识产权质押融资保险产品

2018 年年底，中关村知识产权促进局出台《中关村知识产权质押融资保险试点工作方案（试行）》，探索由保险公司承担部分风险的知识产权质押融资模式。有别于其他省市由企业购买保险的模式，中关村试点将投保环节由企业转移到担保机构或知识产权运营机构，由其直接向保险公司投保并缴纳保费，实现知识产权质押融资保险环节对企业“隐身”，降低企业融资成本。[1] 北京知识产权运营管理有限公司就曾一次性为 45 个存量贷款项目购买保险，保费共计 249.23 万元，涉及贷款金额 2.063 亿元。

（二）推出中关村知识产权质押融资产品“智融宝 2.0”

针对中关村企业资产构成中知识产权占比较大、融资需求迫切等特点，我国首家政府倡导设立的专门从事知识产权运营的国有机构——北京知识产权运营管理有限公司（以下简称“北京 IP”）围绕金融机构知识产权价值判断、质物处置能力不足等问题，推出了中关村知识产权质押融资产品“智融宝 2.0”。该产品由北京 IP 与北京市主要担保公司、银

---

[1] 中国商务新闻网：“中关村探路知识产权质押融资收获多”，载 https://baijiahao.baidu.com/s? id = 1673921619079677441&wfr = spider& for = pc，最后访问时间：2021 年 9 月 17 日。

行等联合推出，面向具有自主知识产权的高科技企业，以企业或实际控制人名下的知识产权作为唯一质押资产。❶ 相比市面上绝大多数将知识产权作为辅助担保的融资产品，该产品具有以下显著优势。❷

（1）建立风险共担机制，降低企业融资成本。“智融宝2.0”以破解问题为导向，采取“知识产权运营机构+担保机构主导、商业银行配合、政府风险处置资金池支持”的模式，风险多方共担、有效补偿。其中，由海淀区政府与北京IP共建的首期规模4000万元的中关村知识产权质押贷款“风险处置资金池”（双方各承担50%的风险），为海淀企业提供全额风险处置。政府参与设立的风险处置资金池和支持政策，一方面大幅降低了企业融资成本，有效缓解了中小微企业融资难、融资贵的难题；另一方面提高了相关机构开展知识产权质押融资的积极性。在智融宝累计服务的130多家企业中，海淀企业有91家，融资金额4亿元，均占整体业务的70%。此外，智融宝服务的企业平均融资成本比原有模式降低了1%~2%，每贷款500万元可节省5万元到10万元不等。

（2）采用双重评价体系，凸显知识产权价值。“智融宝2.0”采用知识产权“价值评估+综合评价”的双重评审体

❶ 北京日报：“‘政企金’共担风险，中关村知识产权融资服务解科企融资难题”，载 https://baijiahao.baidu.com/s?id=1693296388909444328&wfr=spider&for=pc，最后访问时间：2021年9月17日。

❷ 赵洋：“中关村打造知识产权金融服务2.0版”，载 https://www.financialnews.com.cn/qy/dfjr/202103/t20210303_212956.html，最后访问时间：2021年9月17日。

系，通过对知识产权权属稳定性、技术先进性、业务关联性、市场垄断性的分析，弥补金融机构在知识产权专业能力上的不足，从而帮助金融机构判断企业违约成本和实现贷款增信。例如，某企业拥有某一细分领域关键的高价值专利，但该企业的财务状况有一定瑕疵，按照传统的批贷标准可能无法获得贷款。在“智融宝 2.0”模式下，可对该专利进行技术评估，确定其具有较大价值，金融机构再依照与传统标准不同的批贷标准进行审核，结合专利价值、企业发展趋势等因素，综合考虑是否为企业发放贷款。

（3）强化知识产权运营，探索违约质物处置。北京 IP 积极打通知识产权、资本、产业之间的通道，建立了“高科技投资 + 知识产权专业服务”的模式，为违约质物提供多元化处置途径，解决了金融机构的后顾之忧，提高了开展知识产权质押融资业务的积极性。

“智融宝 2.0”进一步强化了知识产权属性，发挥了知识产权快速促贷、风险监控、质物变现、专业赋能的作用，促使贷款业务规模化增长，有效缓解了科创企业融资难、融资贵、融资慢的难题，同时，该模式探索打通业务链闭环，将企业“扶上马，再送一程”，为企业创新成果权利化、产业化、资本化发展持续助力。2016 年年底至 2021 年年初，“智融宝”累计服务企业 130 余家，融资额近 6 亿元，盘活企业核心知识产权 1200 余项，服务企业数量和规模在北京市近三年的占比均超过 2 成，有力支撑了北京市知识产权质押融资体系建设。2019 年 11 月 20 日，天津滨海高新区与北京 IP 签署战略合作协议，引进中关村成功经验，推动“智融宝”知识产权金融服务在滨海高新区全面落地。[1]

（三）打造一站式知识产权质押融资服务平台

北京 IP 打造的知识产权质押融资综合服务平台 IP Online 是中关村“1 + N + X 知识产权质押融资促进工作体系”的核心内容，在促进知识产权质押融资规模化、体系化发展，使更多小微企业受益的建设主题下，该平台旨在进一步整合知识产权、金融资本、专业服务等优质资源，探索“知识产权保护运营 + 投贷联动”全方位服务，实现搭平台、聚资源、创模式、促发展的目标。IP Online 主要有以下特色。

（1）帮助企业精准匹配知识产权金融产品。

（2）搭建一站式知识产权质押贷款通道，为企业和金融机构提供知识产权评价评估、质押办理、风险监测、风险补偿、处置运营、成本补贴等一站式服务。

（3）提供全方位知识产权保护运营服务。基于知识产权生态体系建设，为企业提供包含研发指引、知识产权挖掘与申请、侵权排查、竞争对手分析在内的数据分析服务；在线下开展产品推介、政策培训、项目路演、产业研讨等活动，促进行业深化交流合作。

（四）提供贴息资助，降低企业融资成本

作为国家专利质押融资示范区以及我国最早探索知识产

---

[1] 天津高新区：“天津滨海高新区携手中关村发展集团共同打造知识产权金融服务体系”，载 http://tht.gov.cn/contents/61/101329.html，最后访问时间：2021 年 9 月 28 日。

权质押融资的地区，中关村早在2007年就设立了知识产权质押贷款贴息专项资金，用于支持园区企业以知识产权质押方式向银行贷款。截至2020年，中关村累计向区内120家企业发放贷款贴息资金1210万元，“撬动”的贷款金额超过贴息的100倍，达到15.49亿元，仅2016—2019年，就向40家中关村企业发放专项资金400万元，支持贷款金额8.9亿元。在融资过程中，企业仅需承担贷款利息、保险费、信用评级等少数费用，还可享受科技保险补贴、利息补贴等政府补助，有效降低了融资成本，推动了知识产权的市场转化。

（五）推出新政，完善知识产权质押融资成本分担和风险补偿机制

截至2019年12月31日，中关村企业发明专利拥有量达到120 880件，占全市企业发明专利拥有量的65.9%，其中相当一部分专利属于规模不大但技术储备丰富的高新技术企业。专利质押融资虽有助于支持缺少资金的科创企业发展，但由于评估、风控、处置上的难题，在开展实际工作时仍遇到一定障碍。

与其他科技信贷品种相比，知识产权质押融资规模较小，融资成本和贷款不良率较高。知识产权价值评估、处置变现难，银行积极性不足、风险分担和补偿政策力度不够的困局仍未得到有效扭转，亟须建立有效的知识产权质押融资成本分担和风险补偿机制。

为进一步提升知识产权质押融资规模，完善知识产权质押融资服务保障体系，2021年3月15日，中关村管委会印

发《关于建立实施中关村知识产权质押融资成本分担和风险补偿机制的若干措施》，政策对象是符合条件的科技型中小微企业以及提供知识产权质押融资服务的银行、担保、保险、知识产权专业机构，主要内容包括以下几点。[1]

（1）加大科技型中小微企业知识产权质押融资贴息支持力度。对贷款利率上浮幅度不超过同期银行一年期贷款市场报价利率40%的，按照贷款实际利息的40%给予企业贴息支持，对单家企业年度利息补贴不超过50万元。

（2）建立多方参与的知识产权质押融资市场化风险分担机制。银行、担保、保险、知识产权专业机构等在为企业提供知识产权质押融资服务中发生不良业务的，按照本金中各自承担风险部分的50%对相关机构进行风险补偿，单家企业的年度风险补偿资金不超过500万元、累计不超过1000万元。

（3）实施知识产权质押融资风险及信用管理制度。要求金融机构设定合理的知识产权质押融资不良率上限，对不良率超出设定上限的机构，中关村管委会将暂停其风险补偿支持并开展评估，视评估结果决定该机构是否继续享受风险补偿支持。对以不正当手段骗取、套取贴息及风险补偿资金的企业和金融机构，取消其5年内知识产权质押融资成本分担和风险补偿专项资金申报资格，并将其纳入信用平台，依法依规处理。

（4）开展不良知识产权质押融资资产处置及追偿。银

[1] 科技金融处："解读《关于建立实施中关村知识产权质押融资成本分担和风险补偿机制的若干措施》"，载 http://zgcgw.beijing.gov.cn/zgc/zwgk/zcfg18/sfqzcjd/10954149/index.html，最后访问时间：2021年9月15日。

行、担保、保险、知识产权专业机构等应及时对不良知识产权质押融资资产进行处置及追偿，处置或追偿回收的资金按照风险补偿和承担风险比例返还各出资方。支持北京知识产权交易中心盘活知识产权资产，通过股债联动、收购许可、建立专利池等创新方式协助金融机构交易、处置违约质押物，提升知识产权质押融资资产处置及追偿效能。

中关村还将统筹优化现有政策，研究制定新的支持政策，联合市知识产权局等部门，建立协同工作机制，进一步加强知识产权质押融资体系建设；引导银行、担保、保险等金融机构开展产品服务创新，加强与科技企业的交流合作，强化保障机制，积极开展知识产权质押融资；提升知识产权专业机构的积极性，建立与知识产权质押融资相匹配的价值评估模式；构建企业知识产权投融资快速通道，提供全链条、一站式知识产权质押融资服务，开创中关村知识产权质押融资新局面。

案　例

【案例一】“斯利安”是中国第一片叶酸片的名字，脱胎于北京大学实验药厂的斯利安药业。斯利安药业也是中国叶酸领域最大的生产企业。虽然这家国家高新技术企业在过去6年的营收复合增长率高达43%，但公司前期投资的生产基地和原料药项目，还是给资金周转带来了压力。2020年年初，企业通过专利质押向民生银行取得授信额度3000万元，提款2000万元，解决了新冠肺炎疫情期间的燃眉之急。斯利安药业计划财务部负责人表示，在实物资产不足的情况下，专利质押贷款为企业融资拓宽了渠道，短时间内带来较充足的现金流，不仅盘活了企业资产，也为进一步开展核心产品的研发提供了支持，让企业有多精力投入生产经营中。

【案例二】2020 年 5 月，北京幸福益生高新技术有限公司收到了北京银行发放的一笔总额为 80 万元的贷款，这是这家小微科技企业第一次尝试利用知识产权质押的方式进行融资。以一项发明专利为抵押物，申报审批流程一个多月，贷款期限一年，虽然融资金额不大，但这次尝试在公司政府事务负责人看来意义重大，他认为知识产权质押融资成功最重要的意义在于公司的知识产权价值获得了金融机构的认可，这是一个价值发现的过程。

成 效

专利质押融资业务的开展，丰富了科技创新成果转化的形式，为科创企业筹措发展资金提供了现实途径。2019 年，北京市共有 270 家企业和个人办理了 323 项专利质押登记，共质押专利 1796 件，其中中关村开发区所占比例均在 95% 左右。在疫情的特殊考验下，为支持企业获得融资，渡过难关，2020 年 2 月，中关村知识产权促进局征集了 18 家企业的 24 件融资需求，帮助企业对接北京银行、北京知识产权运营管理有限公司等机构，上半年已促成 7 家高新企业办理新增授信或续贷项目，总授信额度超过 2 亿元。根据中国银行保险监督管理委员会北京监管局统计，截至 2020 年年底，北京市所有银行累放知识产权质押贷款17.4亿元，同比增长约68%；累放贷款户数288户，同比增长约48%。知识产权质押贷款规模与户数相比2019年均有了大幅增长。

二、上海漕河泾开发区：建立多元融合的知识产权融资模式

“十三五”期间，上海漕河泾新兴技术开发区大力推进知识产权运营服务体系建设，深入推进知识产权托管、专利银行、质押融资、专利保险等工作，积极实践知识产权资本化新模式，探索知识产权与投资、证券、基金等相结合的知识产权金融服务创新格局，建立了“科技园区＋银行＋企业知识产权担保/反担保＋评估（担保）机构＋政策”的模式，帮助科技企业走通知识产权融资质押的“最后一公里”。[1]

（一）科技型中小企业融资平台开展知识产权质押融资新探索

2009年3月5日，为应对金融危机，帮助企业缓解资金短缺，徐汇区政府、漕河泾开发区、交通银行联合打造了科技型中小企业融资平台，旨在为区内科技型中小企业提供6个月以内、1000万元以下的短期信用贷款。

为扶持科技型企业、推进产业转型发展，融资平台以知

---

[1] 李冲：“漕河泾开发区：以知识产权服务赋能产业”，载https://baijiahao.baidu.com/s?id=1701627941619406751&wfr=spider&for=pc，最后访问时间：2021年9月24日。

识产权质押融资工作为抓手，向具备发展潜力、符合示范区产业导向、拥有自主研发所获知识产权的高新技术企业提供短期、基准利率、纯信用的贷款，形成了独具特色的知识产权质押融资方式，区内东升新材料、澜起科技、展唐通讯、利策科技等100余家企业获批贷款超过5亿元。2018年7月，融资平台在知识产权质押融资方面做出新探索，为上海阿法迪智能标签系统技术有限公司的两项发明专利提供知识产权质押融资贷款，贷款额度为200万元。

（二）建设知识产权金融公共服务平台

知识产权金融公共服务平台是徐汇区知识产权运营服务体系的重要组成部分，由漕河泾开发区总公司联合漕河泾科技创业中心和六棱镜知识产权科技集团共同建设，旨在打造一个集聚各类知识产权金融业务资源，以“互联网+大数据+知识产权+金融”为基础，由园区、科创企业、金融机构、知识产权服务机构等主体共同参与的创新型知识产权金融服务平台，通过开展知识产权价值评估、质押融资、保险、证券化，IPO知识产权咨询等服务，为徐汇区及漕河泾开发区各类科技企业提供全方位、一体化、高效率的知识产权金融服务，助力人工智能、生命健康等产业高质量发展。

（三）推动开展专利、商标质押融资工作

2020年1月，上海市徐汇区人民政府发布《徐汇区知识产权运营服务体系建设实施方案（2019—2021年）》（以下简称“《徐汇区实施方案》”），提出“建立精准优质的知识

产权金融服务体系”，要求继续开展知识产权质押融资工程，通过“区区合作”的方式，联合漕河泾开发区探索建立知识产权质押融资风险补偿机制，支持金融机构建设知识产权质押“一站式”综合代办窗口，在区域开展知识产权质押融资业务，增加企业授信额度，降低企业融资成本，实现专利、商标品牌质押融资超过5亿元。

漕河泾开发区积极响应政府号召，与上海市知识产权金融服务联盟的其他成员单位强强联合，贯彻落实《徐汇区实施方案》中的区域知识产权金融政策，创新知识产权融资模式，持续开展知识产权金融服务“入园惠企”活动，打破知识产权评估难、融资难、处置难等瓶颈问题。

2021年，徐汇区首单500万元纯商标质押贷款项目落地，漕河泾开发区内壹站（上海）供应链管理有限公司出质商标14件，评估总金额达1200万元，最终获批上海银行漕河泾支行质押贷款500万元。本次项目落地过程中，漕河泾科技创业中心多次走访、调研企业、深入了解企业需求，联合上海银行漕河泾支行共同为企业定制商标质押融资方案；上海银行协调多方资源，仅用1周就为企业出具了融资批复，递交资料的当天就完成了质押登记，迅速、高效地为企业完成500万元的纯商标质押融资。这一商标质押贷款项目为打造“科技园区+银行+企业知识产权担保+评估（担保）机构+政策”的漕河泾知识产权质押模式又添成功案例。[1]

---

[1] 创营InnoClub：“‘知识产权+金融’再次突破，漕河泾开发区企业壹站物流成功获批商标质押贷款”，载https://mp.weixin.qq.com/s/TVPEkzv8tgAKT_Tu7x_x7g，最后访问时间：2021年9月24日。

此外，自2019年年底以来，漕河泾科技创业中心联合杭州银行、专业评估机构先后为东升新材料、鸿研物流、云知声等企业开展专利质押融资工作，企业通过专利评估和质押登记成功授信1.2亿元，实际获批1亿元。

案　例

上海箱箱智能科技有限公司是漕河泾开发区内一家智能物流包装制造企业。虽然公司规模不大，但其创始人从公司创立之初就十分注重在知识产权方面的经费投入。该公司在智能物流包装这一细分市场，始终坚持自主创新、国际化发展与知识产权战略同步布局。截至2021年6月，公司在智能物流包装领域的专利保有量已居世界第一，累计申请并公开了405件专利和237件商标，90件发明专利在美国、英国、德国、法国、意大利、比利时、澳大利亚、日本、南非等国家授权。2020年，公司受新冠肺炎疫情影响比较大，原本融资平台提供的贷款额度不能超过1000万元，在漕河泾开发区的积极引导下，公司签约成为上海市首单商标品牌保险企业，成功获批知识产权质押贷款3000万元，解决了资金链问题。

三、广州开发区：提供以知识产权质押融资、证券化为主的金融供给

（一）对知识产权质押融资实行补贴和风险分担机制

为发挥知识产权对创新驱动发展战略的引领和支撑作用，

广州市黄埔区、广州开发区于2017年推出《广州市黄埔区、广州开发区加强知识产权运用和保护促进办法》（“知识产权10条”），并于2020年4月26日升级发布《广州市黄埔区、广州开发区、广州高新区进一步加强知识产权运用和保护促进办法》（“知识产权10条”2.0版）。新政自2020年5月17日起施行，有效期3年，其金融扶持面更广，新增对知识产权证券化的奖励，主要内容有：科技企业以其依法拥有的知识产权以质押方式从银行金融机构或经认定的小额贷款公司、融资租赁公司等类金融机构取得资金的，对获得该笔资金所发生的评估费、担保费或保险费100%给予补贴，每项费用的补贴最高均为10万元，并对企业实际融资额按3%的年利率给予贷款贴息，每年最高100万元；新增对知识产权证券化的奖励，对具有创新性且形成一定示范效应的知识产权证券化产品发行主体、发行人才给予重奖，对通过知识产权证券化产品实现融资的企业按实际融资额3%的年利率给予贴息支持，每年最高200万元；设立规模1000万元的区级知识产权质押融资风险补偿资金池，由市区风险池共同承担62.5%的贷款风险。

（二）设计发行知识产权证券化产品

许多科技企业手握高端核心技术，但在传统的融资模式中往往难以获得高价值的变现。为了助力科技中小企业变“知本”为资本，解决融资难、融资贵问题，广州市黄埔区、广州开发区打造出一套贯穿企业发展全生命周期的“投资基金—质押融资—证券化—上市辅导—海外保险”知识产权金融服务链，2016—2021 年共帮助近 400 家中小企业融资超过 100 亿元。

2019 年 2 月，中共中央、国务院印发《粤港澳大湾区发展规划纲要》，明确提出“开展知识产权证券化试点”。广州开发区积极响应落实试点工作，同年 9 月，以 11 家区内民营科技企业的 140 项核心专利许可费作为基础资产，设计出知识产权证券化产品——“广州开发区专利许可资产支持专项计划”，该产品在深圳证券交易所成功挂牌，是全国首支以纯专利权为基础资产的知识产权证券化产品，帮助 11 家中小企业融资 3.01 亿元，开创了科技企业运用专利许可在资本市场融资的先河，受到国家省市知识产权主管部门的充分肯定和大力推广。同年 12 月，知识产权证券化被列为全省推广借鉴的优化营商环境改革举措。❶

2020 年 8 月，广州开发区聚焦新一代信息技术、生物医药两大战略新兴产业，按照产业组织企业、构建资产池和专利池，在首支产品发行的基础上再次发行新一代信息技术、生物医药知识产权证券化产品，为 24 家中小企业融资 4.34 亿元，实现知识产权证券化从 1.0 到 2.0 的跨越。截至 2021 年 7 月，广州开发区成功发行的 3 支知识产权证券化产品服务了近 40 家民营科技企业，每家企业获得 300 万—4500 万元不等的融资。

2021 年 11 月 10 日，广州开发区发行全国首支纯商标知

---

❶ 澎湃新闻：“广州开发区：打造全链条知识产权政策体系 助力全球知识产权高地建设”，载 https://www.thepaper.cn/newsDetail_forward_10649493，最后访问时间：2021 年 9 月 20 日。

识产权证券化产品。这是开发区推出的 3.0 版知识产权证券化产品，总发行规模 2.89 亿元，项目的底层资产包括 12 家企业的 58 个商标，涵盖新一代信息技术、智能制造、新能源环保等战略性产业，商标总价值高达 3.9 亿元。至此，广州开发区累计发行 4 支知识产权证券化产品，融资额超过 10 亿元。

近年来，广州开发区主动与国家知识产权局商标局进行沟通探讨，在“专利双许可”模式的基础上，结合商标的特色属性，研究出一套适用于商标的“双许可”模式，固化商标许可权的归属，转移商标许可权价值，突出商标的融资价值。在国家知识产权局商标局的大力支持下，广州开发区仅用 2 个月时间便完成了全部入池商标许可的办理流程，大幅提升了项目推进流程，帮助区内中小企业及时对接融资，解决融资难题。

相较于专利证券化，商标证券化能适用于更多的产业领域，其发行经验具有更高的推广价值。得益于商标的可延续性、可扩张性和增值性的特点，商标权具备多轮证券化融资的条件，在每一轮证券清偿期届满且支付完成后，若企业经营良好，品牌价值提升，其商标价值极可能得到进一步提升。

广州开发区还将持续推动知识产权证券产品发行工作，不断探索完善知识产权证券化的发行流程，积极拓展知识产权证券化的产品种类和发行场所，为全国知识产权证券化发展提供更多可复制、可推广的“广东模式、广州经验、黄埔方案”。

案例

长视科技股份有限公司是广州开发区内一家高新技术企业，安防监控产品出货量在华南地区排名第一。2020年，该公司在为项目储备原材料时，面临融资难题，此时恰逢全国首只新一代信息技术知识产权证券化产品在开发区落地，长视科技通过参与“中信证券—广州开发区新一代信息技术专利许可资产支持专项计划”，获得了3000万元融资，解了燃眉之急。

“我们拿到了3000万元的融资，提前锁定了芯片供应，让企业在去年的复杂环境下实现整体增长30%，净利率增长达10%以上。”长视科技相关负责人说，“以前专利证明对我们来说就只是几张纸，现在，知识产权证券化让无形的‘知识产权’真正有了‘身价’”[1]。

该公司前期并不注重知识产权的培育布局，但从2019年开始，在相关部门的宣传引导下，公司开始逐渐加大投入，设置知识产权工作专岗，对专利申请进行奖励。此次的知识产权证券化项目不仅让长视科技重新认识到专利的价值，还激发了员工的积极性，目前公司已有二三十项发明专利处于申请状态。此外，相较于以往与员工签订保密协议等方式，知识产权的培育布局能够更好地保护公司的创新成果，因为

---

[1] 21世纪经济报道：“广州开发区专利质押融资5年增长16.66倍，开创知识产权证券化先河”，载https://www.163.com/dy/article/GEQFKHV205199NPP.html，最后访问时间：2021年9月19日。

专利的所有权是公司的。

（三）丰富知识产权金融服务供给

在知识产权金融服务方面，广州开发区大力培育和引导构建多元化的知识产权金融服务市场。自2017年起，开发区通过创办“知融汇”品牌系列活动，搭建企业与服务机构、银行之间的桥梁，并设立规模2000万元的知识产权质押融资风险补偿资金池，进一步撬动金融机构的资金投放量。[1]

开发区还引进规模6亿元的广州市重点产业知识产权运营基金，优先投向信息技术、生物与健康、新材料与高端制造、新能源与节能环保等高精尖领域的区内企业；设立规模6500万元的广州开发区知识产权运营基金，重点投向知识产权密集型战略性新兴产业和知识产权运营类项目。截至2020年10月，上述两只基金共完成9笔区内科技企业股权投资，投资金额约2.1亿元，其中2家被投企业已实现科创板上市。

2018年，开发区推动区内产业基金投资集团与北京知识产权运营管理有限公司组建2亿元广州人工智能知识产权投资基金，加速知识产权市场流转和价值实现。2020年6月，开发区成立全国首家知识产权金融服务中心，中心与广州开发区金融服务超市共同运营，首期入驻6家金融机构和6家知识产权服务机构，通过“知识产权服务机构+金融超市”

---

[1] 林毅伦：“广州开发区：知识产权运用和保护大有可为”，载 https://baijiahao.baidu.com/s?id=1683863667722158886&wfr=spider&for=pc，最后访问时间：2021年9月20日。

的运营模式，为园区企业提供“一站式”知识产权金融服务。

成　效

2018 年上半年，广州开发区完成专利质押融资 2.59 亿元，占全市近一半；截至 2020 年 11 月，全区完成专利质押融资超过 50 亿元，居广州市首位，其中 1—9 月，帮助 144 家企业完成专利质押融资 21.49 亿元，占广州市比例近四成；截至 2021 年 7 月，开发区累计帮助 400 多家企业完成知识产权质押融资约 68.98 亿元，发行 3 只知识产权证券化产品，为 35 家企业融资 7.35 亿元，知识产权运营基金共投资 2.1 亿元，3 家被投企业完成上市。

四、苏州工业园区：推出“知识贷”产品及知识产权证券化

2020 年 3 月 20 日，国务院发布《关于构建更加完善的要素市场化配置体制机制的意见》，提出积极探索通过知识产权证券化等方式推动科技成果资本化。2020 年 7 月 3 日，苏州工业园区印发《苏州工业园区优化营商环境创新行动 2020》，规定“推动知识产权与金融融合创新，健全知识产权质押融资机制，建立知识产权评估机构库，探索线上优质知识产品评估服务”。

（一）开发“知识贷”产品，推动知识产权质押融资

2018年7月26日，园区联合金融机构开发出“知识贷”产品，通过“园区资金池+银行”的风险分担模式，推动园区科技型中小企业进行知识产权质押贷款，鼓励合作银行加大信贷资金投放力度，支持以科技成果转化为主的科研活动。其中，园区风险补偿资金最高可承担单笔贷款本金损失的70%，单户贷款本金最高可达500万元。

在申请“知识贷”时，生物医药、人工智能、纳米技术这三大新兴产业领域的企业需要满足拥有具备自主知识产权的产品或技术、注册成立1年以上、企业主要产品销售收入在2亿元以下且近3年内产品市场份额平稳增长等条件；对处于研发阶段的生物医药类企业，则需要具有新药临床试验批件、国外临床试验许可或医疗器械产品注册证。信亨科技是园区内一家从事全自动化中药调剂设备生产的企业，拥有各类知识产权160余项，通过“知识贷”产品，企业一次性解决了300万元的资金缺口，有效破解了科技中小企业常常面临的“一文钱难倒英雄汉”的窘境。

（二）推出全省首个知识产权证券化产品

苏州工业园区内生物医药产业规模庞大，创新能力突出，技术要素活跃。截至2020年11月，园区生物医药企业超过1600家，累计发明专利申请超过5000件。考虑到生物医药产业研发周期长、技术创新活跃、市场前景大、投资风险高等特点，园区围绕以生物医药产业为主的金融需求，积极完

善相应的知识产权证券化政策方案，多次开展座谈调研，筹建工作专班，建立多部门协调机制，搭建园区知识产权证券化工作框架，于2020年年底初步形成了贯穿企业发展全生命周期的知识产权金融资金供应链，为后续在其他领域开展更大规模、可复制推广的知识产权证券化做出了有益尝试。

2020年11月26日，园区第1—10期知识产权资产支持专项计划获上交所批复，实现江苏省知识产权证券化产品“零突破”。此次专项计划以苏州融华租赁有限公司为原始权益人，苏州元禾控股股份有限公司为增信方，储架规模10亿元，信用评级AAA，以园区生物医药、人工智能、纳米技术三大新兴产业领域科技企业的专利为基础资产。❶

2020年12月25日，园区第一期资产支持专项计划正式公开发行，发行金额0.45亿元，票面利率3.95%，主要聚焦园区生物医药和医疗器械产业，按照“政府引导为主、企业自主参与、产品市场化运作”的原则，构建专利池，借助国资主体强信用优势，推动一批快速成长的科技企业亮相资本市场，平均每家企业融资400万~700万元。❷ 此次发行的底层资产为区内8家生物医药企业的67项授权专利，这些专利需满足三个要求：第一是产权明晰，具有技术特殊点和一

❶ 苏州日报：“江苏首单知识产权证券化产品落地”，载 http://www.sipac.gov.cn/szgyyq/jyqzk20201204jyq/202012/e55a3951b54d4f639116c2fb7cfa9eab.shtml，最后访问时间：2021年9月10日。

❷ 苏州工业园区融媒体中心：“创新知识产权金融服务 苏州自贸片区知识产权证券化获国务院‘最佳实践案例’”，载 http://www.sipac.gov.cn/szgyyqtzyq/tzdt/202106/c15ab78f79074a208d5bc4b280aa7345.shtml，最后访问时间：2021年9月11日。

定的升值空间；第二是企业在生产中实际使用的核心专利；第三是距离专利权利保护期限届满还有一定年限。

苏州工业园区的这一创新举措，不仅满足了园区生物医药产业的融资需求，在不稀释股权和控制权的前提下，帮助企业获得了规模大、额度高、成本低、期限长的债券融资，还有助于推动企业提前进入资本市场，为其后期建立更加畅通的直接或间接融资渠道奠定基础，为江苏省知识产权证券化模式打造了样板。

五、苏州高新区：以知识产权证券化赋能医疗器械产业

近年来，苏州国家高新技术产业开发区围绕地方产业特色，搭建知识产权金融工作服务平台，创新知识产权金融工作思路和服务产品，推动知识产权金融更好服务实体经济发展。2021 年 4 月 15 日，在苏州市市场监督管理局（知识产权局）和苏州高新区管委会的指导和支持下，由高新区市场监督管理局牵头实施的全国首只以知识产权交易中心为发行主体的医疗器械产业知识产权证券化产品——“苏州高新区第 1—5 号知识产权资产支持专项计划”成功获批，这是高新区落实知识产权证券化工作的有益探索，标志着全国医疗器械产业知识产权证券化产品实现“零的突破”，为解决“轻资产”中小科创企业融资难题、实现知识产权资产价值提供了新的

路径。[1]

此次获批发行的知识产权证券化产品由苏州金合盛控股有限公司和江苏国际知识产权运营交易中心作为发行主体和原始权益人，苏高新集团作连带担保，东吴证券作为计划管理人。该专项计划紧扣高新区医疗器械产业特色，打造产业专利池，采用分期发行方式，期限不超过 2 年，总规模 3 亿元，信用等级 AAA。该产品的发行将借助国资主体的信用优势，发挥核心知识产权资产作用，降低医疗器械企业融资成本，成为知识产权赋能医疗器械产业发展的有效举措。

知识产权证券化将无形的知识产权变成看得见的真金白银，对于完善知识产权创新生态、助力知识产权强区建设具有重要意义。高新区还将强化知识产权金融扶持政策与区域、产业政策的结合，优化知识产权投融资环境，建立知识产权与投资、信贷、担保、证券等工作相结合的多元化、多层次的金融服务机制，更好地发挥知识产权对经济高质量发展的支撑作用。

成　效

截至 2020 年年底，苏州高新区集聚的 400 余家医疗器械企业，拥有自主研发而获得的知识产权 1321 项，其中发明专

[1] 苏州高新区（虎丘区）市场监管局："让'知产'变'资产'全国首支医疗器械产业知识产权证券化产品成功获批"，载 http://www.snd.gov.cn/hqqrmzf/gzdt/202104/2ace72bca4ac430d90df6f7062b68124.shtml，最后访问时间：2021 年 9 月 18 日。

利 682 项，商标 852 件。知识产权金融创新服务惠及企业超过 60 家，融资金额超过 8 亿元，进一步拓宽了企业融资渠道，切实支持创新型科技企业发展壮大。

六、杭州高新区（滨江）：对知识产权质押融资及保险给予资助

杭州高新技术产业开发区（滨江）内的企业大部分是中小科技型企业，发展初期除了专利，几乎没有可质押物。高新区通过政策引导，积极开展知识产权质押融资，将无形资产变成现金流，助力企业发展壮大。当下，知识产权质押融资已成为科技型中小企业融资的“热门”新渠道。

（一）以资金补贴鼓励知识产权质押融资和保险

要将“知产”变为“资产”，离不开一系列政策的支持。杭州高新区一直大力推进知识产权质押融资，早在 2017 年，为缓解企业融资难、融资贵的难题，高新区对利用知识产权质押获得金融机构贷款的企业，给予实际贷款额银行基准利率的 50% 贴息资助，并设立 1000 万元的知识产权质押贷款风险处理资金池。

2020 年 6 月 30 日，高新区发布的《关于进一步加强知识产权工作的实施意见》明确鼓励知识产权质押融资和保险：对利用知识产权质押获得金融机构贷款的企业，给予实际贷款额银行基准利率的 50% 贴息资助，每家企业年贴息额度不超过 200 万元；新增对金融机构的奖励，对开展知识产

权质押贷款的金融机构，质押贷款年度新增日均余额排名前三的，分别给予30万元、20万元、10万元的奖励；新增知识产权保险资助，促进知识产权保险业务发展，对专利执行保险、专利被侵权损失保险、知识产权质押保证保险，每项给予50%的保费资助，每类最高10万元。

（二）就近设立知识产权质押窗口

高新区在优化营商环境上不遗余力，建立了全国首个“全门类、全链条、一站式”知识产权综合服务中心，发布了知识产权公共服务平台，实现知识产权事务“一门进”“一站式”办理，打造了有体系、有成效的“滨江样板”。

为进一步打通“政—银—企”之间的质押融资渠道，高新区在知识产权综合服务中心设立质押窗口，通过引进第三方专业评估机构、设立银行服务点，解决了知识产权质押多地跑的问题，实现了知识产权评估、质押“最多跑一地”。正如区市监局知识产权科相关负责人所说，以前质押要去北京办，一办就是一两个月，现在家门口就能办手续，五个工作日就能拿到质押证。❶

成效

2019年1—11月，杭州高新区实现知识产权质押融资

❶ 天堂硅谷报：“知识产权质押融资走出‘滨江模式’”，载 http://www.hhtz.gov.cn/art/2020/11/25/art_1487008_59020234.html，最后访问时间：2021年9月18日。

9.2 亿元，知识产权发展水平保持杭州市前列。截至 2020 年 10 月底，高新区共开展专利质押登记 61 笔，共涉及 83 件专利，知识产权质押金额达 15.648 亿元，为科技企业突破资金流发展瓶颈及时输入了金融血液。

七、武汉东湖高新区：打造知识产权质押融资风险共担机制

2008 年，武汉市获批国家知识产权质押融资试点城市，次年，武汉东湖新技术开发区（以下简称“东湖高新区”）启动知识产权质押融资试点园区建设工作。“十三五”期间，东湖高新区发放知识产权质押贷款 35 亿元，惠及上百家企业。园区内有约 80 家湖北省上市后备“金种子”企业，其中 30% 都获得过知识产权质押贷款。[1] 根据高新区知识产权局 2021 年 1 月 27 日的统计，近三年来，光谷新增 12 家上市企业，其中 5 家曾获得知识产权质押贷款。

（一）设立知识产权风险补偿基金，多重补贴，分担风险

高新区知识产权局负责人表示，在市级政策的基础上，东湖高新区依托武汉自贸片区开放的政策环境，自我加压，不仅出台配套政策，还进行了新探索。高新区从 2011 年起，

---

[1] 湖北日报：“光谷三成上市后备企业曾获知识产权质押贷款”，载 http://www.wehdz.gov.cn/zmq/xwdt_22850/mtbd/202102/t20210201_1623662.shtml，最后访问时间：2021 年 9 月 10 日。

专门设立了总额达10亿元的知识产权风险补偿基金，对开展知识产权质押融资业务的金融、保险、担保机构以及企业等，提供风险补偿、贷款贴息、保费补贴、利息补贴、专利评估费补贴等支持，有效降低了中小企业的融资成本。

2019年7月15日，高新区管委会、自贸区武汉片区管委会联合印发《关于促进知识产权高质量发展的若干措施》，政策有效期5年，其中规定：支持知识产权质押融资，鼓励和推动各类金融机构开展专利权、商标权、版权等知识产权质押融资业务，对知识产权质押贷款业务参与方给予适当补贴和风险补偿；对通过知识产权质押获得贷款并按期还本付息的企业，按照银行贷款基准利率的25%给予贷款贴息奖励，单个企业的年度贴息奖励总额最高60万元，贴息最高年限为3年；对为东湖高新区企业提供知识产权质押贷款造成本金损失的金融机构给予融资补偿，融资补偿比例不高于实际发生损失的本金部分的30%，且单笔补偿最高500万元。

（二）组建专家评估团队，消除金融机构放贷“包袱”

相比于传统贷款方式，知识产权质押贷款要求金融机构能够准确把握企业在产业发展中的地位，精准判断企业抵押的专利技术的市场价值，而专利权具有无形性、专有性等特征，受市场环境影响较大，难以进行准确的价值评估。为解决此问题，东湖高新区知识产权局帮助金融机构组建了专家评估团队，对中小企业运营状况、经济效益、知识产权等指标进行有效的价值评估，并出具正式的专业评估报告，提高中小企业价值评估的科学性和权威性，增加贷款信用等级和额度，帮助金融机构避免因不了解产业发展和专利技术而对企业的知识产权贷款诉求作出错误判断，让金融机构放下“思想包袱”，有效“避雷”。

（三）通过知识产权反担保质押融资模式实现风险共担

考虑到需要贷款的企业大都处于起步阶段，自身发展条件不足，风险较大，银行往往不愿发放贷款。为解除银行的后顾之忧，高新区积极开展知识产权反担保质押融资新模式，通过政府主导，引入评估机构对企业知识产权进行评估，引入保险机构为企业提供担保，企业以知识产权作为反担保质押给担保公司向银行申请贷款，实行保险机构、政府、银行5：3：2的风险共担机制，打破各自为阵的金融服务模式，形成生态型金融资源配置方式。银行只需承担20%的贷款风险，且政府和保险公司一同承担监督职能，大大降低银行放贷的风险阻力，帮助轻资产中小企业获得更高授信额度的银行贷款。

（四）提升知识产权质押贷款的便捷性

东湖高新区通过优化流程，提升知识产权质押贷款的审批效率。对于2000万元以下的贷款，企业从申请到贷款到账通常需要经过半个月左右的审批流程，最快可以在七天内完成。针对初创企业的创始人，高新区还推出了具有针对性的信用贷模式，企业可凭发明专利、权威奖项等，通过网贷的方式获得贷款，贷款额度最高达1000万元，24小时内即可到账。

（五）打造诚信管理机制，惩戒知识产权领域失信行为

《关于促进知识产权高质量发展的若干措施》中还提出“建设知识产权诚信体系”，主张建立健全知识产权诚信管理机制，对于知识产权领域严重失信主体，采取省、市、区联合惩戒措施，取消进入各知识产权保护中心和快速维权中心的专利快速授权确权、快速维权通道资格；取消申报各级知识产权示范和优势企业资格；取消申报各级专利运营试点企业资格；取消享受各级知识产权政策优惠、资助、奖励的资格，已获政策资金支持的，予以追回。

案 例

【案例一】2018 年 12 月，武汉人保财险东湖科技保险支公司与武汉博昇光电股份有限公司签下全省首单专利质押融资科技贷款保证保险。人保财险东湖科技保险支公司在高新区管委会的支持下，联合农商行光谷支行，引入第三方评估机构北京市国宏信价格评估有限公司武汉分公司，帮助企业将知识产权快速转化。武汉博昇光电股份有限公司将其三项实用新型专利交由北京市国宏信价格评估有限公司武汉分公司进行评估，三项专利共评估 438.35 万元。博昇光电通过投保中小企业贷款保证保险和专利质押融资科技贷款保证保险，共向银行贷款 200 万元。此业务办理以来，高新区管委会多次通过“自贸半月谈”企业培训、政策宣讲、微信公众号、官方网站等方式进行宣传、推介，力争让更多企业从这一融

资新渠道受惠。

【案例二】四方光电股份有限公司是一家从事智能气体传感器和科学仪器研发生产的高新技术企业，申请了100余项专利。自2016年起，该企业通过质押专利的方式，每年获得1100万—1500万元的贷款。2020年，武汉农商行为企业授信3000万元。四方光电负责人说，固定资产抵押和知识产权质押相结合的贷款方式能够有效放大公司的获贷能力，融资渠道更多、成本更低，企业成长信心十足。

成　效

在2019年7月发布的《中国自由贸易试验区发展蓝皮书（2018—2019）》中，武汉自贸片区（东湖高新区）的专利权质押融资新模式上榜“制度创新十佳案例”，制度创新指数居第三批自贸区首位。2020年1月20日，“2019年度自贸试验区十大新闻评选”结果揭晓，武汉自贸片区（东湖高新区）专利权质押融资新模式入选2019中国自贸试验区十大创新成果。

八、成都高新区：推出集评估、融资、交易于一体的“高知贷”产品

2019年年初，经过市场监管体制改革后的成都市知识产权局正式挂牌，全市知识产权工作迈入新阶段。在此背景下，成都各区市县在知识产权领域都进行了积极探索，成都高新

技术产业开发区便是其中的佼佼者。

(一) 打造知识产权融资生态链

成都高新区许多中小科技企业由于没有土地、厂房、机器设备等良好的抵押资产，难以获得银行贷款。许多企业虽拥有多项知识产权，但因为缺乏资金，无法有效提升生产力，难以将科技成果转化成产品。为实现知识产权新经济示范园区建设的长远目标，成都高新区将知识产权融资作为新领域进行探索。经过多方学习和调研，2019 年 10 月 24 日，成都高新区发布《成都高新区关于推进知识产权融资试点工作方案》，旨在围绕创新链、资金链，建立政府引导、市场充分参与的集评价、质押、交易等于一体的知识产权金融服务体系，助力初创企业实现“知本”向“资本”的转变，完成知识产权价值转化。

知识产权融资面临诸多挑战，诸如如何做大知识产权融资供给、如何做实产权投融资产品等。成都高新区充分挖掘银行对知识产权新经济企业的投融资服务，借鉴北京、广东等地经验，依托已开展知识产权金融业务的各类银行，创新知识产权金融产品，探索知识产权证券化、股权投资、收储与运营、期权等金融服务新模式。[1] 知识产权融资不仅涉及抵押的知识产权，还与知识产权管理水平、后期交易水平有关，为此，成都高新区在做好知识产权融资产品的基础上，

---

[1] 成都高新区融媒体中心：“成都高新区知识产权融资新探索”，载 http://www.stdaily.com/zhuanti/jjjr/2019-12/24/content_846666.shtml，最后访问时间：2021 年 9 月 14 日。

着力构建评价体系和后端保障体系，打造知识产权融资生态链。

（二）推出知识产权融资专项产品

为深化知识产权融资试点工作，助力企业创新创造，成都高新区推出集“价值评估 + 质押融资 + 价值交易”于一体的知识产权融资专项产品——“高知贷”。“高知贷”是成都农商银行与高新区科技人才局为适配以智力资产开发和转化应用为核心的新经济企业而开发的产品，通过知识产权质押或信用担保，为区内具备较好成长性但缺乏有形资产的高新技术企业提供利率优惠的贷款，推动高价值专利密集型企业实现知识产权价值转化。电子信息、生物医药等高新区主导产业是知识产权融资的重点领域。

该产品自 2021 年 5 月在成都农商银行高新支行推出以来，通过街道办（社区）、产业园区、政府部门等渠道实施了网格化营销宣传和客户对接，受到广泛关注。截至 2021 年 5 月末，该行已累计受理“高知贷”申请 10 余户。

（三）将知识产权评价增信指标纳入贷款产品

知识产权价值评估是知识产权融资的一大难点，银行通常只能依据企业财务报表和经营状况进行判断，而政府能够统筹考虑企业技术水平、知识产权运营状况、未来市场前景等，缓解银行和企业之间信息不对称的问题。因此，高新区将知识产权评价增信指标嵌入政策性贷款产品中，在企业融资信用平台上接入第三方知识产权评估模型，规定发明专利、实用新型专利、软件著作权、商标权等知识产权评价指标权重不低于综合授信评价的30%，并将在未来继续提升相关权重，实现主要依据企业对知识产权的综合运营情况进行融资增信的目标。

2021年，成都高新区继续鼓励科技小额贷款公司加快产品开发，推出融合科贷公司、股份制银行、创投公司的知识产权融资产品，并计划于2022年年底，形成较为完善的基于知识产权估值与交易的融资服务体系，实现知识产权价值评估、质押融资、交易退出有机互动与融合。

成　效

2020年1—8月，成都高新区累计发放知识产权政策性贷款12.48亿元，帮助303家科技型企业获得融资。

九、石家庄高新区：打造“政银保评”知识产权质押融资新模式

科技型中小微企业蕴藏着巨大的创新能量，是“双创双服”发展战略的主力军。专利质押融资作为一种新的科技创新成果转化形式，为科技型中小微企业筹措发展资金提供了路径。作为河北省首家国家知识产权示范园区，自2017年以来，石家庄高新技术产业开发区在以政府和银行为主体的传统知识产权质押融资模式基础上，引入保险机构、专业评估

机构，在全国首创“政银保评”知识产权质押融资新模式。[1]

新模式的核心为风险分担机制，通过合理配置政府、银行、保险机构、评估公司等多方主体间的风险，减轻银行顾虑，大力推进知识产权质押贷款与科技保险业务的开展，以弥补传统知识产权质押融资模式的不足。2018 年 3 月 20 日，高新区科技局联合银行、保险、担保、评估各方召开科技保险与知识产权质押贷款产品介绍暨政策宣讲会，200 余家企业参会，标志着石家庄高新区知识产权质押贷款与科技保险推行工作正式启动。[2]

（一）开展科技保险创新试点

由科技部与中国保监会联合推出的科技保险于 2017 年在石家庄高新区率先开展创新试点工作。2017 年 10 月 25 日，石家庄高新区制定《科技保险创新试点工作方案》，政策有效期 3 年，其中规定：设立科技保险专营机构；推出包含知识产权质押贷款保证保险、知识产权海外侵权责任保险、专利执行保险、侵犯专利权责任保险在内的 14 种与科技型企业密切相关的科技保险险种；设立政府主导的科技融资风险保障资金池，通过建立“政银保评”合作机制实现风险共担，开启保险助力发展新模式；对实行政银保的科技支行给予风

---

[1] 叶玮：“石家庄高新区启动科技保险与知识产权质押贷款新模式 助力科技型中小企业发展”，载 http://www.shidz.gov.cn/col/1592015056708/2020/06/13/1592027694699.html，最后访问时间：2021 年 9 月 21 日。

[2] 叶玮：“石家庄高新区推出‘政银保（担）评’四位一体知识产权质押贷款新模式”，载 http://www.chinahightech.com/html/yuanqu/yqrd/2018/0402/459463.html，最后访问时间：2021 年 9 月 21 日。

险补偿金支持，对投保科技保险的科技型企业给予一定比例的保费补贴；当政银保贷款发生损失时，损失部分由银行、保险公司、高新区财政按约定比例分担。

鉴于科技保险对科技型企业研发、生产、销售的良好保障作用以及前期试点工作取得的显著成效，2020 年 12 月 21 日，高新区印发《推进科技保险创新管理办法》，政策有效期 5 年，其中明确了科技保险保费的补贴对象、补贴险种、补贴方式及流程，进一步降低企业投保成本，引导企业依托科技保险提升抗风险能力，发挥科技保险对企业创新的促进和保障作用。

（二）引入专业评估机构，建立“政银保评”融资模式

高新区在政、银、保合作基础上，与北京银行、河北银行两家下属科技支行以及人保财险、北京连城资产评估公司开展合作，建立了“政银保评”四位一体、风险共担的知识产权质押融资模式。

（三）采用“执业责任险 + 风险补偿资金池”双重保险模式

知识产权质押融资风险出现后，首先由专业的评估公司通过拍卖、变卖、质权转股权、协议转让等方式对所质押的知识产权进行处置，覆盖风险。若知识产权处置无法覆盖损失，则将触发双重保险机制，其中，一重保险：符合执业责任保险赔付条件的，由评估公司（10%）和保险公司（90%）共同承担银行遭受的损失；二重保险：不符合执业

责任保险赔付条件的，由银行和政府共同承担银行遭受的损失，政府利用风险补偿资金池按约定比例承担，实行差异化补偿机制。

（四）政府补贴兜底，降低企业融资成本

石家庄高新区对正常还款的企业，给予 50% 的贴息补助、50% 的评估费用补助、最高 60% 的保费补助，最大程度缓解企业融资难、融资贵问题，全力支持科技型中小企业发展。[1]

成　效

在“政银保评”知识产权质押融资模式下，政府实现了服务企业和促进经济增长的目标，银行、保险、评估公司实现了低风险高收益，科技型中小企业获得了发展急需的低成本资金，各主体实现了互利共赢；北京银行、河北银行、农业银行在石家庄高新区设立了科技支行，邮储银行、中信银行、中国银行、兴业银行也正积极申请建立科技支行；人保财险、太平洋保险设立了科技保险专营机构，开展 14 个科技保险业务；2017 年年底至 2018 年年底，石家庄高新区企业累计获得知识产权质押贷款 3.31 亿元。

---

[1] 工委管委办公室：“我区全国首创‘政银保评’质押融资新模式 打通知识产权质押融资‘最后一公里’”，载 http://www.shidz.gov.cn/col/1585294824552/2020/06/08/1591609527477.html，最后访问时间：2021 年 9 月 21 日。

第三节 如何通过知识产权保险降低企业经营风险

随着企业知识产权保护意识的逐渐增强和维权成本的提高，知识产权保险逐渐成为企业维护自身权益的新选择之一。主流的知识产权保险有两种类型：一种是知识产权执行保险，以被保险人享有的知识产权为标的向保险公司投保，当第三人侵犯被保险人的知识产权时，保险公司按照合同约定向被保险人支付维权所需的调查费用和法律费用，从而降低维权成本，提升维权能力；另一种是知识产权侵权责任保险，以被保险人侵犯他人知识产权所应当承担的赔偿责任为标的投保，当被保险人被诉侵权时，保险公司为其提供相关法律费用和赔偿费用等，分担侵权赔偿责任，为企业经营解决后顾之忧。

除了上述两种主流的知识产权保险外，还有很多衍生的知识产权保险，如专利代理责任保险、专利评估责任保险、知识产权质押融资保险等。中国银保监会、国家知识产权局、国家版权局三部门也联合发文鼓励保险机构在风险可控的情况下，为知识产权驱动创新发展提供多种保险服务。北京、上海、广州等城市已经率先开展知识产权保险试点工作，探索通过知识产权保险降低企业的经营风险。

一、广州开发区：率先推出知识产权海外侵权责任保险

（一）最高200万元补贴投保费用

2020年4月26日印发的《广州市黄埔区、广州开发区、广州高新区进一步加强知识产权运用和保护促进办法》（“知识产权10条”2.0版）中规定，为本区知识产权权利人或申请人投保知识产权保险的企业或机构，按投保费用的60%对其给予补贴，单一企业或机构每年最高补贴200万元。

（二）推出全国首单“知识产权海外侵权责任保险”

随着“走出去”战略的进一步深化，中国企业尤其是高科技企业的涉外知识产权诉讼逐渐增多，知识产权诉讼已成为许多海外对手“狙击”中国企业的惯用手段。如何在防范知识产权纠纷的同时，保护自身的合法权益不受侵犯，是中国企业出海必须思考的问题。然而，普通企业仅凭单打独斗，难以应付错综复杂的海外法律环境，承担高额的法律费用及经济赔偿，一旦陷入知识产权纠纷，企业的品牌经营和产品销售都将遭受不良影响。

2020年5月14日，广州市黄埔区、广州开发区联合中国人民财产保险股份有限公司广州市分公司、中国贸促会知识产权服务中心广东分中心联合举办了“知识产权海外侵权责任保险保单暨战略合作签约”活动，共同探索建立海外知

识产权维权援助体系，为区内企业提供海外知识产权保护服务。人保财险广州市分公司向开发区内金发科技、京信通信两家企业签发了知识产权海外侵权责任保险保单，为企业提供725万元的出海风险保障。知识产权海外侵权责任保险是一种创新险种，保险责任涵盖因侵犯第三方知识产权引起的侵权诉讼或潜在诉讼、应由被保险人或受偿方承担的经济赔偿责任以及与案件相关的诉讼或仲裁费用等，覆盖了国内企业在海外侵权案中可能遭受的主要损失。京信通信公司知识产权负责人坦言，公司在出海过程中困难重重，曾遭遇长达十年的国际专利诉讼，付出了上千万元的诉讼费，高额的海外法律费用给企业带来极大的压力。海外侵权责任保险可以保障企业在海外所有国家的所有产品，为企业“走出去”提供了非常有力的保障。

这是全国首单“知识产权海外侵权责任保险”，被评为“2020年度广东省知识产权十大事件”之一。此前，全国没有任何服务机构能为企业海外知识产权侵权经济损失做兜底。广州开发区敢为人先，按照首批参保企业需求推出“私人定制”订单，根据市场反馈调整完善承保方案，积极推动保单落地，这是开发区在探索建立企业海外知识产权维权援助体系中的又一创新成果，树立了国内企业海外知识产权维权的里程碑。2021年4月26日，人保财险广州分公司向小鹏汽车签发了国内首张千万保险额度的知识产权海外侵权责任保险保单。截至2021年7月，开发区内已有13家企业购买海外侵权责任保险，总保额达4250万元，最大保额1000万元。

2021年10月27日，广州开发区内成立了全国首个知识产权保险中心——中国人保粤港澳大湾区知识产权保险中心，标志着大湾区知识产权服务体系正式加入“保险”这一风险转移手段。未来，该中心将加强知识产权保险需求研究，扩大知识产权海外险险种宣传与推广，搭建知识产权理论研究及实操经验专家库，构建起知识产权全流程服务体系，护航“出海”企业做大做强。

（三）打造保险增值服务，协助企业解决海外知识产权纠纷

（1）人保财险和贸促会成为企业海外知识产权侵权的专门服务机构，负责对中国企业遭遇海外知识产权纠纷的信息进行收集、整理、分析，快速响应企业应对指导请求。

（2）人保财险建立海外知识产权纠纷风险数据库，在积累一定的风险数据后，编制发布海外知识产权纠纷风险防控和预警报告，为出海企业提供海外知识产权纠纷应对实务培训。

（3）整合协调海外知识产权纠纷应对资源，建设企业海外知识产权纠纷应对指导专家库、国际调解团队、海外律师团队等，打造保险增值服务，切实协助企业解决侵权纠纷。

二、上海漕河泾开发区：以商标保险满足企业维权需求

为了帮助企业解决商标维权难、维权费用高等难题，充分发挥保险的市场风险补偿作用，上海市知识产权局联合保险机构，深入园区、企业、知识产权服务机构等开展调研，

在调研的 228 家企业中，未来一年具有商标维权需求的占 20%，与此同时，有 54% 的企业并不了解知识产权保险等金融政策和办理流程。

针对调研结果，上海市知识产权局指导保险机构设计出适应企业需求、符合市场规律、体现上海特色的商标保险产品。2020 年 8 月 14 日，上海漕河泾新兴技术开发区内上海鸿研物流技术有限公司、竹间智能科技（上海）有限公司与区外其他四家科技企业一起，与安信农业保险公司签订了上海首批商标保险订单，共涉及 16 件注册商标，保费总计 11.9 万元，保障额度高达 336.6 万元，其中鸿研物流与安信农业保险公司共签订“箱箱共用”和“HOREN”两件商标保险，保费 1.4 万元，这也成为上海市首张商标保险订单，开启了上海企业商标保险的新篇章。

上海市知识产权局此次推出的商标维权保险产品采用“保险 + 维权”的运营模式，突出市场化、本土化、接地气的亮点。保障额度按企业交纳保险费的 30 倍计算，可多次索赔，上不封顶，保障力度大，投保灵活，可有效满足企业商标维权需求。

第四节　如何推进企业知识产权产业化

尽管我国知识产权创造、运用能力在近几年得到大幅提升，但知识产权产业化水平仍有待提高，以知识产权为核心的科技成果转化率远低于发达国家，知识产权密集型产业对

GDP的贡献率也不及发达国家。国家知识产权局发布的《2020年中国专利调查报告》显示，中国专利转移转化日趋活跃，但《报告》也指出，企业有效发明专利产业化率为44.9%，科研单位为11.3%，高校仅为3.8%，这意味着还有大量专利处于“沉睡”状态，亟须被唤醒。

知识产权产业化，就是要促进知识产权的产业化实施，把创新成果转化为现实的生产力，让越来越多的知识产权成果走下“书架”，走上“货架”。要从知识产权大国迈向知识产权强国，必须推进知识产权和产业的深度融合。园区可通过培育产业化项目，为企业提供优惠政策和产业化指导，集聚产业链优势资源等，加速企业科技成果落地转化，提升企业知识产权产业化效能。

一、广州开发区：资助、引进知识产权产业化项目

广州开发区着力推动专利成果运用，出台扶持政策促进专利成果转化实施，全区专利运用取得了显著成效，专利产业化程度不断提高。

（一）出台专项资金管理办法，推动知识产权产业化

2016年3月10日，广州开发区出台《知识产权专项资金管理办法》，鼓励企业申报国家、省、市知识产权项目。对获得国家、省、市知识产权部门资助的项目，采用后补助的方式予以配套资助。

（1）对国家级知识产权项目，给予100%的资金配套，

最高 500 万元。

（2）对省级知识产权项目，给予 70% 的资金配套，最高 300 万元。

（3）对市级知识产权项目，给予 50% 的资金配套，最高 100 万元。

同一项目获得上级多项资助的，可选择区最高资助额度申请配套资助；配套资助不叠加，但可申请补差。

2018 年 8 月 28 日发布的新版《知识产权专项资金管理办法》在对应条款上进行补充，对产业化项目的资助进行了具体说明，明确了本条款配套资助的专利项目应为广东省专利技术实施计划项目、广州市专利技术产业化项目等对本区专利产业化及对本区经济发展具有促进作用的上级知识产权行政主管部门立项资助的项目，本条款配套资助的版权项目应为对本区版权产业化及对本区经济发展具有促进作用的上级版权行政主管部门立项资助的项目。

2020 年 12 月 31 日发布的最新版《知识产权专项资金管理办法》将配套资助的范围拓展到省、市商标产业化项目，并规定单个项目所获上级和本区财政资助总额不超过项目实施单位自筹资金总额，超过部分不予配套。

（二）打造研发与产业运用一体化平台

广州开发区内的中新国际联合研究院，是 2015 年在国家主席习近平和新加坡总理李显龙见证下签署合作协议成立的重大国际科技合作平台。广州开发区推动中新国际联合研究院建成了数字技术、生命健康、新能源等六大研发平台。截至2020年年底，研究院已引进45个产业化项目，建成42个实验室，发表70余篇SCI论文，产生46项新产品新工艺，申请70余项专利，孵化22家企业，推动国际顶尖技术成果在粤港澳大湾区落地转化。

研究院还主办产业化项目线上路演活动，由项目首席科学家与核心成员进行讲解，从技术特点与优势切入，探讨项目的市场发展与产业化路径，积极寻求企业与投资人的接洽合作，吸引了众多行业专家、投资机构、企业代表参与。

成　效

2017年，广州开发区共42个项目入选广州市专利产业化扶持项目，占全市42%，9个项目被列入广东省专利技术实施计划项目，占全市56%，开发区成为全市专利技术产业化程度最高的区域。截至2018年2月，开发区内12家国家知识产权优势示范企业共计入选10项产业化项目，10项产业化项目2016年累计销售收入达22.43亿元，产品出口额达3533.23万美元，取得了良好的经济效益。专利技术运用已成为助推企业发展壮大和产业转型升级的重要保障。

二、天津滨海高新区：以产业优势资源集聚推进创新成果落地转化

天津滨海高新技术产业开发区大力推进知识产权产业化，不断引导区内企业专利创造“提质挖潜”，完善了园区产业

链、创新链和知识产权链，催生了新能源电池、网络信息安全产品和服务两大优势产业集群，园区知识产权密集型产业培育工作收效显著。

2018 年 11 月 28 日，高新区管委会与紫光集团签署投资协议，总投资 100 亿元的紫光云谷产业园、半导体材料制造工厂两个产业化项目正式落户高新区。紫光云谷产业园依托紫光集团丰富的资源，吸引上下游企业入驻，实现芯云产业的高度集聚，半导体材料制造工厂一期可年产约数十亿件半导体材料元器件。这两个项目与此前落户高新区的紫光云全国总部以及高端半导体产业园、飞腾 CPU、麒麟操作系统等形成产业集群效应。

截至 2021 年 1 月，高新区“新能源电池产业集群”累计申请专利 3000 余项，发明专利 1500 余项，年销售收入超过 200 亿元，参与制定各类标准 288 项，其中国际标准 5 项，国家标准 77 项；“网络信息安全产品和服务产业集群”聚集了以中科曙光、飞腾、麒麟、海光、360、紫光云、天地伟业、南大通用、中环半导体为代表的企业超过 1500 家，实现营业收入近 900 亿元。

此外，高新区生物医药产业优势资源集聚明显，拥有包含院士在内的大批高端人才团队，汇集了多个国家级和市级重点产业创新平台，能够充分发挥行业龙头对产业集群形成、产业链延伸和配套能力提高的促进作用，实现重大项目“链式集聚”。2020 年以来，高新区启动了 13 万平方米的生物医药产业载体建设，其中 10 万平方米的国家生物国际创新园将按照生物医药产业的需求进行设计，满足各类研发生产企业的需求，2021 年年底具备入驻条件，预计可吸引 30 余家企业落地，现已有药研院抗体中试车间、干细胞研发产业化项目有意入驻。

高新区细胞产业的集聚效应也逐步彰显，区内拥有细胞相关企业超 30 家，涵盖细胞提取制备、细胞存储、质控检验、研发生产、应用转化、冷链物流等全产业链，有力推进了“细胞谷”建设，加快了企业的研发进展和科创成果的落地转化速度。合源生物是区内一家生物医药初创企业，依托中国医学科学院血液学研究所的技术支撑，积极进行CAR - T等细胞治疗药物的尖端科研成果转化，经过两年多的快速发展，企业首个细胞治疗产品 CNCT19 已进入临床试验Ⅱ期，并于 2020 年 12 月通过国家药品监督管理局审批，被纳入“突破性治疗药物”品种。该公司还完成了 4.5 亿元的新一轮融资，为企业发展提供了有力保障。

第四章　产业园区如何助力企业知识产权管理

第一节　如何帮助中小企业进行知识产权管理

企业知识产权管理是将知识产权放在企业管理的战略层面，将知识产权管理理念、机构、模式、人员、制度等视为一个整体，界定并实现企业知识产权使命的系统工程。中小企业作为技术创新的重要主体，自身的知识产权管理工作往往不尽如人意，专业人才招募难、成本高、难管理、风险大等问题普遍存在。

在此背景下，产业园区探索了知识产权托管模式，借助自身平台优势，帮助中小企业更加全面高效地进行知识产权管理。国家知识产权局、工业和信息化部于 2011 年制定的《中小企业集聚区知识产权托管工作指南》指出，托管是指将企事业单位对知识产权管理的需求与知识产权服务机构专业化的服务相结合，在严格保守企业商业秘密的前提下，企业委托服务机构管理其全部或部分知识产权相关事务，为企业量身定制一揽子服务的工作模式。

产业园区因地制宜地构建知识产权托管模式，精准对接中小企业的知识产权管理需求，制定工作方案，提供高性价比的知识产权管理服务，可以更好地保护中小企业的创新成果，推动实现创新投入与价值回报的良性循环。

一、上海紫竹高新区：推出面向园区及企业的多层次知识产权托管服务

对于初创期的科技型中小企业来说，知识产权虽是“金娃娃”，但企业往往没有足够的精力和能力进行打理。为此，上海紫竹高新技术产业开发区开创了知识产权托管模式——通过引入专业第三方机构，为企业提供智力“高参”和知识产权“医生”。高新区投资服务中心法务负责人表示，大企业的知识产权工作体系相对完备，知识产权意识也比较强；中小微企业大都缺乏专业人才，知识产权工作的针对性不足，开展中小微企业知识产权托管工作有很强的必要性和紧迫性。

2011 年，紫竹创投与上海大学知识产权学院合作，实行第一轮为期三年的知识产权托管模式，通过高新区政府买单，由专业机构为中小型科技企业提供标准化的知识产权服务。[1]紫竹创投秉承“有制度、有机构、有人员、有经费”的四有

---

[1] 李丹颖、阮亚芬：“知识产权托管助推小微企业腾飞”，载 http://ip. people. com. cn/n1/2017/0417/c136655 - 29215836. html，最后访问时间：2021 年 9 月 23 日。

原则，指导企业制定知识产权管理制度、战略规划、执行方案，协助企业开展专利信息收集、质押融资，知识产权评估、运营、维权等工作，不断增强企业负责人的知识产权意识。截至 2017 年 4 月，紫竹创投在知识产权托管方面已服务超过 65 家中小微企业。

（一）高新区知识产权托管的模式建构

1. 成立知识产权托管办公室

知识产权托管办公室由高新区领导直接管理，负责区内知识产权服务的具体工作，主要职责包括：选定合格的知识产权托管机构；组织制订托管方案；组织监督托管服务；协调、合作和处理相关问题；及时向高新区知识产权领导小组、工作小组汇报托管工作进展。主要工作内容包括：为区内产业、企业提供知识产权平台服务、宣传培训、专题活动等；实行知识产权统一综合管理，整合区内外知识产权资源，构筑满足企业在人才、专项、战略等方面需求的服务体系和沟通渠道；及时掌握产业的知识产权动向，了解企业的知识产权发展状况及问题，适时提供解决方法，及时反映相关要求；为高新区产业发展和企业知识产权工作提供公益服务，节省企业人力、物力资源。

2. 建立企业知识产权托管工作机制

根据区内企业知识产权托管的具体情况和不同要求，在知识产权托管办公室的领导下，依托高新区知识产权专家团队和资源，开展企业知识产权托管项目。企业知识产权托管项目分为“中小企业的孵化器托管”和“企业的法律诊所托管”两种，具有以下特点。

（1）专业性强。解决企业知识产权日常工作和专项工作中的难题，为企业提供资源匹配渠道，避免市场盲目和质量风险，帮助企业开展更深入的知识产权工作。

（2）预防为主。通过知识产权托管服务，帮助企业排除知识产权隐患，规避知识产权风险，防患于未然。

（3）方便快捷。通过定岗定时、上门走访、内修外联等方式，及时解决企业知识产权的日常、突发问题。

（4）极具经济性。企业可免费接受知识产权托管的公益服务，优惠利用知识产权服务资源。

（二）高新区知识产权托管的主要形式

高新区将知识产权需求由下到上分为三个层次，分别对应知识产权托管服务的三大模块：公共服务模块、基础服务模块、专项服务模块，其中公共服务模块对应高新区层面，基础服务模块和专项服务模块对应企业层面。

1. 高新区的知识产权托管：公共服务模块

从高新区层面建设区内知识产权公共服务体系，完善科技创新体系，服务内容包括：根据高新区要求，为企业提供知识产权工作日常咨询和建议；根据高新区工作计划，为企业提供知识产权培训、宣传，参加相关活动；定期提供知识产权资讯，如政策、新闻、重要案例等；不定期提供知识产权工作活页，如与企业相关的知识产权法律法规、合同文本、制度模板、业务办理须知等；协助高新区制订、部署和完善知识产权规划、工作方案、管理制度等；协助高新区进行并完善知识产权信息化和档案管理；参加高新区举办或参与的各类知识产权重大、专项和服务活动；指导、参与、监督高新区的企业知识产权托管项目等。

2. 高新区中小企业的孵化器托管：基础服务模块

高新区的孵化企业常因缺乏有效的知识产权管理而为后续发展埋下隐患，为了帮助孵化企业建立以知识产权为核心的竞争能力，高新区与孵化企业一起制订了企业的知识产权发展规划，指导孵化企业进行项目优选、开展知识产权管理与保护工作，帮助孵化企业培养、提高知识产权研发、管理、转化、保护等基础工作能力。托管服务的内容包括：制定知识产权制度规章和工作流程；培养知识产权专门人员，促进知识产权管理机制建设；厘清知识产权种类，制订知识产权清单，建立知识产权档案制度；制订知识产权文件模板，开展知识产权合同管理工作；开展专利检索、申请、预警等；提供知识产权咨询、培训和指导服务；提供知识产权保护文本，为知识产权诉讼提供建议等。

3. 高新区企业的法律诊所托管：专项服务模块

高新区依托知识产权托管办公室、区知识产权专业团队以及相关平台和资源，建立起法律诊所“接诊、出诊、会诊、辅诊、义诊”的五诊机制，为企业提供知识产权疑难杂症的专项诊疗服务，形成诊断报告和解决方案，协助企业知识产权管理部门进一步深化工作，帮助企业建立和完善知识产权预警保护机制。

（1）在办公室接诊。知识产权托管办公室面向全区企业，接受有关知识产权的求助，通过咨询答疑，解决企业的知识产权问题。

（2）到企业实地出诊。知识产权托管办公室可接受区内企业邀请，通过实地考察、当面沟通，深入了解企业知识产权问题，提出更具针对性的解决方案。

（3）针对重大疑难问题进行会诊。区内企业遇到重大知识产权问题，知识产权托管办公室无法解决时，可借助高新区的知识产权平台和资源，对企业进行会诊。

（4）帮助企业寻找专业机构或专家进行辅诊。高新区联合上海知识产权法院、闵行区人民法院知识产权庭、上海大学知识产权学院，通过举办座谈会、调研会、研讨会及现场企业服务等活动，为区内企业提供维权服务。

（5）根据高新区安排进行义诊。知识产权托管办公室与各类知识产权服务机构合作，邀请其为区内中小企业提供义务诊疗服务，包括由律师事务所帮助撰写律师函、起诉状，邀请专利代理人辅导技术交底书的撰写等。

法律诊所托管的具体服务内容包括：为企业代理国内外发明、实用新型、外观设计专利以及商标注册申请，代理著作权登记，代理专利复审、商标评审、专利无效以及商标异议/撤销等；知识产权产品技术研发、市场开发和运营管理等；起草、修改、参与相关知识产权的许可、转让等文本及谈判工作；帮助企业建立数据库，开展知识产权的电子化管理，提供知识产权专题检索分析及预警保护的标准化服务；参与企业的知识产权投融资活动；为知识产权纠纷提供法律服务，如市场监视、知识产权的海关备案、调查取证、庭外调解、申请行政调处及提起诉讼等；制定企业知识产权战略和实施方案，参与方案执行等。

（三）高新区知识产权托管的基本步骤

根据高新区的定位和知识产权工作目标，先行开展意向性合作和试点工作，以找到合适的知识产权托管机构。根据托管目的和要求，确立托管的内容和期限，通过平时考评与最终验收相结合的考核机制，保障高新区知识产权托管服务的高质量实施。高新区知识产权托管服务流程主要包括以下内容（见图4－1）。

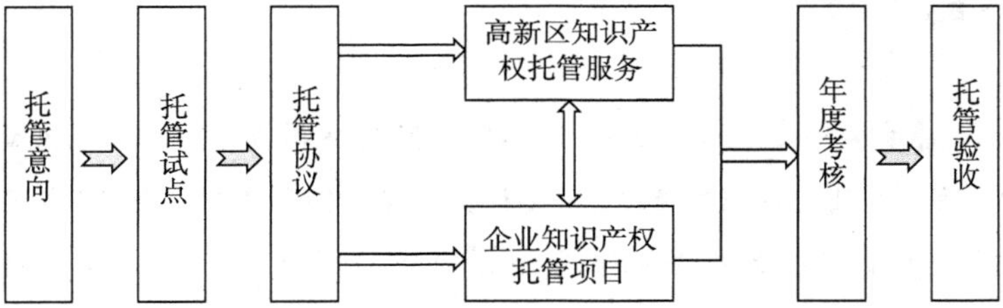

图4－1　紫竹高新区知识产权托管服务流程

企业知识产权托管项目是高新区知识产权托管服务的重要内容。开展企业知识产权托管，需要深入调研并掌握企业知识产权状况和问题，根据企业所处阶段和发展需要，为企业量身定制知识产权托管工作方案，提供个性化服务。高新区企业知识产权托管项目流程主要包括以下内容（见图4－2）。

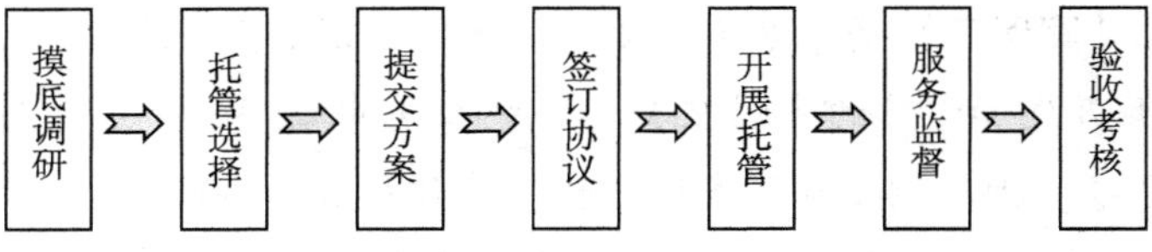

图4－2　紫竹高新区企业知识产权托管项目流程

（四）高新区知识产权托管需要注意的环节

高新区开展知识产权托管，需要注意以下工作环节：建立健全知识产权托管工作机制；落实国家知识产权政策，制订符合高新区发展目标的制度措施；开展知识产权宣传和培训，打造高新区知识产权文化生态；建立知识产权信息共享平台，开展电子化服务；推进高新区知识产权的产业集聚和商业开拓。

案　例

【案例一】上海汉翔信息技术有限公司是“触宝手机输入法”“触宝电话”的软件设计方，在2012年进军美国市场时，被全球最大的手机输入法企业纽昂斯公司提起了专利侵权诉讼。作为紫竹高新区的入托企业，汉翔公司立即求助紫竹创投，在紫竹创投的协调下，一批业界专家集聚汉翔公司，共同研究对手专利情况，搜集相关证据，委托知识产权中介服务机构对纽昂斯公司的涉案专利提出了无效宣告请求，并在国内进行了诉讼。2013年9月，汉翔公司取得了一系列诉讼的最终胜利，成为紫竹创投开展知识产权托管工作的一个经典案例。

【案例二】高新区有一家专注于宽带通信领域技术研究、产品开发和销售的高科技公司，该公司申请Wi-Fi专利超过100项，拥有核心专利多项，软件著作权30多项，商标数十个，超过10款产品为国家和上海市重点新产品，在园区参与下，公司已获外部融资数千万元，并于2015年在新三板挂牌上市。

公司在孵化、发展过程中非常重视专利保护工作，将专利战略重点放在申请环节。为了更好地开展专利工作，公司将专利的申请及维护交由代理机构负责，并通过培育“专利试点企业”培养内部专利人才。此外，公司还制订了相应的专利工作流程并在内部推广应用。除专利保护外，公司也开展了软件著作权及商标保护工作，将软件著作权的登记等相关事宜委托给专门的知识产权代理机构，聘请商标代理机构负责商标的申请及维护工作。公司还设立了专门的知识产权维护及奖励款项，以支持知识产权保护工作。

成效

紫竹高新区知识产权托管工作取得的累累硕果吸引了一批行业龙头企业入驻园区，区内企业的专利申请和授权实现了量质齐升，高新区也先后被评为国家知识产权试点园区、全国版权示范园区和国家级科技企业孵化器。此外，高新区将高校作为合作方，不仅解决了知识产权托管项目的专家来源问题，让知识产权托管长效化、稳定化成为可能，也为高校提供了绝佳的实践平台，学生跟随老师一起为企业“诊脉”，获得了宝贵的学习机会。

二、南京江宁开发区：打造协助企业专利管理的云管家平台

南京江宁经济技术开发区积极探索开展知识产权托管项目，通过联合区知识产权服务中心，为区内10家孵化器人才企业提供两年免费的知识产权托管服务，园区瑞洁特、矽望科技、引跑网络等10家创新型企业与服务中心签署项目合同。[1]

2019年11月11日，第四届紫金知识产权国际峰会江宁开发区专场活动启动，在南京市市场监督局指导下，由中高知识产权公司、国家知识产权局出版社、南京理工大学等单位共同成立的知识产权托管平台——中高知识产权托管及服务系统在开发区上线。系统以专利托管为入口，面向创新主体提供专业、高效、开放、高性价比的知识产权生态服务，大幅提升中小微企业的知识产权管理效率和创新转化运用能力，就像是企业专利的“云管家”。[2]

开发区内不少中小企业在专利申请、缴费等方面有着非常明确高频的需求。服务系统包含免费专利监控、在线缴费、微信机器人、免费专利检索、行业咨询等功能模块。其中，

---

[1] 江宁开发区党政办公室：“江宁开发区全面推进国家知识产权试点园区建设”，载 https://www.sohu.com/a/210554655_740456，最后访问时间：2021年9月30日。

[2] 罗聪懿：“打造知识产权生态 南京江宁开发区率先探路”，载 http://news.jstv.com/a/20191112/1573540650232.shtml，最后访问时间：2021年9月30日。

专利监控模块作为系统的核心模块，支持法律状态监控和年费状态监控，并可通过微信、邮件、短信等多种通知方式实现状态、费用的及时提醒，帮助企业按期缴纳专利费用，此外，还能监控对手专利状态，方便企业对知识产权进行布局与管理；在线缴费模块精准同步国知局年费明细，支持微信支付等付款方式，有效提升企业缴费的便捷度；微信机器人能够实时同步国知局专利最新法律状态，依托微信平台并采用专利号智能识别技术，支持手机端和 PC 端访问，提供无限量免费查询。

托管平台还拥有发布交易意向、连接专利供需等实用功能，依托全国 2000 多所高校的专利资源，在企业提交专利信息时，把一些高校的技术资源定向推送给企业，实现专利资源的精准对接。此外，平台还提供有关专利、商标、版权、知识产权保护和评估分析、企业资质认定的综合服务。

三、长沙高新区：制定企业知识产权托管工作方案

2019 年 8 月 9 日，长沙国家高新技术产业开发区在全市率先发布《长沙高新区企业知识产权托管工作方案》，对知识产权托管工作进行了详细全面的设计部署，旨在精准培育小微企业，聚焦科技创新，提升企业知识产权创造、运用、保护和管理能力，帮助小微企业实现高质量发展。[1]

---

[1] 岑军："全市率先！长沙高新区企业知识产权托管工作方案发布"，载 https://www.icswb.com/h/100045/20190809/616047.html，最后访问时间：2021 年 9 月 30 日。

（一）托管服务对象

（1）工商、税务关系在高新区内的小微企业；

（2）能接受知识产权托管服务合同内包含园区提供的知识产权托管工作标准的合同内容；

（3）无不良信用记录。

（二）托管机构

需在长沙市内登记注册，经湖南省市场监督管理局正式备案，实力较强，声誉良好，并符合以下条件：

（1）有开展知识产权托管工作的意愿；

（2）业务范围涵盖各类知识产权代理和咨询服务，具有知识产权检索分析、预警监测、战略规划、诉讼维权等服务能力；

（3）管理规范，机构及其从业人员无不良信用记录；

（4）2018年度代理专利申请100件以上或服务企业50家以上的知识产权代理机构；

（5）如分支机构开展托管工作，该分支机构应当具备独立开展托管业务的条件，并有专人负责托管工作；

（6）无不正当经营行为。知识产权代理机构及其总部或分支机构在国家知识产权局专利代理机构严重违法名单或经营异常名录内的不予参与。

（三）托管服务内容

坚持政府引导、企业自愿原则，托管期内，重点为企业提供专利申请、制度建设、信息分析、专利运营、权利维护、战略规划、品牌宣传、人才建设等专业服务。主要内容包括：

（1）为托管企业专利申请、商标注册和著作权登记等提供免费专业咨询服务；

（2）免费为托管企业研发人员和知识产权管理人员开展两次以上知识产权培训；

（3）免费指导托管企业建立健全知识产权内部制度；

（4）免费提供知识产权维权咨询；

（5）其他与知识产权托管工作相关的事宜。

（四）托管服务目标

托管企业在一年托管期内达到以下任一目标验收合格，每托管一家企业高新区补助托管机构3000元。

（1）托管企业若没有专利申请或商标注册，在托管期内应有专利申请、商标注册零的突破；已有专利申请的，专利申请量应同比增长20%以上，发明专利申请占比应在30%以上。

（2）企业在托管期内新通过《企业知识产权管理规范》国家标准（GB/T 29490—2013）认证。

第二节 如何为企业进行定制化的知识产权管理

从服务创新到防范知识产权法律风险，再到争取知识产权资产的保值增值，企业所处行业和发展阶段不同，知识产权管理的侧重点也会有所不同。为此，企业需要更具针对性的知识产权管理方案，在普遍做法中寻求定制化、个性化内容，将知识产权与企业发展进程有机融合，最大化知识产权效益。

产业园区可以依据对企业发展状况的了解，主动发挥公共服务职能，有针对性地为园区企业提供知识产权管理服务，通过个性化定制提升服务实效，为企业知识产权管理“量体裁衣”，例如，针对成长周期短、创新能力强的独角兽企业，为其定制政策信息服务包，推荐专利申请优先审查，开展人才培育交流活动等；针对重点科技企业、创业领军人才，提供上门服务，帮其搭建交流对接平台，评估研发项目风险，协助进行专利布局等；针对知识产权建设薄弱的企业，帮助其建立知识产权工作体系，进行知识产权创新规划，规范管理等。

一、北京中关村：为独角兽企业提供定制化知识产权帮扶

长城战略咨询发布的《2018 年中国独角兽企业研究报告》显示，2018 年中国独角兽企业数量达到 202 家，其中 82 家为中关村高新企业，这 82 家独角兽企业总估值达 3354.88 亿美元，相比 2017 年增长 21.36%，创历史新高。为了提升独角兽企业的知识产权运营管理水平，中关村推出了一系列针对性举措。

（一）提供定制服务包

全面梳理国家、市级和各区知识产权政策措施，形成企业知识产权服务清单，主动上门送信息、送政策、送服务，打通服务企业“最后一公里”。

（二）引导独角兽企业快速获得资金支持

引导和帮助独角兽企业申报知识产权资助金、海外维权援助、中关村知识产权专项资金等项目，快速获得知识产权政策支持，降低企业成本，加快企业成长。

（三）支持独角兽企业高质量专利申请进入加快审查流程

对于独角兽企业专利申请，重点开展专利优先审查推荐、专利巡回审查、将企业纳入知识产权保护中心备案名单等工作。2019 年，中关村为今日头条、寒武纪、特斯联、旷视等独角兽企业推荐了 1041 件专利申请进入优先审查、巡回审查，迅速提高了独角兽企业发明专利持有量。

（四）连接专业资源，提升独角兽企业知识产权综合水平

向商汤科技等独角兽企业优先输送国家知识产权局专利审查员，开展实践交流活动；依托中关村知识产权服务业联盟，开展独角兽企业专利清零、专利挖掘、海外布局规划等优质专项服务；重点面向出门问问等独角兽企业，开展知识

产权质押融资路演活动，助力企业发挥知识产权资本价值。

（五）加强独角兽企业知识产权高层次人才培育

举办中关村独角兽企业知识产权沙龙系列活动，采用专题讲座、主题研讨等形式，引导独角兽企业知识产权经理人加强对重点问题的关注，鼓励其在刊物上发表文章，培养了一批精通理论实务、擅长专利挖掘和知识产权诉讼的高素质企业知识产权经理人。

成效

在专利申请方面，2018 年，中关村独角兽企业在全球的专利申请量为 8976 件，授权量为 2752 件，PCT 专利申请量为 541 件；有专利申请的独角兽企业数量提升至64 家，占当年中关村独角兽企业数量的比例提升至 78.05%；有效专利占比是当年中国有效专利占比的 1.45 倍，发明专利占比是全国发明专利占比的 2.21 倍。越来越多的独角兽企业开始重视技术创新和专利布局，企业专利意识和专利实力不断增强。

在商标申请方面，82 家中关村独角兽企业均有商标申请，79.27% 的独角兽企业在成立当年或次年就着手商标申请，企业品牌保护意识较强。

在创新能力方面，中关村独角兽企业在创新活跃度、创新成长性、创新累积度、创新质量等方面均表现出良好势头，国内专利申请、海外专利申请包括 PCT 专利申请均呈现逐年递增趋势。

二、苏州工业园区：推出“金鸡湖合伙人计划”

2020年7月11日，苏州工业园区“金鸡湖合伙人计划”正式启动，这是园区率先探索的为创业领军人才和重点科技企业提供个性化服务的品牌工程，通过凝聚苏州国有和市场化头部优势资源，从人才、技术、载体、资本、市场等创新要素赋能科技人才企业，为企业提供更加精准的支持和更加专业精细的服务，助推科技企业快速发展。首批入库的合伙人企业共有40家，均通过遴选制由园区招商部门、科技载体以及头部服务机构推荐。

合伙人计划为入库企业准备了“四个一”创业服务礼包，即“一名服务专员、一份成长档案、一个服务组团、一轮赋能培训”，为企业提供金融、知识产权、财税、上市等方面的综合服务。截至2020年9月19日，有14家合伙人企业获得专利快速审查资格，其中1家企业的发明专利已获授权，全程用时仅40天。

中国（苏州）知识产权保护中心是苏州市建设创新生态体系和优化营商环境的重要平台，承担着国家知识产权局赋予的快速审查、快速确权、快速维权及导航分析等知识产权公共服务职能。成为“金鸡湖合伙人计划”服务组团成员单位以来，保护中心积极回应地方品牌工程的需求，为合伙人企业提供了诸多定制化服务：通过深入走访，详细了解企业知识产权情况，解答企业在发展中遇到的知识产权问题；开展专利预审等，帮助企业更好地进行专利布局；利用专利信息评估企业研发项目的风险，提高企业知识产权风险防范意识等。2020 年以来，保护中心党员干部已主动联系、走访服务对象超过 120 次，现场提供咨询、指导超过 50 次，为服务对象开展线上业务培训 9 期，各项业务工作办结时限进一步压缩，全面助力企业创新发展。[1]

[1] 苏州日报："知识产权保护为企业'量体裁衣'"，载 http://www.sipac. gov. cn//szgyyq/mtjj/202009/033551392de94b36bb279bf6ec362cc2. shtml，最后访问时间：2021 年 9 月 11 日。

第五章　产业园区如何助力企业知识产权保护

第一节　如何建立园区知识产权保护体系

保护知识产权就是保护创新。加大知识产权保护力度，建立完善的知识产权保护体系，有助于鼓励科技创新，进一步优化营商环境，促进经济高质量发展。当前，我国正在积极推进知识产权保护体系建设，致力于加强整体设计，制定实施知识产权保护体系建设方案，进一步完善集“严保护、大保护、快保护、同保护”为一体的知识产权保护工作格局，建设制度完备、体系健全、环境优越的国际知识产权保护高地。部分产业园区率先发力，提升侵权打击力度和执法监督力度，通过集聚知识产权保护资源，对维权活动给予政策支持，建立多元协作的知识产权保护工作机制，密切政企合作，丰富知识产权保护技术、服务配套等，构建全方位、立体式的知识产权保护体系。

一、上海张江科学城：集聚知识产权保护平台

对许多企业而言，知识产权像“盾”一样，能够有效抵抗其他企业的“矛”，既能保护自己的产品不被侵权，也能避免因知识产权侵权诉讼造成的经济损失。张江一家芯片企业高管表示，前些年企业的知识产权意识相对较弱，走向国际市场后频频被诉知识产权侵权，官司也很难打。后来，公司遵循事先防范原则，立项前进行知识产权等相关法律研究，避开法律风险高发地，同时积极申请各类专利，避免重蹈覆辙。

企业想要在国内外市场施展拳脚，必须构筑自己的知识产权“护城河”，这同时需要政府与社会的有效参与。对此，张江高科技园区通过集聚知识产权保护平台，不遗余力地推动知识产权保护工作。

（一）成立中国（浦东）知识产权保护中心

2017 年 7 月 25 日，中国（浦东）知识产权保护中心落地张江，推动实现知识产权领域的快速审查、快速确权和快速维权。该中心招募专家对专利申请进行预审，预审通过后提交国家知识产权局专利局开通的快速通道加快审查。企业向中心提交的材料与以往都是相同的，只是中心事先完成了技术比对分析等流程，并给申请盖上快审绿色标记，进行内部加速，为后续审批节约了时间，实现发明专利授权周期从 3 年缩短到 3 个月、实用新型专利授权周期从 1 年缩短到 20

天、外观设计专利授权周期从半年缩短到1周的目标。

此外，中心还为企业提供咨询服务；与法院、检察院合作，加强知识产权宣传；进一步畅通投诉渠道，建立投诉快速反应机制、多元化纠纷解决机制、优势产业线上维权机制，打造集确权维权、公共服务和人才培养等功能于一体的平台。

（二）建立民营企业家法律工作服务站

在上海建立“具有全球影响力的科创中心”的大背景下，保护民营企业的知识产权尤为重要。2019年3月22日，上海自贸区首个“民营企业家法律工作服务站”落户张江科学城，开通了民营企业法律诉求服务的“直通车”。区检察院将委派资深检察官定期在工作站提供法律服务，打通服务民营企业的“最后一公里”。民营企业在遇到有关知识产权的法律问题时，能够第一时间得到向检察官咨询的意见。此外，服务站还加强对企业管理人员的辅导培训，提升企业抗御法律风险的能力。

（三）成立中国（上海）知识产权维权援助中心张江科学城工作站

中国（上海）知识产权维权援助中心工作站是经上海市知识产权局批准，由行业协会、高校、科研院所、园区、企业等具有行业示范性和带动性的单位设立，遵循“便民利民、公平公正、便捷高效”的原则，提供知识产权维权援助公益服务的专设机构。2020年9月23日，中国（上海）知识产权维权援助中心张江科学城工作站成立，工作站将开展专利申请、商标注册受理、知识产权咨询、知识产权侵权举报投诉受理、案件信息移送、纠纷调解等工作，进一步强化科学城知识产权保护，优化区域营商环境。

（四）设立全国首个科创企业知识产权海关保护中心

2021 年 4 月 26 日，全国首个“科创企业知识产权海关保护中心”在张江成立，这是贯彻落实习近平总书记关于推进上海科创中心建设的重要指示要求，从服务构建创新发展格局出发，助力上海打造创新策源地和国际知识产权保护高地的又一重大举措。该中心由上海海关联合上海市科创办设立，是上海海关专门为科创企业提供跨境知识产权保护的重要平台。

知识产权是科技创新类企业的生命线。在面临海外侵权时，如何有效维权一直是困扰企业的难题。中心设立后，围绕科创企业的实际需求，为企业在维权、知识产权海外布局等方面提供专业服务。企业只需到海关进行知识产权备案，一旦相关的侵权商品涉及进出口，海关将第一时间发现并予以暂扣，依据职权和企业申请采取相应措施，对跨境进出口货物提供知识产权保护。

近年来，上海海关持续加大知识产权海关保护力度，严厉打击进出口环节侵权违法行为。2020 年，共查获侵权商品 1.7 万余批次，同比增长 23.7%；查获侵权商品 430 万余件，同比增长 22.5%，查获侵权商品批次连续 3 年位列全国海关首位；上海地区新增知识产权海关保护备案 523 件，同比增长 70%。截至 2021 年 4 月，上海已有 23 家自主创新优势企业被纳入海关重点培塑名录，越来越多的企业享受到知识产权海关保护的政策红利。

科创企业知识产权海关保护中心的成立，将汇聚海关与政府优势知识产权保护行政资源，建立知识产权快速维权机制、知识产权保护共宣共培机制，推动形成“职能优势互补、政策红利叠加”的知识产权保护服务工作格局，为科创企业提供更为全面、优质的“一站式”维权指引与便利服务，为全面推进上海科创中心建设注入强劲动能。

随着科技的迅猛发展，创新经济迈向“无人区”的步子越来越大，知识产权的保护范围也在不断扩大。“十四五”期间，张江将继续对标国际最高标准、国际最好水平，围绕高质量创造、高效益运用、高水平保护，重点开展“国际化、重运用、强保护”三方面的工作。在张江这片热土上，知识产权作为创新发展助推器的马力将会日益增大。

二、广州开发区：知识产权保护“政策 + 平台”齐发展

（一）发布知识产权保护新政

2020 年 4 月 26 日，广州开发区管委会联合黄埔区人民政府印发《进一步加强知识产权运用和保护促进办法》（“知识产权 10 条”2.0 版），在知识产权保护方面，具体包括以下方面。

（1）支持重点产业集群依托行业协会、知识产权服务机

构建立知识产权维权援助和知识产权保护工作站，建立健全相应的行业知识产权制度和自律机制，为本区重点产业的龙头企业提供知识产权信息检索、法律咨询、争议解决等知识产权维权援助和指导服务。经认定，对知识产权维权援助和知识产权保护工作站给予50万元一次性补贴。

（2）企业在专利、商标受到不法侵害或不实侵权指控时，开展维权行动并胜诉的，根据相关生效法律文书，按案件实际发生的维权代理费的30%给予资助，每件国内（含港澳台地区）维权案件最高100万元，每件国外维权案件最高200万元，单个企业每年最高500万元。

（3）鼓励知识产权服务机构与境内外高等院校合作开展知识产权保护培训及高端人才培养。对带动性强、地方经济发展贡献大的重点项目，经区政府、管委会同意，另行予以重点扶持。

（二）构建多元化的知识产权协同保护格局

广州开发区集聚了大量的知识产权重点项目和服务机构，已成为国内知识产权高端资源最为丰富、保护要素最为齐备的区域之一，形成了“行政 + 司法 + 仲裁 + 调解 + 行业自律”为一体的知识产权协同保护格局，为区内企业营造了良好的知识产权生态环境。

（1）2016—2021年，广州开发区引进了国家知识产权局专利局专利审查协作广东中心、广州知识产权法院、广州知识产权仲裁院、广东知识产权纠纷人民调解委员会、广州知识产权公证处、黄埔知识产权检察保护中心等一批国家、省、市知识产权保护机构，构建了多元化的知识产权纠纷解决体系。

（2）2019 年 4 月，全国首家省级知识产权保护中心——中国（广东）知识产权保护中心投入运行。以往，专利预审周期一般在 7 个工作日内，中心推出的专利预审服务将其压缩到平均 4.7 个工作日。截至 2021 年 6 月底，中心备案的创新主体累计 2697 家，其中开发区备案企业达到 316 家，为新一代信息技术、生物医药产业的快速审查、维权等提供了强有力的服务支撑。

（3）2019 年 4 月，全国首家知识产权普法基地——知识产权文化传播与普法基地成立。基地占地 1870 平方米，展示内容包括中国知识产权领域的重大部署与顶层设计、广东知识产权工作实践及成绩、广东专利金奖等创新成果，通过再现知识产权制度与改革开放“同发展、共辉煌”的历程，全面呈现知识产权制度在支持创新驱动发展战略、优化营商环境、扩大对外开放等方面的成果，营造“尊重知识、崇尚创新、诚信守法”的知识产权文化氛围。伴随基地的启用，其所在地中新广州知识城也将成为粤港澳大湾区最重要的知识产权文化宣传阵地。

（4）成立广东省首家粤港澳大湾区知识产权调解中心，融合湾区内三地知识产权法律制度打造专业调解团队，联合湾区内的专业调解机构和法律服务机构共同创建知识产权多元化调解合作平台。

（5）组建广东省海外知识产权保护促进会，为“走出去”企业提供更加高效、便捷的海外知识产权风险防范和纠纷应对服务。

（6）2020年，开发区知识产权局发起成立广东省内首个政企联合的黄埔知识产权保护联盟，通过畅通对接渠道，共享数据资源，形成共同守护创新、强化知识产权保护的合力。❶

（7）广州知识产权法院设立知识产权庭，开发区检察院设立知识产权检察室，广州知识产权仲裁院设立专家资源库和专家咨询委员会，形成了“司法+仲裁”的知识产权保护格局。

（8）成立广州市首家重点产业知识产权维权援助和知识产权保护工作站，切实维护集成电路产业、企业和精细化工产业、企业在知识产权方面的合法权益，推动产业健康快速发展。

（三）多部门联合，常态化打击知识产权侵权

广州开发区成立知识产权工作领导小组和打击侵犯知识产权和制售假冒伪劣商品工作领导小组，全区专利、商标、版权、公安、海关等方面的执法力量相互协作，常态化开展如“铁拳”“蓝天”“剑网”“秋风”等知识产权保护专项行动，加强重点领域、关键环节知识产权执法，重拳打击侵犯防疫物资商标、侵犯专利权等违法行为，严格知识产权保护。

❶ 信息时报：“广州开发区致力打造知识产权保护新高地”，载 https://baijiahao.baidu.com/s?id=1684235421227433001&wfr=spider&for=pc，最后访问时间：2021年9月20日。

成 效

2019年年底，经第三方机构对标国家营商环境评价体系模拟测评，广州开发区知识产权指标排名全国第一，同年，“知识产权大保护大协同机制”入选广州市首批优化营商环境典型经验。

2020年以来，开发区持续加大知识产权侵权惩戒力度，截至2020年11月，区知识产权局共处理知识产权类投诉134宗（2019年全年处理知识产权投诉72宗），其中查处商标侵权投诉77宗、专利侵权案件8件、黑代理案件6件、假冒专利案件4件，对外移送涉嫌无资质专利代理线索39宗，罚没金额8.42万元，出动执法人员503人次，检查店铺及服务机构281家，检查商品3500余件。2020年广州知识产权法院办理知识产权案件1.27万件，最高判赔5000万元。

随着知识产权保护力度的不断增强和保护体系的不断完善，开发区基本形成了集司法保护、行政保护、快速维权、仲裁调解等于一体的多元化知识产权纠纷解决机制，知识产权和行政审批、政策兑现共同成为支撑黄埔区、广州开发区营商环境的“金字招牌”。

三、苏州工业园区：构建知识产权“快保护”“强保护”格局

2018年，中国（苏州）知识产权保护中心（以下简称

"苏州保护中心"）在工业园区内苏州国际科技园落户，面向全市提供重点产业领域的知识产权快速审查、确权、维权、协同保护服务。2019 年 7 月 26 日发布的《苏州工业园区优化营商环境行动方案》提出加大苏州保护中心建设力度。依托苏州保护中心，园区打通了知识产权创造、运用、保护等全链条服务，区域知识产权"快保护""强保护"得到全面提升。

（一）保障疫情期间企业快速审查需求

新冠肺炎疫情暴发后，为确保非常时期服务工作不断档、不打折，苏州保护中心第一时间成立"防疫专利申请专项服务小组"，发布疫情防控期间六项惠企措施，切实保障服务对象的快速审查需求。2020 年 3 月，苏州保护中心启动 2020 年度首批快速预审服务备案主体申报工作，通过苏州保护中心预审的发明、实用新型、外观设计专利申请，可以进入快速审查"绿色通道"，大幅缩短授权周期。苏州保护中心在 2 个工作日内，完成了苏州市首件涉及防治新冠肺炎专利申请的预审，比工作时限缩短了 5 天，该专利申请于 2 个月后获得了国家授权。截至 2020 年 5 月，已有 200 余家园区企业在苏州保护中心备案，有效加速了创新成果"专利化"，提高了知识产权保护效率，帮助企业在市场竞争中占得先机。

（二）政策引领知识产权"强保护"体系建设

2019 年 7 月 26 日，《苏州工业园区优化营商环境行动方案》发布，规定实行最严格的知识产权保护制度，加快建设专利行政执法全流程监管系统，开展打击侵权专项行动，强化知识产权保护行政执法与刑事司法相衔接，对知识产权诉讼涉案企业终审胜诉或和解获利的区内企业事业单位给予一定补贴。

2020 年 7 月 3 日，《苏州工业园区优化营商环境创新行动 2020》发布，规定“提升知识产权保护和运用能力”，具体包括：推行知识产权刑事案件被害人（权利人）诉讼权利保护制度，设立知识产权重点企业分层分类保护名录，为企业提供个性化知识产权保护服务；积极研究药品专利保护期补偿制度，做好重点药品专利保护；构建知识产权快速协同保护体系，加快重点产业发明专利审查授权；强化知识产权保护与国际通行规则衔接，提高损害赔偿标准，加大惩罚性赔偿力度，合理分配举证责任，实施侵犯知识产权行政处罚案件信息公开，将故意侵犯知识产权行为纳入企业和个人信用记录，发挥知识产权刑事惩罚威慑作用。

四、武汉东湖高新区：构建知识产权快速协同保护机制

武汉东湖新技术开发区（以下简称“东湖高新区”）高度重视知识产权保护工作，于 2001 年率先成立知识产权管理机构——武汉市知识产权局东湖新技术开发区分局，率先设立知识产权专项资金，支持企业加强知识产权创造、运用和保护。

（一）建立专利、商标、版权“三合一”综合管理体系

推进知识产权综合管理改革，探索建立高效的知识产权综合管理体制机制，是武汉市全面深化改革、系统推进自贸试验区建设中与知识产权有关的核心任务。东湖高新区在知识产权综合管理改革试点中提出建立符合国际惯例的专利、商标、版权“三合一”知识产权综合管理体系。2018 年 1 月 28 日，东湖高新区将市场监督管理局的商标职责和教育文化体育局的版权职责集中到区知识产权办公室，统一了区内专利、商标、版权等知识产权的综合管理、执法、服务和统筹协调工作，提高了行政管理效能，形成了责权清晰、分工合理、运转高效的知识产权综合管理体制机制。

东湖高新区还成立知识产权工作领导小组，小组成员来自市场监督、教育文化、知识产权、法院、检察院、公安等有关部门，统筹协调知识产权综合执法检查、两法衔接等知识产权工作。

（二）建立知识产权行政执法协作机制

2017 年 12 月，东湖高新区出台《武汉东湖新技术开发区关于建立专利、商标、版权“三合一”知识产权综合执法协调机制的意见（试行）》，对建立知识产权联合执法协调机构，建立知识产权联合执法工作协商机制，加强联合执法协作、案件处理、调解与应诉合作，加强行政执法与刑事司法的衔接等九个方面做出规定，加强了部门间、区域间的知识产权执法协作。

（三）设立中国（武汉）知识产权保护中心

2019年5月17日，中国（武汉）知识产权保护中心（以下简称“武汉保护中心”）顺利通过国家知识产权局考核验收，进入试运行阶段。保护中心主要面向光电子信息产业，开展集快速审查、快速确权、快速维权、导航运营于一体，审查确权、行政执法、司法衔接相统一的知识产权快速协同保护工作。试运行一年后，武汉市已有541家光电子信息领域的企事业单位进入保护中心快速审查服务主体备案库，保护中心累计受理专利预审申请862件，其中发明专利688件、实用新型专利174件；授权专利累计318件，其中发明专利214件、实用新型专利104件，平均授权率达90%，审查周期压缩70%，在全国同类保护中心中位居前列。

（四）对知识产权保护给予资金援助

2019年7月15日，东湖高新区管委会、自贸区武汉片区管委会联合印发《关于促进知识产权高质量发展的若干措施》，有效期5年。政策规定“加强知识产权保护”，具体包括：加强知识产权维权援助，通过政府购买服务的方式给企业提供专家咨询服务；对企业、专利联盟因维护知识产权合法权益产生的案件受理费、律师费、鉴定费等相关诉讼费用按照其实际产生的支出提供资金援助，对国内知识产权案件援助金额不超过10万元，涉外知识产权案件援助金额不超过20万元，同一申请人每年最高援助100万元，具有重大影响的知识产权案件援助金额不超过50万元。

（五）成立海外知识产权维权服务指导中心

2020年9月28日，光谷知识产权服务业协会与武汉市知识产权服务协会共同发起的武汉市海外知识产权维权服务指导中心成立。该中心整合了武汉市海外知识产权维权服务人才资源，为企业提供知识产权信息分析、专利导航和布局、知识产权风险提示以及海外知识产权纠纷的法律咨询、法律援助、侵权调查等实质性、专业化服务，有助于发挥知识产权服务集群优势，支持企业知识产权海外布局和维权，提高企业“走出去”过程中的知识产权纠纷防控能力。平台成立初期已集聚成员单位26家，海外维权专家28名，拥有涉/海外服务平台15个，并开展多场海外维权培训。[1]

五、武汉经开区：推动知识产权公证服务和基层保护建设

（一）鼓励企业开展知识产权海外维权

2019年8月12日，武汉经济技术开发区印发《关于促进知识产权高质量发展办法》及其《实施细则》，有效期3年。政策规定强化知识产权保护，对上年企业海外知识产权（专利、商标）维权胜诉的，给予30万元奖励；对上年企业

[1] 武汉自贸区：“武汉市海外知识产权维权中心成立”，载 http://www.wehdz.gov.cn/zmq/xwdt_22850/mtbd/202009/t20200929_1459294.shtml，最后访问时间：2021年9月10日。

入选湖北省企业知识产权海外护航工程的，按照70%给予配套，最高不超过50万元。

（二）设立知识产权公证服务中心

为进一步做好企业知识产权保护服务工作，2020年8月，由武汉经开区（汉南区）政法委下辖的武汉市车都公证处设立的知识产权公证服务中心正式运行。该服务中心由一支公证服务团队组成，并由武汉经开区（汉南区）知识产权工作中心指派专业人员参与指导。服务中心将线上电子技术与线下人工服务相结合，通过“鉴身宝”身份识别软件，有效识别申请人真实身份，通过“公证云”软件，第一时间为知识产权的申报、留证，电子数据的存证、保全提供技术支持，在知识产权的申请、存证、设立、流转、纠纷解决等环节，于事前、事中、事后全程维护知识产权权益。服务中心负责人还通过企业走访征求意见，提升公证服务质量，充分满足企业及个人的知识产权公证需求。

（三）设立知识产权保护（武汉开发区创服中心）工作站

2020年11月4日，开发区第一家市级知识产权保护工作站——武汉市知识产权保护（武汉开发区创服中心）工作站成立。工作站将围绕经开区智能制造及汽车产业创新型企业密集的特色，为区内企业就近提供涵盖知识产权申请、维权、培训、项目申报的“四位一体”服务。[1]

在园区、专业市场、行业协会、基层市场监管所等传统或创新载体建设基层知识产权保护工作站，是武汉市建立健全知识产权保护体系的重要举措，旨在为中小企业特别是创新型企业发展营造优良营商环境。从2019年年底开始近一年，武汉已建成17家基层知识产权保护工作站，这些工作站设有专职工作人员，主要面向中小企业，在专利快速预审、知识产权信息检索、法律咨询、管理规范、执法维权援助等方面提供一站式服务。

六、成都高新区：以专家智库引领知识产权保护体制建设

（一）设立中国（四川）知识产权保护中心

中国（四川）知识产权保护中心由四川省与成都高新技术产业开发区联合共建，于2017年8月获国家知识产权局批复，是全国首批五个省级知识产权保护中心之一。2019年7月23日，中国（四川）知识产权保护中心正式运行，为企业开辟了集快速审查、快速确权、快速维权于一体的“绿色通道”，将发明专利审查周期从22个月缩短至不超过3个月，实用新型、外观设计专利平均审查周期分别从6个月、4个

[1] 湖北日报：“武汉市知识产权保护（武汉开发区创服中心）工作站成立”，载 http://news.cnhubei.com/content/2020-11/05/content_13431765.html，最后访问时间：2021年9月26日。

月缩短至不超过1个月，极大地降低了企业的时间成本，提升了知识产权保护效率。此外，保护中心还与成都市中级人民法院、高新区人民法院签署建立知识产权协同保护机制的合作协议，在保护中心设立知识产权审判庭和巡回审理点。

(二) 提升执法能力、丰富调解服务、加强专项执法

产权保护特别是知识产权保护是塑造良好营商环境的重要方面。2020年4月，成都高新区市场监管局印发《关于深化“放管服”改革推动营商环境建设的工作方案（2020—2021)》，从知识产权保护体系等三方面入手，牢固树立企业开办“零成本、6小时、跑一次”金字招牌。根据该方案，高新区将从执法能力、调解服务、专项领域三个层面，提升知识产权保护的社会满意度。

（1）建立与专利代理机构常态化沟通联系机制，打造高新区知识产权专家智库，为知识产权执法提供专业支撑，提升知识产权执法水平。

（2）提供基层知识产权调解服务，积极创建中小学知识产权保护示范学校；在高新区各街道，建立知识产权保护非诉纠纷调解站，在工业企业集中的园区、商业集中的社区、行业协会等社会团体中，建立非诉纠纷维权调解点。

（3）加强电商领域知识产权专项执法，加强对侵犯知识产权与涉嫌犯罪案件的立案查处、失信行为公开力度，依法及时向社会公示涉及知识产权侵权假冒违法行为的行政处罚案件信息。

此外，高新区还在基层设立了知识产权维权机构，为15

个维权工作站集中授牌，工作站覆盖工业园区、市场主体等区域，标志着全区知识产权维权工作向社区与企业这一“微观”层面加速渗透，为知识产权需求较为集中的区域提供了便捷高效的维权服务渠道。

（三）打造专家智库，提升知识产权保护决策水平

为加强高新区知识产权保护工作，充分发挥专家、机构在知识产权决策咨询、纠纷调解、侵权判定等工作中的专业优势，2020 年 7 月 9 日，围绕专利、商标、著作权、地理标志和商业秘密等领域，成都高新区市场监管局面向全川各相关单位或组织发布知识产权智库入库专家及机构征集公告。经过征集、申报、审核和公示等程序，11 月 2 日，高新区市场监督管理局知识产权智库正式成立，入选智库的共有 31 家机构成员、142 名专家成员，[1] 包括高新区知识产权服务联盟、10 家知识产权代理公司、16 家事务所，以及四川软测技术检测中心有限公司、成都信息处理产品检测中心、中国（四川）知识产权保护中心和国家知识产权局专利局专利审查协作四川中心。

智库立足专业性和权威性，为全区知识产权法律保护、产业转化等提供资源和服务，提升知识产权咨询决策水平，营造知识产权保护氛围，优化区域创新创业生态。此外，智库还将有效缩短专利申报时间，提升知识产权案件鉴定的专

---

[1] 成都高新区市场监督管理局：“强化知识产权保护 成都高新区成立专家智库”，载 http://gk.chengdu.gov.cn/govInfo/detail.action?id=2767670&tn=2，最后访问时间：2021 年 9 月 14 日。

业度，为行政执法提供坚实的技术支撑。[1] 高新区将逐步建立并完善智库的运营机制，充分发挥专业人才资源优势，切实提升知识产权创造、保护和运用水平。

七、青岛崂山区："兴商护航联盟"助力一流营商环境创建

（一）政企共建"兴商护航联盟"

2019 年 3 月 26 日，青岛崂山区市场监督管理局与区内 16 家名优企业共同启动了崂山区"兴商护航联盟"，成为政企合作共同发展的有益探索。联盟以建立新型政商关系为出发点，以精准服务为切入点，以提升营商环境为着眼点，充分发挥市场监管职能，促进辖区企业合法、合规发展，有序、规范竞争。

联盟建立的初衷在于通过与部分企业建立一个平台，让政府更加迅捷、精准、全面地为企业提供完善的服务支持。联盟成员大会每年举办一次，在打击假冒伪劣、保护知识产权、反不正当竞争等领域开展交流合作，提升联盟内企业合规水平及市场竞争力，从而带动区内企业的品牌声誉建设。联盟的主要工作包括以下内容。

（1）政策法规宣讲：从成员企业需求出发，针对重点问

[1] 闫静："143 位专家拟入选成都高新区知识产权智库"，载 https://www.sohu.com/a/426226614_356458，最后访问时间：2021 年 9 月 14 日。

题，精准服务，以定期召开联盟会议的形式组织研讨交流活动，以案例剖析、座谈讨论、现场观摩、邀请专家讲座等方式，宣讲反不正当竞争、反商业贿赂、保护知识产权、打击假冒伪劣、应对敲诈勒索等方面的政策、知识，帮助成员企业提高守法经营、依法维权的意识和能力；及时向成员企业推送关于扶持企业的政策，协助符合条件的企业评优评先及申请政策性补助等。

（2）协助打假维权：为成员企业提供打假政策支持和维权指导，根据举报线索，及时联合成员企业查处制假售假违法行为；对跨区域打假案件，由区市场监管局协助成员企业联系案件管辖地的市场监管部门予以查处，必要时，可直接派执法人员配合成员企业赴异地协助打假。

（3）处置投诉举报：与企业建立点对点投诉举报联络机制，督促企业完善处置消费者投诉举报的工作机制，切实保障消费者合法权益；在企业受到恶意勒索时，协助企业分析案情、查找原因、依法应对、依法维权。

（4）开展大数据打假：充分发挥互联网大数据打假的技术优势，利用青岛红盾鹰眼大数据监测系统、崂山区云商大数据平台等收集假冒伪劣产品来源地信息，及时反馈给相关成员企业，指导成员企业有针对性地开展打假工作。

（5）提升营商环境：督促成员企业主动承诺合法合规诚信经营，接受社会监督。由龙头企业带头引导辖区企业依法经营，规范竞争，切实保障消费者合法权益。

（二）成立中国知识产权发展联盟海洋产业知识产权专委会

2019 年 4 月 24 日，在山东海洋产业协会、青岛市市场监督管理局和崂山区共同推动下，由青岛蓝杉知本科技有限公司联合 50 余家国内知名涉海企业和科研机构发起成立的中国知识产权发展联盟海洋产业知识产权专委会落户崂山区。成立初期，专委会已在全省聚集 200 余家成员。

中国知识产权发展联盟是由国家知识产权局、国家知识产权运营公共服务平台发起成立的非营利合作型组织，是国家知识产权运营体系的核心载体之一。海洋产业专委会将成为国家知识产权运营公共服务平台服务海洋产业的有效载体，围绕海洋领域核心专利、尖端技术、高端人才、最新产品和优势企业，推进海洋产业知识产权保护与运营体系构建，打造一个由专利库、分析报告库、专家库组成的数据库以及项目孵化和专利保护平台。[1]

（三）成立中国（山东）知识产权维权援助工作站

2021 年 4 月 26 日，中国（山东）知识产权维权援助工作站在崂山区成立。该工作站重点接收和处理本地区重点产业企业在遭遇知识产权侵权纠纷时的维权援助申请，实现快速反应，搭建维权援助渠道并持续跟踪，为相关行业、企业

---

[1] 季晨雪："青岛日报：崂山获批国家知识产权服务业集聚发展示范区"，载 http://www.laoshan.gov.cn/n206250/n206595/n10920227/n10920276/190425113702756881.html，最后访问时间：2021 年 9 月 29 日。

及个人提供知识产权法律咨询和维权指引服务，并重点宣传有关知识产权维权援助的政策以及工作站的职能。

成效

2021 年以来，崂山区联合相关区市的市场监管部门打掉一批仿冒联盟成员的黑窝点；2 件涉嫌刑事犯罪的假冒口罩案件移交公安机关查处；与青岛市公安局崂山分局联合侦破特大跨国制售假药案，案值达 3.87 亿元……崂山区创建的山东省首个“兴商护航联盟”打假成效凸显；崂山区还对 9 家专利代理机构、13 家商标代理机构进行了“双随机、一公开”执法抽查；疫情期间，查办知识产权违法案件 11 件，罚没款 13 万元，知识产权行政执法形成有效震慑。[1] 崂山区司法与行政联动、区市联动、跨区联动的知识产权大保护体系已初步形成。

八、厦门自贸片区：创新打造知识产权友好型自贸试验区

作为开放型经济发展的先行区，中国（福建）自由贸易试验区厦门片区不断创新知识产权公共服务模式，聚集知识产权保护要素，构建起更加综合高效的知识产权协同保护体

---

[1] 科技日报：“青岛市崂山区：为知识‘定价’给创新‘赋权’”，载 https://baijiahao.baidu.com/s?id=1697705153537926296&wfr=spider&for=pc，最后访问时间：2021 年 9 月 29 日。

系，并集成“创新打造知识产权友好型自贸试验区”案例，相关成果入选商务部第六批全国最佳创新案例、司法部全国普法依法治理创新案例。

（一）启动知识产权网上侵权预警与存证云服务

厦门自贸片区紧贴企业需求，不断探索突破。2016 年，自贸片区启动“知识产权网上侵权预警与存证云服务”，采用由服务商提供服务，政府负担费用的模式。区内企业向服务提供商和片区管委会电邮，经管委会确认后，即可与服务提供商对接维权需求，服务商最终需提交服务报告。服务内容主要包括：提供知识产权网上侵权行为的预警、发现、阻止，以及侵权主体调查落地、电子证据保存；有关知识产权保护、侵权预防等的培训交流与宣传服务。该项工作于 2018 年被福建省自贸办遴选为改革创新举措，并在全省推广。

（二）设立中国厦门（厨卫）知识产权快速维权中心

2017 年，自贸片区设立中国厦门（厨卫）知识产权快速维权中心。该维权中心承担厨卫等行业知识产权的快速审查、快速确权、快速维权工作，向企业提供外观设计专利快速授权、涉案专利快速确权、专利检索、商标和版权咨询等 10 项特色服务。企业在维权中心备案后，将外观设计专利申请提交至中心进行预审，中心即可为预审通过的专利提供快速审查通道服务，审核合格后进入加快程序，使得授权周期由原来的 3—6 个月缩短到 10 个工作日，大大降低了企业申请成本。截至 2021 年 8 月，中心已累计备案企业 104 家。

（三）打造厦门自贸区海关知识产权保护展示中心

厦门自贸区海关知识产权保护展示中心由厦门自贸委与厦门海关共同建设，于2017年9月运行。展示中心建筑面积和立面展示面积均1000平方米左右，主要采用多媒体呈现方式，重点展示厦门自贸片区、厦门海关的知识产权保护成果，以及厦门自贸片区、厦门自主创新示范区的产品、品牌及其背后的知识产权、科技创新。经过多年建设，展示中心已成为知识产权交流宣传的重要阵地。

（四）设立知识产权基层服务站

跨境电商发展如火如荼，以外贸出口为主要特色的厦门跨境电商企业如何避开知识产权雷区成为园区企业的关注重点。2020年11月19日，自贸片区首个知识产权基层服务站在厦门跨境电商产业园揭牌。服务站围绕“政府+平台+企业”的保护模式，凝聚行政、司法、协会、企业各方力量，通过日常走访、调研企业以及开展咨询和培训活动，推动知识产权创造、运用、保护，为跨境电商企业提供综合性知识产权维权服务。除了跨境电商领域，厦门自贸片区还在集成电路、生物医药、软件信息等厦门优势产业领域落地知识产权基层服务站，推进形成知识产权“严保护、快保护、大保护、同保护”格局，为产业高质量发展注入“知识产权芯”。[1]

---

[1] 崔昊、林志强：“厦门自贸片区：聚力打造知识产权友好型自贸试验区”，载 http://www.china-fjftz.gov.cn/article/index/aid/16208.html，最后访问时间：2021年9月26日。

厦门自贸片区还着力强化知识产权全链条保护，推进知识产权领域国际合作和竞争，构建知识产权社会共治模式，建设知识产权涉外风险防控体系，健全知识产权金融评估体系，加强知识产权保护宣传教育，以更大的力度赋能创新，服务片区新经济、新业态高质量发展。

成　效

专项执法方面，2018—2019 年，厦门海关连续开展知识产权保护“龙腾”行动，期间共查获侵权案件 327 批次，查扣涉嫌侵权货物 432.3 万件。2019 年，相继开展知识产权执法“铁拳”行动、“醒购”电商平台侵权违法行为查处行动等专项行动，全年共办理侵犯商标专用权案 118 件，专利纠纷调处立案 120 件。

第二节　如何提升园区知识产权司法保护效能

司法保护具有终局性、全面性、权威性、示范性的优势，是知识产权保护的重要手段。《国家知识产权战略纲要》明确提出“加强司法保护体系和行政执法体系建设，发挥司法保护知识产权的主导作用”。我国已形成由最高人民法院、高级人民法院、知识产权法院，以及部分中级、基层法院组成的多层次知识产权审判格局。随着司法保护体制的进一步健全和各项举措的进一步落地，知识产权司法保护将更好地为科技创新保驾护航。

部分产业园区从多方面构建和完善知识产权司法保护体系，切实提升知识产权司法保护效能。例如，完善审判工作体系，设立知识产权法庭，强化司法保护辐射能力；推动“三审合一”审判机制建设，合理分配举证责任，加大损害赔偿力度，最大限度维护权利人的合法权益，切实增强司法保护工作实效；创新工作模式，优化工作流程，通过智能化审判工作平台，提升司法保护效率；打造协同保护机制，注重诉调结合，发挥仲裁、调解对知识产权纠纷多元化解决的作用；创新司法保护方式，通过设立检察官工作室等，深入园区与企业，提高知识产权司法保护的针对性与有效性。

一、广州开发区：强化知识产权司法协同保护

（一）创新工作机制，加大知识产权法检保护力度

广州知识产权法院加大对恶意侵权、重复侵权、严重侵权等行为的惩处力度，推行惩罚性赔偿制度，设立综合审判庭（知识产权庭），持续推进知识产权民事、刑事、行政案件“三审合一”，以零容忍、强高压态势打击知识产权犯罪。区检察院探索设立知识产权检察室、知识产权检察保护中心，建立知识产权刑事案件适时介入引导侦查机制、知识产权犯罪案件刑民证据转化机制，加强对“两法衔接”平台、执法部门涉罪线索移交的监督。

（二）创新技术调查官制度，打造技术调查团队“广州模式”

开发区创新技术调查官制度，打造出技术调查团队“广州模式”。专职技术调查官凭借在长期技术比对中积累的经验优势，及时响应法官技术需要，为复杂技术类案件提供智力支撑。为弥补专职人员专业覆盖面的不足，广州知识产权法院还聘任专利审查协作广东中心的审查员以及科研院所、高校、企业的专业人员为专家顾问，为该院成功处理植物新品种、集成电路、生物医药、自动驾驶等前沿科技领域的案件提供了技术支持。

（三）创新仲调模式，提升多元纠纷解决机制效能

广东知识产权纠纷人民调解委员会与广州互联网法院合作，实现知识产权纠纷调解从线下到线上的转变。此外，调解委员会还与专利审查协作广东中心、广州知识产权法院等共同签署《知识产权纠纷调解对接合作协议》，首创司法案件诉前、诉中全过程调解合作机制。[1] 广州知识产权仲裁院2018年处理知识产权纠纷2533宗，标的额达9.51亿元。仲裁院还与广东省版权联合会签订框架协议，共建版权快速调解仲裁中心。调解、仲裁正逐渐成为企业偏好的知识产权纠纷解决方式。

---

[1] 成小珍：“广州开发区初步形成知识产权保护样区”，载 http://www.xxsb.com/content/2019-07/23/content_57874.html，最后访问时间：2021年9月21日。

广州开发区还以《中新广州知识城总体发展规划》为指引，不断深化知识产权运用和保护综合改革试验，构建集行政执法、司法审判、仲裁调解、快速维权、海外保护、行业自律于一体的知识产权大保护大协同机制，打造知识产权保护新高地。

二、上海漕河泾开发区：设立检察官工作室

（一）设立“漕河泾检察官工作室”

上海漕河泾新兴技术开发区内拥有一定比例的小微企业和科创型企业，与成熟的大型企业相比，这些企业内部的法律和风险团队架构尚不完善。2016 年 10 月，漕河泾开发区与徐汇区人民检察院合作，率先设立“漕河泾检察官工作室”。检察官工作室立足办案实际，面向企业提供多元化检察服务，搭建起企业和司法机关联络的桥梁，逐步形成“四个定期”工作机制：

（1）定期梳理各方合作难题，共建机制，畅通渠道；

（2）定期与开发区总公司召开情况通报会，将检企沟通常态化、定期化；

（3）检察官定期与企业面对面接触，为企业答疑解惑；

（4）定期向公安机关了解知识产权案件的受案情况、办案进展。

在面对面接访企业的过程中，检察官工作室能够及时获得相关线索，以郑某某等人侵犯著作权案为例：《航海王》

是上海某公司享有著作权的手机游戏软件，郑某某在担任公司技术总监期间接触到软件源代码，遂伙同几名大学生开设私服牟利，在几个月的时间内实现非法经营额近百万元，最终被追究刑事责任。为了协助公司与高校普及法律知识，帮助企业与大学生提高法治意识，检察官工作室向被害企业与相关大学发出检察建议，包含企业风险防控、源代码的管理，以及大学生法制教育等内容，从企业知识产权保护和大学生网络犯罪的角度提出对策和建议。

除了办案，检察官工作室还为企业提供经营相关的法律咨询服务，并组织企业代表参与庭审观摩，以实际案例对企业进行普法教育。随着经验的积累，检察官工作室在原有基础上不断丰富工作形式，形成了“四个送入”的延伸服务：

（1）送宣入园。在知识产权日前后开展远程法治宣传的节点式服务。

（2）送人入园。每周定时开展检察官入园上门服务，接受企业法律咨询，前置检察服务触手。

（3）送课入园。根据企业法律需求，通过授课开展融入式服务。

（4）送展入园。录制漕河泾小课堂，制作典型案例展板，提供覆盖面广、针对性强的普法服务。

随着办案专业化以及对企业需求研究的深入，检察官工作室形成了知识产权办案组，截至 2020 年 11 月，办案组成员已发展为 5 名检察官与 6 名检察官助理。工作室还加强与区内知名企业、专业鉴定机构的合作，邀请专家对侵权产品是否使用涉案技术进行鉴定。2016—2020 年，检察官工作室日渐成熟，先后形成机制文件2份、走访企业40余次、现场接受企业咨询150余次，立足检察职能，挖掘案件线索，成为将司法服务延伸至创新前沿的成功尝试。

（二）强化多部门合作，提供“一条龙”式知识产权保护

漕河泾开发区不断深入开展知识产权保护工作，不仅设立知识产权投诉站、中国（上海）知识产权维权援助中心漕河泾工作站和知识产权人民纠纷调解委员会，还与徐汇区知识产权局等机构共同筹建知识产权保护协会，加强与政府、公安、检察、法院、工商、文化、司法鉴定等部门的合作，使企业从前期权利获取、权利管理，到后期被侵权时的证据固定、公正裁决、裁决执行，都能得到联动的“一条龙”式知识产权保护。

（1）就专利标识、专利商品管理等内容在徐汇区开展联合行政执法，就执法过程中发现的问题，邀请知识产权专家为商业流通领域的企业提供辅导，进一步杜绝假冒专利产品进入流通领域，规范市场经济秩序。

（2）发挥区知识产权人民纠纷调解委员会功能，建立专家库，组建调解员志愿者队伍，积极探索知识产权纠纷人民解决机制。

（3）与徐汇区检察院设立检企联席会议工作机制，签订《服务企业备忘录》，搭建法律专家咨询平台，建立常态化的工作交流机制，为区内企业提供法律服务。

（4）与各类知识产权服务机构、公安、法院合作，积极

开展知识产权宣传、培训和先进经验交流活动，增强园区企业知识产权保护意识，优化知识产权保护环境。

三、苏州工业园区：充分发挥人民法院司法保护及服务功能

（一）设立全国开发区首个知识产权法庭

2004 年 3 月 31 日，苏州工业园区人民法院挂牌成立，最初设有刑事审判庭、民事审判庭、执行庭、立案庭、办公室 5 个内设机构，后根据工作需要设立知识产权审判庭。审判庭严格贯彻“保护知识产权就是保护创新”的理念，着力加强知识产权审判专业化建设，推进“最严格保护知识产权”工作，持续优化园区法治化营商环境。

1. 创新工作机制，发挥司法主导作用

2016—2020 年，知识产权审判庭共受理各类知识产权案件 2521 件，审结 2437 件。面对案件数量增加、审理难度加大、非传统证据形式多样、批量案件多发等问题，审判庭开创了一系列新举措：创新送达方式，采用夜间送达、平台送达、集中送达等非传统送达模式，解决送达难问题；探索分类裁判规则，针对批量化维权案件，采用适度保护原则，平衡知识产权权利人和社会公共利益，针对恶意侵权行为，通过加大民事案件的判赔力度、发挥刑事惩罚的威慑作用予以重点打击；正确适用证据规则，运用调查令，加大证据保全，合理分配举证责任，有效破解权利人举证难问题；创新调解

方式，以专业调解、诉前调解、诉中繁简分流等方式，实现“多元+多阶段”纠纷化解机制。

2. 主动服务，营造知识产权保护氛围

（1）建立知识产权司法保护工作站，护航重点产业发展。针对园区科技企业聚集的特点，园区法院与纳米科技城、中小企业服务中心等共建知识产权司法保护工作站，共同搭建知识产权司法保护和服务平台，通过信息共享、职能互补，开展与知识产权保护相关的诉调对接、法律培训、法律风险提示等工作。此外，园区法院还定期组织庭审旁听、以案说法、法律讲座等活动，针对性开展司法保护指导服务，预防和化解知识产权纠纷，护航园区重点产业发展。[1]

（2）开展“庭审开放日”活动。为打击盗版，发挥司法对规范图书出版传播市场的指引作用，树立尊重知识、保护知识产权的意识，2021年，园区法院举行著作权纠纷“庭审开放日”活动，部分人大代表、政协委员、企业代表以及吴中区、相城区、工业园区版权保护部门代表受邀参与了旁听。

（3）发布知识产权典型案例。借助微信公众号发布《老九门》影视作品信息网络传播权纠纷案、“黑猫警长”美术作品著作权纠纷案、“鲍师傅”“小龙坎”商标侵权案等涉及著作权、商标权的典型案例。以案例剖析的形式，帮助企业了解知识产权共性问题，提高知识产权综合保护能力。

（4）积极组织、参与知识产权宣传活动。园区法院在知

---

[1] 苏州工业园区人民法院：“喜讯：园区法院知产庭获苏州市知识产权保护工作先进集体!”，载 https://m. thepaper. cn/baijiahao_13553981，最后访问时间：2021年9月10日。

识产权保护活动中作有关商业秘密的主题发言，对商业秘密的保护原则、举证责任分配、侵权主体认定、赔偿数额计算、延伸保护等进行系统阐释；联合主办苏州工业园区“426知识产权宣传周”主题论坛并发布《苏州工业园区人民法院知识产权审判保护白皮书（2016—2020）》，向社会传递“最严格保护知识产权”的声音；近年来，走访园区重点企业30余家，引导企业树立品牌意识，推动企业自主创新。

（二）成立知识产权纠纷协同调解中心

2021年4月，为强化府院联动，进一步借助专家智库资源，提高知识产权纠纷解决效率，降低维权成本，园区科技创新委员会（知识产权局）、园区法院联合成立知识产权纠纷协同调解中心，聘请知识产权领域的专家教授、重点行业的领军人才等作为首批特邀调解员。❶

苏州工业园区还抢抓长三角区域一体化发展、虹桥国际开放枢纽建设等历史机遇，着力深化改革，打造更优营商环境，构筑知识产权要素集聚高地和保护高地，强化知识产权在创新链、供应链、产业链中的强链、补链、固链作用，进一步激发全社会创新活力，提升产业核心竞争力。

---

❶ 苏州日报：“构建知识产权保护新格局”，载 http://www.sipac.gov.cn/szgyyq/mtjj/202104/2fd0e33c2c3644d0a525d751fd4afe8f.shtml，最后访问时间：2021年9月10日。

四、苏州高新区：加大知识产权司法与行政保护力度

国家知识产权局专利局专利审查协作江苏中心、专利局南京代办处苏州分理处、专利复审委员会第十巡回审理庭、江苏国际知识产权运营交易中心等一批重大载体纷纷落户苏州国家高新技术产业开发区，形成了较为完善的知识产权配套服务体系，为园区知识产权保护提供了坚实的基础支撑。

苏州高新区借助各方力量，扩大知识产权保护执法“朋友圈”，加大司法保护和行政执法力度，着力构建“严保护、大保护、快保护、同保护”的保护格局，为全区知识产权工作织起了一张全方位、立体式的“保护网”，使全区企业知识产权综合实力得到显著增强。

（一）设立苏州知识产权法庭和苏州知识产权检察室

2017 年 1 月 19 日，经最高人民法院批复，苏州知识产权法庭在高新区正式设立，跨区域管辖苏州、无锡、常州、南通的专利、技术秘密、计算机软件、植物新品种、集成电路布图设计、驰名商标认定及垄断纠纷等第一审知识产权案件。知识产权法庭通过便民立案、注重诉前证保、优化在线开庭等方式增进诉讼便利；与国家知识产权局专利复审和无效审理部进行工作对接，探索开展侵权诉讼与无效审查的协同审理；强化行为保全，树立标杆裁判，加大惩处力度；与无锡、常州、南通三地中院签署合作协议，提升跨区域管辖

能力、跨境纠纷处办能力和跨领域延伸能力。截至2020年10月，苏州知识产权法庭新收各类知识产权案件6736件，年均增长率达17.9%，5277件民事一审案件中，技术类案件占比达56%。

苏州知识产权检察室是江苏省检察机关首批设立的专业性检察室，由苏州市人民检察院派出，于2018年6月8日在高新区挂牌成立。该检察室对发生在苏州、无锡、常州、南通的由苏州知识产权法庭管辖的相关知识产权案件履行法律监督职能，实现民事、刑事、行政检察权合一，批捕、起诉、监督职能融合，与法院、公安及其他行政机关一起，构建起全面的知识产权保护工作体系。[1]

苏州知识产权法庭、苏州知识产权检察室依照打造“苏州最舒心”营商环境的工作要求，创建苏州知识产权司法保护品牌，为苏州及高新区的知识产权保护提供强有力的司法支撑。

（二）加强知识产权司法与行政协同保护

2020年4月24日，苏州高新区市监局与区法院联合发布《关于建立知识产权保护联动机制保障高新区创新特色经济发展的实施意见》。该实施意见对知识产权司法保护与行政保护的衔接与合作等方面进行了规定，共同全面深化知识产权培育保护工作。发文双方定期召开“知识产权保护联席会议”，进一步规范侵权定性、合法来源认定、损害赔偿等

---

[1] 苏州高新区（虎丘区）宣传部：“知识产权护航新产业新业态发展”，载 http://www.snd.gov.cn/hqqrmzf/cmjj/202011/aee20df7092d481d85298039f2921774.shtml，最后访问时间：2021年9月18日。

标准；通过多种形式合作开展知识产权宣传活动，建立重点保护企业名录，制定知识产权进校园计划；对主观恶意明显、反复侵权、恶意抢注的侵权主体适用惩罚性赔偿，提高违法成本。同日，区市监局与区检察院、区文化体育等单位联合会签的《关于促进镇湖苏绣产业发展的若干意见》，明确司法机关、市场监管部门、文化部门、行业协会等各方要充分发挥自身职能，加强沟通协调，通过创新、应用、保护、服务四个抓手，对苏绣实施行政、司法和民间三重保护。

2021 年 5 月 14 日，高新区印发的《苏州高新区促进苏绣传承创新发展的若干措施》规定，支持苏绣作品创作，鼓励苏绣原创作品设计和文创产品开发，面向苏绣产业提供知识产权保护和知识产权交易服务，加强苏绣等非物质文化遗产知识产权保护和服务力度，依法查处市场中的版权侵权行为。同时鼓励增强苏绣产品创意引领，打造一批信誉好、辨识度高、竞争力强的苏绣自主品牌。知识产权保护的加强有助于促进苏绣在研发设计、传承创新、人才培养、品牌打造和市场拓展等方面取得更好发展，让镇湖苏绣这张文化名片更具生机和辉煌。

五、武汉东湖高新区：构建判调融合的多元纠纷解决机制

（一）设立武汉知识产权审判庭，推进三审合一司法保护

2016 年年底，最高人民法院决定开展跨区域管辖的知识产

权审判工作试点，武汉是首批确定的四个城市之一。2017 年 2 月 22 日，可跨行政区域管辖湖北全省知识产权案件的机构——武汉知识产权审判庭在武汉东湖新技术开发区（以下简称“东湖高新区”）揭牌。作为武汉市中级人民法院的派出机构，武汉知识产权审判庭具有专门性、跨区域性的特点。该法庭将专司知识产权审判工作，实行“三审合一”，除管辖武汉市辖区知识产权民事、刑事、行政案件外，还将跨区域管辖湖北全省有关专利、植物新品种、集成电路布图设计、商业秘密、驰名商标认定及垄断纠纷等技术性较强的一审知识产权民事和行政案件。[1] 2017 年，该审判庭共受理各类知识产权案件 5210 件，审结 4431 件；2019 年，审结知识产权案件 10 874 件，同比上升 115%，其中审结专利技术类案件 607 件。

武汉知识产权审判庭的成立，有效发挥了司法保护知识产权、维护创新的主导作用，为打击侵犯知识产权行为和营造良好的国际贸易和投资环境提供了有力支持，对于推动东湖国家自主创新示范区建设具有重要意义。

（二）设立光谷仲裁中心，推动完善仲裁机制

湖北自贸区武汉片区已常态化地开展知识产权仲裁调解制度，片区管委会积极与武汉知识产权仲裁调解中心开展合作，在知识产权领域推行仲裁法律制度，宣传普及仲裁法律

[1] 武汉东湖新技术开发区：“武汉知识产权审判庭在光谷揭牌”，载 http://www.wehdz.gov.cn/ggxw/ggxw_22688/202001/t20200116_870207.shtml，最后访问时间：2021 年 9 月 10 日。

知识，提高企业仲裁法律意识，充分发挥人民调解用时短、程序快、成本低的优势，为化解知识产权纠纷开辟了新途径。

2017年，东湖高新区被省知识产权局列为知识产权纠纷调解试点园区。2018年11月，武汉仲裁委光谷仲裁中心（国际仲裁院）开放，受案范围包括东湖国家自主创新示范区、湖北自贸区内企业或个人的涉外、知识产权、海事海商类仲裁案件等。截至2020年6月，仲裁中心已办理案件342件。

六、南京江宁开发区：进一步拓展和发挥法院审判职能

（一）扩展审判职能，就近服务知识产权保护

经江苏省高级人民法院批复，南京江宁经济技术开发区法院于2020年7月1日起取得江宁开发区（秣陵街道、禄口街道）及溧水区、高淳区内，诉讼标的在200万元以下的除专利、植物新品种、集成电路布图设计、技术秘密、计算机软件、垄断纠纷案件和驰名商标认定之外的第一审知识产权民事案件，以及相应辖区内知识产权刑事、行政案件的管辖权。[1] 这是江宁开发区法院进一步扩展审判职能、更好落实辖区知识产权保护工作的重要举措。

---

[1] 蒋文嘉："江宁开发区知识产权维权有政策扶持，除市级奖补资金最高再给10万补贴"，载http://app.myzaker.com/news/article.php?pk=5efc7e271bc8e05f4a00056c&f=zaker_live，最后访问时间：2021年9月30日。

在知识产权案件的审判中，江宁开发区法院充分发挥审判职能，为国家级知识产权示范园区建设提供有力的司法保障。

（1）落实最严格的知识产权保护理念，注重创新导向、权利导向、诚信导向。

（2）推进知识产权协同保护体系建设。开发区着力构建与行政机关协同的知识产权保护机制，并积极与社会组织建立诉调对接机制，在区法院诉服中心引入知识产权专业调解人员，与溧水区司法局、高淳区司法局建立基于“江苏微解纷”的线上分流、以特邀调解组织为基础的委托送达、融合行业调解与行政调解的共同调解、便捷高效的远程司法确认等多种诉前调解工作机制。

（3）打造高效的审判机制和专业化审判队伍。开发区坚持以人民满意为宗旨，采用专业化审理与速裁结合的审理模式，实现知识产权案件繁简分流、轻重分离、快慢分道，缩短审判周期，同时充分利用智慧法院等平台，在溧水区、高淳区设立审判巡回法庭，方便权利人诉讼维权，提高审判质量和效率。

（二）对知识产权维权给予政策扶持

开发区2020年制定的《江宁开发区科技企业腾飞计划》规定，鼓励企业创造和运用知识产权，支持企业开展知识产权贯标、专利授权、知识产权质押融资、重大专利产业化等，强化知识产权纠纷应对及援助服务，对知识产权纠纷案件取得胜诉或达成有利和解的企业，在申报市级奖补资金的基础上（按诉讼费50%、最高50万元给予补贴），开发区再按照诉讼费20%、最高10万元给予补贴。

七、成都高新区：推出“双报制”及“三三制”知识产权保护改革

（一）首创知识产权刑事案件公检“双报制”

遭遇侵权后，取证难、程序复杂、维权成本高、刑事立案难等是企业知识产权维权的痛点。2017年4月，成都高新技术产业开发区检察院在全国首创知识产权刑事案件公检“双报制”。知识产权权利人在合法权益受到侵害时，除了向公安机关报案外，还可通过知识产权保护“邮路”将相关报案材料寄送至高新区检察院，检察院依法提前介入，引导取证，加强对公安机关立案、侦查的监督，解决以往知识产权立案、取证等流程耗时过长的弊病，推进知识产权高效保护，消除知识密集型企业的后顾之忧。[1]

（二）推行知识产权“三三制”综合管理改革

刑事案件公检“双报制”只是高新区知识产权保护管理改革的一部分。针对长期以来专利、商标、版权等知识产权相关工作存在多头管理、服务水平不一、纠纷解决难的现象，

---

[1] 四川招商网络：“高新区知识产权案件‘双报制’获推广”，载https://sc.zhaoshang.net/2018-03-08/640658.html，最后访问时间：2021年9月14日。

高新区于 2017 年启动知识产权“三三制”综合管理改革，建立了专利、商标、版权“三管合一”的综合管理机制，民事、刑事、行政“三检合一”的综合检察机制和“三审合一”的综合司法机制。行政职能的改革和调整，有助于打通知识产权创造、运用、保护、管理、服务全链条，为知识产权所有人提供更多便利。

八、青岛崂山区：推进知识产权审判体系和能力现代化

2017 年 9 月 30 日，青岛知识产权法庭在崂山区成立，负责管辖以下三类案件：发生在青岛市、东营市、烟台市、潍坊市、威海市、日照市的有关专利、植物新品种、集成电路布图设计、技术秘密、计算机软件、驰名商标认定及垄断纠纷的一审知识产权民事和行政案件；发生在青岛市辖区基层人民法院管辖范围之外的一审知识产权民事、行政和刑事案件；不服青岛市辖区基层人民法院审理的一审知识产权民事、行政和刑事案件的上诉案件。

青岛知识产权法庭通过知识产权案件的跨区域集中管辖，使审判更加集中化、专业化。知识产权法庭的成立既是青岛知识产权审判工作的一次历史性跨越，也是人民法院服务青岛乃至山东省创新发展战略的重要里程碑。

青岛市中级人民法院坚持“智能化审判”理念，在山东省率先运用 3D 建模技术打造“智能 3D 证据管理系统”。知识产权法庭可通过三维扫描箱、手持扫描仪、空间扫描仪、

无人机等对实物证据进行3D建模，形成高清三维展示图像。法官及当事人在庭审中可直接通过电子设备多角度、全方位查看证据细节，有效满足知识产权案件事实查明和证据管理的司法需求。此外，系统还通过区块链加密技术，与山东省法院“全流程网上办案系统”无缝对接，证据信息进入系统后不能更改，保障了证据的准确性和唯一性。法官通过办案系统、当事人通过查阅电子卷宗可随时查看3D证据信息，二审法院还可提取数字化证据，无须移送实物。

知识产权法庭将坚持“用创新的方式保护创新”的理念，依托全流程网上办案系统，不断探索司法服务新举措，深入推进审判体系和审判能力现代化，谱写知识产权审判智慧时代新篇章。

九、青岛西海岸新区：打通多元协同的知识产权“快保护”通道

建立知识产权快速协同保护体系，形成保护合力；推行知识产权案件繁简分流，提高审判效率；成立青岛自贸片区知识产权纠纷人民调解委员会，打造一站式解决纠纷平台……近年来，青岛西海岸新区不断加强知识产权保护，打通了多元协同的“快保护”通道，知识产权司法保护环境日益提升。

（一）建立知识产权协同保护体系

知识产权保护需要社会的合力。这个“合力”不仅需要

多元参与，还需要多元协同。西海岸新区建立了知识产权协同保护体系，区法院、区检察院以及相关部门共同参与，利用网络平台实现快速审查、快速确权、快速维权等“一站式”联动，推动知识产权纠纷案件的高效办理。

（二）推动知识产权审判提速

西海岸新区法院管辖区内除专利、植物新品种、集成电路布图设计、驰名商标认定及反垄断纠纷案件之外的诉讼标的额在 50 万元以下的一审一般知识产权民事案件。并且，区法院探索“分调裁审”机制改革，对于较为简单的知识产权案件，通过诉前调解或互联网开庭，实现“只跑一次”甚至“一次都不用跑”，最大限度减轻当事人诉累。同时，积极推进案件繁简分流，促进知识产权审判提速。另外，区法院还着力健全知识产权多元化解纠纷机制，加强与公安、市场监督管理局等部门的衔接联动，共同做好知识产权纠纷化解工作。

（三）充分发挥人民调解的纠纷化解实效

为依法维护知识产权权利人的合法权益，充分发挥人民调解在知识产权纠纷化解中的重要作用，高效、精准、专业地解决知识产权纠纷，西海岸新区司法局于 2016 年成立青岛西海岸新区（黄岛区）知识产权纠纷人民调解委员会，并于 2017 年联合区人民法院、中德生态园知识产权中心出台《关于建立知识产权民事纠纷诉调对接机制的意见》，定期对人民调解员进行业务培训，通过专题讲座、庭审观摩、案例分析等活动，提高调解员的法律知识水平和调解技巧。此外，新区司法局还发布《关于选聘青岛西海岸新区（黄岛区）知识产权纠纷人民调解委员会成员的通知》，从律师事务所选聘优秀律师担任知识产权纠纷人民调解委员会成员，充分发挥律师在化解知识产权纠纷中的专业优势，为提高知识产权纠纷化解实效充实专业力量。

十、厦门自贸片区：推进知识产权协同保护机制建设

2016 年，中国（福建）自由贸易试验区厦门片区管委会、厦门海关、市公安局、市检察院、市中级人民法院、厦门仲裁委联合建立自贸试验区知识产权保护协作机制，实现知识产权行政保护、司法保护、海关保护的有效衔接。

2019 年 9 月，厦门市中级人民法院知识产权法庭成立，可跨区域管辖发生在厦门、漳州、泉州、龙岩的专利、植物新品种、集成电路布图设计、技术秘密、计算机软件、驰名商标认定及垄断纠纷的第一审知识产权民事和行政案件，全面提升知识产权司法保护效果。

2020 年 4 月，为强化知识产权司法协同保护，厦门市中级人民法院会同多部门在厦门自贸片区成立知识产权司法协同中心。该司法协同中心聚合政、产、学、研多方资源，综合运用司法、行政、经济、技术和社会治理手段，建立快速受理、审查、维权“一站式”纠纷解决通道。该协同中心的建立是厦门自贸片区推进知识产权协同保护机制的重要成果。

2020 年 8 月，厦门仲裁委知识产权仲裁院成立。厦门仲裁委与市中级人民法院等 6 家单位签署《关于支持厦门知识产权仲裁院工作暨创新知识产权保护协作机制战略合作协议》，构建和完善行政、司法、仲裁、调解有机衔接的多元化纠纷解决机制，推进形成知识产权大保护格局。

十一、厦门火炬高新区：设立知识产权司法保护工作站

厦门国家火炬高技术产业开发区管委会高度重视知识产权工作，在知识产权维权和保护方面开展了一系列切实有效的工作。

高新区于 2017 年设立中国（厦门）知识产权维权援助中心火炬高新区工作站和福建省知识产权远程教育平台厦门分站火炬高新区子站，组织高新区企业志愿者开展知识产权维权援助公益活动。[1]

高新区还定期邀请知名律师为园区企业进行知识产权法律培训和咨询，出台火炬创新券政策，对企业开展知识产权维权及诉讼进行补贴。

此外，高新区积极与厦门市中级人民法院、市仲裁委、市知识产权局等单位合作，共同做好知识产权维权保护工作。2020 年 8 月 26 日，厦门市中级人民法院在火炬高新区挂牌

[1] 厦门火炬高新区："知识产权司法保护厦门火炬高新区工作站挂牌成立"，载 http://xmtorch. xm. gov. cn/wx/82779/yqxw/202008/t20200827_2474052. html，最后访问时间：2021 年 9 月 27 日。

成立“知识产权司法保护厦门火炬高新区工作站”，完善和加强高新区的知识产权保护和维权援助体系建设，助力区内企业的知识产权创造、运用、保护和管理。

工作站以厦门知识产权法庭为依托，为企业提供防范涉诉风险、提供法律咨询、化解诉前纠纷、开展法治宣传、提供授课指导、开展常态化联络六方面服务。法官、法官助理不定期与园区相关机构联络，深入了解实践中的具体问题，为审判工作研讨、精准对接企业需求提供保障。

第三节　如何增强园区企业的知识产权保护意识

创新能力是企业发展的内在动力，知识产权保护机制则是企业发展的生命线，是企业在市场环境中竞争和生存的防御甲。在竞争日趋激烈的今天，知识产权越来越成为企业核心竞争力的体现。企业拥有越多的知识产权，就拥有越多的话语权和竞争力。尽管如此，很多中小微企业的知识产权保护意识相对淡薄，缺乏有效的知识产权管理保护机制。产业园区可以通过政策引导、宣传培训、指导服务等举措，加强知识产权服务，增强企业的知识产权保护意识，为企业创新发展保驾护航。

一、上海张江科学城：设立法官工作室

上海知识产权法院于2014年落户张江，是全国首批三家知识产权法院之一。2015年6月25日，为积极回应高新技术产业发展的知识产权保护需求，上海知识产权法院与张江高新技术产业开发区管委会合作，设立“全国审判业务专家陈惠珍法官工作室”，集结以全国审判业务专家陈惠珍同志为代表的优秀法官团队，定期深入张江高新区开展法律宣讲、以案释法等活动。

法官工作室的主要职责包括：调研了解园区知识产权状况，掌握园区在知识产权创造、运用、保护和管理中的动态及司法需求，提高司法服务保障科技创新中心建设的针对性和有效性；为园区知识产权纠纷的人民调解、行业调解等提供指导，实现纠纷就地就近化解；开展法律法规和典型案例宣传活动，通过开展讲座、培训、研讨等，帮助园区企业及时掌握最新的法律法规，了解知识产权纠纷的特点和动向；通过司法建议、以案析法、类案分析等方式，提高创新主体的知识产权法律意识、纠纷防范意识和侵权预警意识。

法官工作室的主要工作机制为：每月定期到园区开展工作；设置电子信箱等渠道，收集园区的知识产权司法需求信息；根据园区企业需要以及法院工作实际，开展知识产权专项活动。

二、南京经开区：以贯标工作增强企业知识产权保护意识

2013年，我国首部企业知识产权管理国家标准《企业知识产权管理规范》正式颁布。推进企业知识产权贯标不仅能够实现企业知识产权管理的规范化、系统化，提升企业的无形资产价值，推动企业创新健康、持续发展，还有助于增强企业领导和广大员工的知识产权意识，强化知识产权保护。

南京经济技术开发区科技人才局整合各方资源，将企业知识产权贯标作为重点工作推进，把企业贯标融入高新技术企业培育工作中，通过政策解读、实地诊断、专题培训、现场辅导等方式，全力推进区内企业知识产权贯标备案工作。

（1）强化政策引导。出台《南京经济技术开发区进一步推动创新名城建设、提升科技创新能力实施办法》等政策，对贯标工作进行政策奖励。

（2）注重宣传培训。借助4·26知识产权宣传周、科协大讲堂等活动，组织企业进行业务知识培训，向企业宣传相关政策，帮助企业树立知识产权贯标意识。此外，南京经开区还召开企业知识产权贯标培训会，对贯标的意义、标准、作用、流程等进行详细讲解。2020年1—9月，该区共开展知识产权宣讲活动11场，宣贯人数超过700人；[1] 2020年上半年，

[1] 南京经济技术开发区："南京经开区提前完成知识产权年度目标考核任务"，载https://mp.weixin.qq.com/s/_VpKAP70jCujfNH0gnNSkQ，最后访问时间：2021年9月27日。

全区共有12家企业获得贯标备案，其中7家为国家高新技术企业。

（3）及时跟踪服务。通过调研走访，积极动员区内高新技术企业开展贯标工作，不定期邀请专家深入企业提供指导服务。

三、苏州工业园区：开展知识产权宣传周系列活动

每年的4月26日是世界知识产权日，它由世界知识产权组织于2001年设立，旨在促进各界树立尊重知识、崇尚科学，保护知识产权的意识，营造鼓励知识创新和保护知识产权的法律环境。

苏州工业园区整合国资载体、知识产权服务机构、科研院所等多方资源，于2019年年底成立园区知识产权服务联盟，致力于在知识产权培训、代理、法律、信息、商用化、咨询六大领域提升服务品质，为企业的科技创新保驾护航。为加强企业知识产权保护意识，宣传普及知识产权知识，园区知识产权局联合多方力量，依托园区知识产权服务联盟，以世界知识产权日为契机，举办知识产权宣传周系列活动。

2019年4月22日，为期半个多月的知识产权宣传周活动启动。当天，园区科信局、独墅湖高教区科研院所、园区法院等区内单位参加了在牛津大学高等研究院（苏州）举行的中英知识产权研讨会，参会嘉宾与科研人员就软件知识产权保护、专利诉讼、专利运营等诸多问题进行了深入交流；4月25日至5月8日，园区举办“迎接世界知识产权日主题活

动”“知识产权与生命健康论坛”“商业秘密保护知识培训讲座”“马德里商标国际注册培训讲座”等系列活动，厚植“尊重知识、鼓励创新、保护创造、诚信守法”的知识产权文化，营造知识产权保护的浓郁氛围。参训企业通过培训讲座等活动，不仅了解了相关法律定义、法条解释，还提升了对知识产权保护重要性的认识，掌握了建立知识产权保护内部管理体系的相应知识。

2020 年 4 月 15 日，科创板上市企业核心技术与知识产权主题沙龙在苏州工业园区企业发展服务中心举行，这标志着园区知识产权宣传周系列活动正式开启。园区用一个多月的时间，推出授课、沙龙、参访、企业交流等形式丰富的活动，从政策、产业、区域、企业等角度，探讨并推进园区知识产权工作纵深发展。

下　编　经验与做法

一、上海：深化知识产权快速协同保护机制

针对企业专利授权与维权周期长、成本高、维权举证难等问题，完善知识产权保护中心相关工作流程，逐步深化集知识产权快速授权、快速确权、快速维权于一体的知识产权快速协同保护工作机制。

来源：国家知识产权局办公室《第一批知识产权强省建设试点经验与典型案例》（2019 年 3 月）。

做　法

在浦东知识产权保护中心开展 GB/TI 9001 质量标准体系建设，制定窗口工作人员应知应会工作手册、专利预审服务工作指南、快速维权服务手册，提升中心规范化、专业化水平。同时，浦东新区知识产权局与上海知识产权法院、区检察院加强战略合作，设立法官和检察官命名工作室，开展知识产权法院案件巡回审理活动。

成　效

2018 年上半年，浦东知识产权保护中心共受理专利快速审查申请 165 件，授权 32 件，发明专利授权周期从 3 年缩短

至3个月、实用新型专利授权周期从8个月缩短至1个月、外观设计专利授权周期从6个月缩短至1周。2018年2月，世界知识产权组织专家团访沪期间，专程访问浦东知识产权保护中心，认为浦东的创新探索有效推动了地区知识产权工作发展和环境优化，为亚太地区国家提供了有益借鉴。

二、上海：展会知识产权保护模式

针对展会时间短、现场判定侵权行为困难等特点，为加强展会知识产权保护力度，支撑国际展会之都建设，探索建立咨询、服务、保护、调解多头并进的展会知识产权保护模式。

来源：国家知识产权局办公室《第一批知识产权强省建设试点经验与典型案例》（2019年3月）。

做 法

实行咨询、服务、保护、调解多头并进的展会知识产权保护模式。驻会工作人员对于来访、投诉人员问清案情，提出解决争议的多种路径供投诉人选择；接受投诉后，现场在被投诉方了解、比对涉嫌侵权技术方案基础上，对初步判定涉嫌侵权的展品提出整改方案，实现整改后继续展出；对于初步判断涉嫌侵权的产品，与被投诉人充分说明情况，要求配合撤展。引进人民调解机制，在上海新国际博览中心常设知识产权调解办公室，派出资深人民调解员常驻展会，现场解决展会知识产权纠纷。

成　效

近年来，上海市知识产权局入驻展会数量逐年增加，投诉量逐年下降，有效维护了上海市展会秩序，促进了上海市展会行业的健康发展。

三、上海：以降低侵权损失为核心的专利保险机制

专利权人被侵权后，面临着诉讼成本高、案件取证难、诉讼周期长等突出问题，进行专利维权会给个人和企业带来较高时间和经济负担，迫切需要降低专利侵权损失风险。

来源：国家知识产权局办公室《第一批知识产权强省建设试点经验与典型案例》（2019 年 3 月）。

做　法

在全面创新改革试验中，上海围绕专利应用和维权设计出一系列以降低侵权损失为核心的专利保险产品，有效降低创新主体的侵权损失。上海组建全国首个专利保险联盟，联合专利代理、法律、评估等专业机构，为企业降低专利侵权损失提供综合服务。

（一）在前期专利保险试点成功的基础上，按照国家知识产权局以及上海市知识产权局的部署和安排，由安信农业

保险公司联合律师事务所、专利代理机构、专利评估机构等知识产权领域内维权经验丰富的专家团队，共同组建上海市专利保险联盟。

（二）上海市专利保险联盟以“合作、服务、共享”为原则，以专利保险为纽带，合力帮助企业维权，让创新成果得到充分保护，既是更好参与上海建设全球影响力的科创中心的新探索，也是在“大众创业、万众创新”的新形势下，保护创造者合法权益的新实践。

成　效

截至2017年年底，上海安信农业保险公司等保险机构承保了上海市156家企业共1840件专利的保险业务，总保额6348万元，已出险6件，均由上海专利保险联盟单位参与保险理赔，减轻了专利侵权损失。

四、江苏：开展知识产权工程师职称评定

针对企事业单位知识产权人才相对匮乏，水平良莠不齐但无法鉴定的问题，探索知识产权工程师职称评定模式，加快知识产权专业技术人才队伍建设。

来源：国家知识产权局办公室《第一批知识产权强省建设试点经验与典型案例》（2019年3月）。

做 法

2006年年底，江苏省知识产权局会同省人力资源和社会保障厅在国内率先设立知识产权专业高级工程师、工程师职称。江苏省专业技术人员职称工作领导小组办公室决定将工程系列中的知识产权专业单列，在江苏省工程系列评审委员会中增加设置知识产权专业高级、中级技术资格评审委员会，制定出台了知识产权高级工程师、知识产权工程师资格条件，形成了江苏知识产权专业高级和中级职称的评价标准，并积极推进设区市知识产权中（初）级职称评审委员会的筹建和评审工作体系的建设。扬州、南京、苏州、盐城、泰州、无锡等设区市相继成立知识产权中级、初级专业技术资格评审委员会并开展辖区内的知识产权工程师评定和助理工程师认定工作。

成 效

江苏省建立了知识产权人才职称体系、构建职业化知识产权人才培养机制。建立知识产权人才高级、中级职称评价体系，对于稳定知识产权人才队伍、吸引更多的优秀人才投身知识产权事业、吸引高层次人才向知识产权专业聚集具有积极意义。近年来，知识产权从业人员申报知识产权专业高级、中级职称的积极性不断提高，申报人数逐年增加。截至2018年年底，全省经评审取得知识产权高级、中级工程师职称人数达1200余人。

五、江苏：建设高价值专利培育中心

针对科技投入产出效率低、专利创造“大而不强，多而不优”等问题，开展高价值专利培育，推进知识产权高质量发展，促进经济转型升级。

来源：国家知识产权局办公室《第一批知识产权强省建设试点经验与典型案例》（2019 年 3 月）。

做 法

江苏省于 2015 年在全国率先启动实施高价值专利培育计划，实行“两类申报方式、双重遴选机制、三种监管手段”。在项目实施过程中注重“把握一个目标、用好两类资源、突出三个环节、明确八项任务”。一个目标即培育一批优势创新载体，抢占产业发展制高点，并探索出一套科学发展路径；两类资源是指高校院所的研发资源和高端服务机构的服务资源；三个环节是指研发前的分析研判、研发中的跟踪调整、研发后的策划保护；八项任务是指建立完善的组织管理体系、加快专利信息传播利用、建立专利申请预审机制、提升专利申请文件撰写质量、加强专利申请后期跟踪等。

成 效

截至 2018 年，江苏省财政累计投入经费 1.23 亿元，组建省级高价值专利培育示范中心37个，建设95家市级示范中心。2015年首批7家示范中心，培育期间新增发明专利授权893件，新增PCT专利申请203件，专利转让许可200余件，专利产品销售收入88亿元。

六、江苏：建立知识产权密集型产业统计制度

针对缺少知识产权密集型产业统计及量化分析资料、缺乏知识产权促进地方经济发展支撑的有效说服力的问题，江苏省探索建立知识产权密集型产业统计分析制度，引领和提升重点产业知识产权核心竞争力，推动区域产业转型升级。

来源：国家知识产权局办公室《第一批知识产权强省建设试点经验与典型案例》（2019年3月）。

做　法

江苏省知识产权局会同省统计局等部门建立知识产权密集型产业统计制度，在借鉴美欧等国家和地区知识产权密集型产业统计分析方法的基础上，结合江苏省实际，研究确定江苏省知识产权密集型产业界定方法，采集江苏省规模以上工业企业专利商标和国民经济行业中的经济数据及版权密集型产业相关数据进行统计分析，编制江苏省知识产权密集型产业目录，测算其对经济的贡献度。自2016年起，连续3年由省专利信息服务中心发布国内首个涵盖专利、商标和版权的年度知识产权密集型产业统计分析报告。

成　效

2017年，江苏省知识产权密集型产业增加值为24 304.21亿元，占同期江苏GDP的比重为28.29%，规模以上工业企业50个专利商标密集型产业平均新产品销售收入为314.89亿元，是157个非专利商标密集型产业平均新产品销售收入的3.85倍，知识产权密集型产业对经济的支撑和引领作用明显。

七、广东：专利快速审查、维权、确权一站式服务

针对知识产权维权成本高、时间长、效果差等问题较为突出，在专利密集型产业集聚区提供快速授权、维权、确权一站式服务，对于激发产业创新动力与活力、提升产业竞争力效果明显。

来源：国家知识产权局办公室《第一批知识产权强省建设试点经验与典型案例》（2019年3月）。

做　法

广东省中山市古镇镇围绕灯饰产业集群发展需求，成立知识产权快速维权中心，开展集知识产权快速审查、维权、确权于一体的一站式综合服务，构建专利案件的行业调解、行政处理、司法审判相联动的快速反应机制。开通外观设计专利快速授权通道，灯饰类外观设计专利申请10个工作日内

即可获得授权；快速处理专利侵权纠纷，实现专利侵权纠纷行政执法案件1个月内结案；联合工商、版权、公安、海关等行政执法部门，快速协调处理知识产权违法案件，强化知识产权行政执法与司法保护有效衔接。建立广州知识产权法院中山诉讼服务处，实现远程立案、开庭审理、调解、司法确认等功能。

成　效

大幅缩短了专利审查周期，外观设计专利授权时间由原来的数月缩短至7—10个工作日；提升了知识产权维权效率，将专利侵权案件结案时间缩短至1个月，有效降低了企业维权成本。中山古镇灯饰产业专利授权量迅速超过竞争地区，2017年达到5000件以上，创新企业数量大幅增加。2016年，世界知识产权组织立项“工业品外观设计保护优秀案例中山市古镇示范点调研项目”，向成员方展示和推广中山快速维权中心的经验。

八、广东：构建优质专利代办服务工作模式

针对办理专利事务存在耗时长、手续复杂等问题，落实知识产权领域“放管服”改革，提高专利事务公共服务水平，为各类创新主体节省办事成本。

来源：国家知识产权局办公室《第一批知识产权强省建设试点经验与典型案例》(2019年3月)。

做法

大力推广专利电子申请和网上缴费，建设广州专利代办业务语音咨询系统、代办业务管理系统，解决办事进度查询问题。服务工作前移，广州专利代办处在企业办理专利权质押的初始阶段予以指导，让企业较快获得融资。简化办事流程，申请人提交专利费用减缴材料且审批通过，之后一年内申请的专利自动享受费用减缴。优化流程，申请人在广州代办处实现专利优先审查“一站式”办理，同时为专利权质押登记、专利实施许可合同备案以及专利登记簿副本出证等业务提供加急业务。

成效

截至 2018 年 11 月，广东省专利电子申请率提高到 98.25%，已有 881 件外观设计专利申请得到快速授权，受理专利复审和无效案件 1.5785 万件。其中，开展的专利复审和无效宣告请求受理工作，被评为“2017 年专利审查十大热点”之一。

九、山东：专利权“政银保”融资服务新模式

针对中小微企业专利权质押融资中，授信级别低，缺乏有效担保，贷款难度大、融资成本高的问题，通过加大政策

资金支持力度，引入专利权质押融资保险，放大专利保险增信等方式，破解中小企业融资难题。

来源：国家知识产权局办公室《第一批知识产权强省建设试点经验与典型案例》(2019 年 3 月)。

做　法

印发《山东省专利权“政银保”融资试点工作实施办法(试行)》，明确企业以专利权“政银保”形式贷款、投保并还本付息后，由山东省财政按照企业缴纳保费 60% 的标准给予补贴，每家企业年补贴总额不超过 6 万元，补贴期限不超过 2 年。规定银行贷款利率上浮一般不超过人民银行公布的同期贷款基准利率的 30%。开展专利保险业务年化费率一般不应超过贷款总额的 2%，承担信贷风险比例不应低于 60%。此外，符合条件的中小微企业通过专利“政银保”方式贷款，还可享受贷款当年人民银行同期贷款基准利率 60% 的贴息补助。“政银保”融资试点工作已在济南、青岛等 11 个设区市推进。

成　效

截至 2017 年年底，山东累计实现知识产权质押融资项目 1179 件，总金额 276 亿元，近千家企业通过专利质押贷款获得发展资金，新增利税 2. 65 亿元，新申请专利 712 项。2018 年 1—10 月，山东省登记知识产权质押融资合同 400 件，登记质押金额45.34亿元，分别较上年同期增长14.28%和23.17%。

十、山东：以关键核心技术专利群助推高质量发展

针对知识产权核心技术推广应用力度不够，且其价值不易被挖掘的问题，探索建立关键核心技术知识产权品牌建设模式，推动经济高质量发展。

来源：国家知识产权局办公室《第一批知识产权强省建设试点经验与典型案例》（2019年3月）。

做法

山东省从2016年开始开展关键核心技术知识产权品牌培育工作，制定出台《山东省关键核心技术知识产权品牌培育工作实施方案》，提出到2020年培育关键核心技术知识产权品牌100家左右。经公开征集，结合山东省当前重点产业发展方向，对征集项目进行专利价值度综合评价，分别确认15个专利群为山东省关键核心技术知识产权品牌。制定出台《山东省核心技术专利（群）资金管理细则》，组织召开山东省关键核心技术知识产权品牌单位建设会，为品牌单位颁发证书并授牌。

成　效

截至2020年4月，共有46个专利群被确定为山东省关键核心技术知识产权品牌。其中“无氯含氟聚氨酯化学发泡剂”专利技术，创造了山东专利许可费5.2亿元的较高纪录。中车青岛四方公司的“高速列车转向架关键技术专利群”成为支撑高速列车的重要核心技术之一。

十一、重庆：构建科技型企业知识价值信用融资新模式

针对科技型企业融资长期存在的突出矛盾和困难，创新融资模式、加大政府补贴、建立大数据库、整合系统资源、部门协同、政银企联动等路径，解决科技型企业融资难、融资贵、融资周期长的问题。

来源：国家知识产权局办公室《第一批知识产权强省建设试点经验与典型案例》（2019年3月）。

做　法

重庆市构建知识价值信用评级体系，将知识产权作为信用评级的重要指标之一。科技型企业知识价值信用等级和对应最高300万元信用额度，将填报虚假数据纳入科技创新信用记录，取消失信企业政府科技创新关联项目和资金支持。

构建市、区两级联合推动机制，设立总规模3亿元的担保基金，专户管理，风险分担，按照属地原则按银行贷款损失80%核算补偿额度。

成 效

截至2018年10月，知识价值信用贷款试点区入库科技型企业2154家，有833家提出贷款申请。银行审批通过432家，申请通过率为52%。已经发放411家，金额11.43亿元，其中知识价值信用贷款5.40亿元。

十二、重庆：构建覆盖区域重点产业的专利导航服务体系

针对当前专利分析、评议、导航、预警工作多头管理、重复投入等问题，探索建立区域重点产业专利导航多元化服务体系，分析制约地方产业发展的瓶颈，帮助地方政府、产业部门、重点企业找准技术创新的突破口。

来源：国家知识产权局办公室《第一批知识产权强省建设试点经验与典型案例》（2019年3月）。

做 法

重庆市建立覆盖全市重点产业的专利导航服务体系，依托市知识产权局信息中心建设全国专利导航项目研究和推广

中心，在此基础上优选部分区县、行业协会（整合专业服务机构）建立区域重点产业专利导航分中心。现已建成7个区县专利导航分中心和8个重点产业专利导航分中心，形成了“1+7+8”的区域重点产业专利导航服务体系，建立产业大数据库、专利导航专题数据库、企业竞争对手专利数据库，为企业的技术研发、市场布局和产品上市开展专业专利导航服务。

成　效

截至2018年10月，为重庆市政府提供专利观察6期，为地方政府部门提供产业导航分析5项，在相关产业规划、政策制定方面给予建议；为企业开展专利导航研究项目95项，涉及技术研发、海外出口等各个环节，帮助企业解决科技创新、生产经营中的重大决策问题。

十三、四川：融合协商估值、坏账分担的商标质押贷款模式

中小企业缺少土地、房屋、机器设备等有形资产，由于没有抵押物，很难获得银行贷款。商标作为无形资产，作为抵押物面临着价值评估难、贷款风险高等问题，也很难获得贷款。

来源：国家知识产权局办公室《第一批知识产权强省建设试点经验与典型案例》（2019年3月）。

做 法

在全面创新改革试验中，四川省德阳市建立“质权商标估值”银企协商模式，通过建立“价值认定小组”和“价值认定内控程序”，全面推行质权商标协商估值，降低企业贷款成本。对确认开展商标质权贷款的合作银行和保险机构，政府按放贷金额给予一定比例的工作经费补助。对企业用商标专用权到合作银行进行质押贷款产生的评估费、保险费和利息，政府给予一定补贴。同时，建立坏账分担机制，合作银行因商标权质权贷款产生的坏账，企业、保险公司、银行、政府进行分担。

成 效

德阳市建立“一个模式、三个机制”，以推动中小企业注册商标专用权质押贷款。现德阳市已有7家企业通过商标专用权质押，成功在银行办理了贷款，获得3.75亿元的贷款授信。多家银行正积极主动了解、学习做法，力争开展商标专用权质押借款业务。同时，压缩商标专用权质权登记审批周期，审理时长从20天降至2天，显著提高质押贷款效率。

十四、四川：专利权质押融资服务新模式

针对专利权质押融资贷款过程中，缺乏有效担保、办理

贷款难度较大等问题，探索专利权质押融资贷款新模式。

来源：国家知识产权局办公室《第一批知识产权强省建设试点经验与典型案例》(2019年3月)。

做法

四川省成都市、德阳市按照“银行贷款+保险保障+财政风险补偿”的专利质押合作模式，为专利所有权拥有企业提供中小企业贷款担保和保险。明确规定银行对单户企业提供的贷款利率、金融比例；设立专项补助，对开展专利质押融资业务的商业银行、保险机构给予一定资金支持；建立风险补偿机制，从科技工作财政资金中专门划出资金，采取先理赔后补偿原则，对合作银行专利权质押贷款产生的本金损失按比例给予补偿。

成效

德阳市现已培育一批专利质押贷款合作金融机构和高水平无形资产评估机构，试点地区27户储备企业及30个项目正在对接办理中，部分已成功融资。成都市为489家科技型中小企业提供知识产权质押贷款11.35亿元，为47家科技型企业204件专利投保专利险。

附　录

附录1　相关产业园区介绍

一、北京中关村科技园区

北京中关村科技园区（现中关村国家自主创新示范区，以下简称“中关村”）起源于20世纪80年代初的“中关村电子一条街”。1988年，国务院正式批准成立中国第一个国家级高新技术产业开发区——北京市新技术产业开发试验区。1999年，更名为中关村科技园区。2009年，成为首个国家自主创新示范区。从1994年4月起至今，经当时的国家科委（今科技部）批准，北京市新技术产业开发试验区和中关村科技园区先后3次调整范围，历经“一区三园”“一区五园”“一区七园”“一区十园”“一区十六园”的发展格局。2013年2月，获批“国家知识产权示范园区”。2016年4月，获批全国首批“国家知识产权服务业集聚发展示范区”。

2020年，中关村核心区——中关村科学城聚集国家高新技术企业约10 550家。形成了下一代互联网、移动互联网和新一代移动通信、卫星应用、生物和健康、节能环保、轨道交通六大优势产业集群，集成电路、新材料、高端装备与通用航空、新能源和新能源汽车四大潜力产业集群和高端发展的现代服务业。累计培育高新技术企业 21 345 家，独角兽企业 44 家，上市企业 236 家。

2020 年 1—11 月，中关村规模以上企业实现总收入 60 482. 5亿元，工业总产值 10 762. 1 亿元；期末研究开发人员 72. 9 万人；中关村企业共申请专利 97 393 件，其中发明专利申请量 58 716 件。获得专利授权 63 165 件，其中发明专利授权量 24 354 件。截至 2020 年 11 月，中关村企业拥有有效发明专利 141 112 件。2020 年，中关村科学城企业研发经费投入强度 6% 以上，技术合同成交额增长 7. 4%，发明专利授权量突破 3 万件，每万人发明专利拥有量达 480 件。

2021 年 1—8 月，中关村规模以上企业实现总收入 52 068. 8亿元，工业总产值 10 402. 7 亿元；期末研究开发人员 75. 1 万人。2021 年 1—8 月，中关村企业获得专利授权 55 368件，其中发明专利授权量 26 119 件；有 317 家企业申请 PCT 专利 5204 件。截至 2021 年 8 月，中关村企业拥有有效发明专利 169 674 件。

二、北京经济技术开发区

北京经济技术开发区（以下简称“北京经开区”）于 1992 年开始建设。1994 年 8 月，经国务院批准为北京市唯一的国家级经济技术开发区。1999 年 6 月经国务院批准，区内 7 平方千米被确定为中关村科技园区亦庄科技园。2018 年 1

月，获批“国家知识产权示范园区”。

北京经开区围绕科技创新中心“三城一区”建设，着力构建“4+2+1”产业体系（“4”即新一代信息技术、高端汽车和新能源智能汽车、生物技术和大健康以及机器人和智能制造四大主导产业；“2”是指高端服务业和科技文化融合产业；“1”是指数字经济产业）。

2020年，北京经开区地区生产总值2020亿元，申请PCT专利449件，发明专利授权量达1634件。截至2020年年底，经开区有效发明专利达9301件，万人有效发明专利543件。

“十三五”期间，经开区规模以上企业实现工业总产值18 478.1亿元；高新技术企业总收入达28 493.1亿元；累计获得国家科技进步奖5项；培育上市企业13家，独角兽企业6家。累计培育国家级高新技术企业超过1200家。

三、上海张江科学城

上海张江科学城（以下简称“张江科学城”）的前身是张江高科技园区。1992年7月，国家科学技术委员会批准同意设立张江高科技园区，这是首批国家级高新技术园区之一。2013年，被认定为首批“国家专利导航产业发展实验区”，并获批“国家知识产权示范园区”。2018年5月，张江高科技园区更名为张江科学城。

张江科学城汇聚2.2万余家企业，跨国公司地区总部62家，高校和科研院所近20家，外资研发中心170余家，从业人员超过40万人，已建立起集成电路、生物医药和人工智能三大产业格局。建成和在建的国家重大科技基础设施达8个。各类创新创业载体达100家，在孵企业2500余家，孵化面积近80万平方米，形成了“众创空间+创业苗圃+孵化器+加速器”的创新孵化链条。30家跨国企业加入大中小企业融通发展联盟，赋能中小微企业发展。集聚了160多家市场化创投机构，23家银行机构。累计培育高新技术企业1600余家，科创板上市企业17家。

2020年，张江科学城规模以上企业工业总产值超过3000亿元，研发投入达584.6亿元，研发投入强度为9.23%。截至2020年10月，张江科学城共拥有8家国家知识产权试点示范企业，83家上海市专利试点示范企业；国外PCT专利申请量为12 379件，授权量达3465件；国内专利申请量达95 580件，授权量达52 500件，国内有效专利量32 307件。

四、上海漕河泾新兴技术开发区

1988年6月，上海漕河泾新兴技术开发区（以下简称“漕河泾开发区”）经国务院批准为首批国家经济技术开发区。1991年3月，经国务院批准为国家高新技术产业开发区。2003年3月，国务院批转海关总署同意设立漕河泾出口加工区。2016年4月，被认定为首批“国家知识产权服务业集聚发展示范区”。2017年12月，获批“国家知识产权试点园区”。

截至2020年11月，漕河泾开发区拥有高科技企业及研发机构等3600多家，从业人员26万余人，形成以电子信息为支柱产业，新材料、生物医药、高端装备、环保新能源、汽车研发配套为重点产业，高附加值现代服务业为支撑产业的“1 +5 +1”产业集群体系。拥有 120 余家国家和市级科研机构、50 余家上海市专利试点示范企业、20 余个国家和部级重点实验室、160 余家知识产权服务机构。漕河泾开发区通过知识产权“管理服务”“服务业”两手抓，开创“漕河泾科创模式”，发挥知识产权“双示范”效应。截至 2020 年，开发区累计培育国家级高新技术企业 777 家，各类上市企业 147 家。

2020 年，漕河泾开发区（含浦江园）研发投入达 365. 4 亿元，研发投入强度达 5. 51%。区内 1700 余家科技企业拥有知识产权，300 余家企业直接享受知识产权专项政策资助，知识产权政策性投入累计超过 1 亿元。每万人发明专利拥有量达 409 件，每万户市场主体平均有效商标拥有量 8158 件，每新增 1 户市场主体同时新增注册商标 2. 15 件。

五、上海紫竹高新技术产业开发区

2001 年 9 月，上海紫竹科学园区经上海市政府批准设立。2006 年 3 月，经国家发展改革委审核通过，上海紫竹科学园区更名为上海紫竹高新技术产业园区。2011 年 6 月，经国务院批复同意升级为“国家高新技术产业开发区”（以下简称“紫竹高新区”）。2017 年 12 月，获批“国家知识产权示范园区”。

截至 2020 年，紫竹高新区企业达 4727 家，形成了以信息软件、数字视听、生命科学、智能制造、航空电子、新能源与新材料为主导产业的产业体系。重点吸引区域总部、研发中心、风险投资公司及高科技制造企业入驻，建设以紫竹创业中心、紫竹创业孵化器、小苗基金为核心主体的创新创业生态系统，打造1.2万平方米规模的“国家级科技企业孵化器”。累计培育高新技术企业276家，上市企业9家，独角兽及潜在独角兽企业5家，市级科技小巨人企业20家。

截至2019年，高新区专利授权量累计2.3万件，其中发明专利授权量1.68万件；累计商标注册量6424件，每万人商标注册量达1946件。2020年，紫竹高新区研发投入达78.3亿元，研发投入强度达8.96%。截至2021年6月，知识产权入托企业355家，企业发明专利申请占比90.55%，有效发明专利拥有量占全市12.94%。企业研发人员比重年均超过35%，超市均值5倍。

六、上海临港松江科技城

上海临港松江科技城是由上海市松江区人民政府和上海临港经济发展集团共同出资建设的新生代科技园区，是国家级自主创新示范区上海张江高新区的重要组成部分。“新桥模式”作为上海市开发区建设重要经验载入上海市“十三五”规划，向全市开发区推广。园区于2016年获批“国家知识产权试点园区”。

园区形成了以工业互联网、电子信息、文创时尚、生命健康、智能制造、3D打印为主的产业体系，区内共拥有高新技术企业137家，高新技术成果转化项目36家52个项目，上海市科技小巨人22家，企业技术中心22家，院士专家工作站6家，专利工作试点示范企业25家，“专精特新”企业62家，科技型中小企业技术创新资金87家，上海市著名商标企业3家。

园区作为长三角G60科创走廊的“技术创新策源区”与“成果转化承载区”，以“打造具有全球影响力的卓越科创园区”为目标，日益成为辐射联动沪苏浙皖和要素配置的重要组成部分，更被央视认证为“上海科创新地标”。2020年，园区实现营收930亿元，贡献税收26亿元。

七、广州经济技术开发区

1984年12月，广州经济技术开发区（以下简称“广州开发区”）经国务院批准成立，是全国首批国家级经济技术开发区之一，与广州高新技术产业开发区、广州出口加工区、广州保税区、中新广州知识城合署办公，实行“五区合一”的管理体制（统称“广州开发区”）。2014年1月，获批“国家知识产权示范园区”。2016年2月，获批“国家专利导航产业发展实验区”。2016年7月，获批全国首个知识产权运用和保护综合改革试验区域。

广州开发区以新一代信息技术和生物医药两大世界级创新产业集群为牵引，做大做强生物制药、集成电路、新能源汽车三大产业集群，形成以电子信息、电力供应、化学制造、汽车制造、食品饮料、金属冶炼、电气机械制造为代表的七大支柱产业。累计培育高新技术企业超过2100家，上市企业达63家，各类高层次人才超过1000人。

2019年，广州开发区PCT国际专利申请量756件、发明专利授权量2803件，占全市近五成，位居全国219家经开区首位。2020年，黄埔区、广州开发区研发投入占地区生产总值比重达4.38%，达到国际国内先进水平，规模以上工业企业资产达10 601.78亿元。

八、苏州工业园区

1994年2月，苏州工业园区经国务院批准设立，同年5月实施启动。2013年2月，获批“国家知识产权示范园区”。2019年8月，国务院批准设立中国（江苏）自由贸易试验区，其中苏州片区全部位于苏州工业园区。

苏州工业园区引育了上万家科技创新型企业，积极构建“2+3+1”特色产业体系。“2”指新一代信息技术、高端装备制造两大主导产业，“3”指生物医药、纳米技术应用、人工智能三大新兴产业，“1”指现代服务业。园区企业建设各类研发机构近2000家，其中省级以上研发机构达422家。累计入库科技型中小企业达2630家。

2020年，苏州工业园区实现地区生产总值2907.09亿元。园区研发经费投入138.5亿元，研发经费投入强度4.77%。“十三五”期间，园区累计新增发明专利授权超过1万件。截至2020年，园区万人发明专利拥有量174.4件，高价值专利6333件。成功发行全国首单知识产权质押双创债、江苏省首单知识产权证券化产品。

九、苏州国家高新技术产业开发区

1992 年 11 月，苏州国家高新技术产业开发区（以下简称“苏州高新区”）被国务院批准为国家高新技术产业开发区，下设苏州浒墅关经济技术开发区、苏州科技城、苏州高新区综合保税区、苏州西部生态旅游度假区。2013 年 2 月，获批“国家知识产权示范园区”。2016 年 4 月，获批全国首批“国家知识产权服务业集聚发展示范区”。

截至 2021 年 2 月，苏州高新区拥有 200 多家软件和信息服务相关企业；医疗器械产业园拥有 400 多家相关企业；半导体和集成电路产业集聚了一批国内外科研院所、研发机构和重点企业，形成了以大数据、云计算、物联网为代表的新一代信息技术产业，以航空航天、高端装备为代表的军民融合特色产业以及以新能源、生物医药等为代表的新兴产业发展格局。累计培育高新技术企业 972 家，上市企业 21 家。

2020 年，苏州高新区实现地区生产总值 1446. 32 亿元，规模以上工业产值 3030. 33 亿元，研发投入占 GDP 比重达 4. 27%。万人发明专利拥有量是全市平均水平的 2 倍。

十、杭州高新技术产业开发区

杭州高新技术产业开发区［以下简称“杭州高新区（滨江）”］成立于 1990 年，是国务院批准的首批国家级高新技术产业开发区之一，由杭州国家高新区、杭州市滨江区管理体制整合而成。2013 年 2 月，获批“国家知识产权示范园区”。2019 年 3 月，获批“国家知识产权服务业集聚发展示范区”。

杭州高新区（滨江）大力发展高新技术产业和战略性新兴产业，一条以新一代信息技术为支撑，从关键控制芯片设计，到传感器和终端设备制造、物联网系统集成、网络通信设备、信息软件开发以及电子商务运用，再到网络运营服务、云计算、大数据应用、网络安全的制造业和数字经济融合发展的全产业链体系基本成型。

2019 年，杭州高新区（滨江）规模以上工业增加值 623.97 亿元。研发经费支出 162 亿元。截至 2019 年，高新区累计拥有市级以上科技孵化载体 89 家，在孵企业 2508 家，市级以上众创空间 42 家；累计培育国家高新技术企业 1256 家，备案国家科技型中小企业 716 家，上市企业 49 家，新认定瞪羚企业 292 家；全区专利申请总量 1.83 万件，其中发明专利申请量 9309 件；专利授权量 10 341 件，其中发明专利授权量 2939 件；每万人发明专利拥有量 357 件。

十一、武汉东湖新技术开发区

武汉东湖新技术开发区（又称中国光谷，以下简称“东湖高新区”）于 1988 年创建成立，是中国首批国家级高新区、第二个国家自主创新示范区、中国（湖北）自由贸易试验区武汉片区，并获批国家光电子信息产业基地、国家生物产业基地、央企集中建设人才基地、国家首批双创示范基地等。2010 年 11 月，获批“国家知识产权示范园区”。2019 年 4 月，获批“国家知识产权服务业集聚发展示范区”。

东湖高新区聚焦“光芯屏端网”、生命健康两大产业集群，着力发展 5G、人工智能、物联网等数字化产业，支持在线教育、在线医疗、在线文娱等数字消费服务新业态新模式加速发展，前瞻布局量子科技、脑科学、区块链等未来产业。

2020 年，东湖高新区地区生产总值达 2001.9 亿元，研发投入占比为 8.3%；发明专利申请突破 1.9 万件，发明专利授权量是 2015 年的 3.1 倍。截至 2020 年，东湖高新区各类市场主体总量达 14.5 万户，其中企业主体超过 10 万户，高新区累计培育高新技术企业超过 3100 家。

十二、武汉经济技术开发区

1993 年 4 月，武汉经济技术开发区（与汉南区实行“政区合一”管理体制，以下简称“武汉经开区”）经国务院批准为国家级经济技术开发区。2016 年 8 月，获批“国家专利质押融资试点园区”。2019 年 6 月，获批“国家知识产权示范园区”。

截至 2020 年，武汉经开区共有市场主体 56 175 户，形成以汽车及零部件、电子电器、生物医药等为支撑的产业集群。共有新型孵化器、众创空间 8 家，其中国家级 1 家，省级 1 家。孵化器面积 5.4 万平方米，在孵企业数 258 家。累计培育 331 家高新技术企业。

2020年，武汉经开区（汉南区）完成地区生产总值1650.31亿元，专利申请量达9011件，其中发明专利申请量为3467件。截至2020年，武汉经开区每万人发明专利拥有量超过120件，每万人高价值发明专利拥有量近40件。

十三、南京经济技术开发区

南京经济技术开发区（以下简称“南京经开区”）成立于1992年。2002年3月，经国务院批准升级为国家级经济技术开发区，拥有包括南京综合保税区（龙潭片）、国家级新港高新技术产业园、南京港口型（生产服务型）国家物流枢纽在内的3个国家级平台以及中国（南京）智谷、液晶谷、华侨城等特色产业载体。2017年1月，获批“国家知识产权试点园区”。

截至2020年6月，南京经开区集聚各类企业5000多家，形成光电显示、高端装备、生物医药三大主导优势产业。近年来，南京经开区重点培育发展新能源汽车和人工智能两大新兴产业集群。截至2021年7月，南京经开区共落户新研机构40家，通过市级备案33家。40家新研机构建有各类研发平台55个，获批市级以上公共技术服务平台5个（省级2家，市级3家）。

2020年，南京经开区40家新研机构累计孵化引进企业近600家，研发投入超过2亿元，新申请发明专利数131件，PCT新申请58件，新研机构本体“四技服务”年收入超亿元；45家研究院衍生企业、8家研究院本体通过国家高新技术企业认定。截至 2021 年 7 月，实施科技成果转化超过 200 项。

十四、南京江宁经济技术开发区

南京江宁经济技术开发区（以下简称“江宁开发区”）始建于 1992 年 6 月；1993 年，被批准为省级开发区；1997 年，经国家科委批准设立国家级高新技术工业园。2019 年 6 月，获批“国家知识产权示范园区”。

截至 2019 年，江宁开发区引进了 46 个国家和地区的 4000 多个项目，其中上市企业 55 家、世界 500 强企业 61 家，形成包含绿色智能汽车等三大支柱产业、高端装备等三大战略性新兴产业、软件信息服务等三大现代服务业、人工智能和未来网络等一批科技未来产业的“3 +3 +3 +1”现代产业体系，截至 2021 年 1 月 27 日，累计培育高新技术企业 675 家。

十五、天津滨海高新技术产业开发区

天津滨海高新技术产业开发区（以下简称“天津滨海高新区”）于 1988 年建立。1991 年，被国务院批准为首批国家级高新技术产业开发区。2013 年 2 月，获批“国家知识产权示范园区”。2014 年，获批建设国家自主创新示范区。2017 年，获批建设国家双创示范基地，是首批国家创新型科技园区。

截至2020年，天津滨海高新区形成了绿色能源、软件及高端信息制造、生物技术与现代医药、先进制造业和现代服务业五个优势主导产业；拥有市级以上孵化器14家，其中国家级孵化器9家、在孵企业908家；拥有国家重点实验室8家，国家级企业技术中心23家；拥有各类金融机构209家，其中创业风险投资机构36家、科技融资租赁公司38家、科技金融服务机构14家；拥有人才服务机构59个，知识产权服务机构47个。

2020年，天津滨海高新区全年累计新增市场主体20 595家，入库雏鹰企业534家，入库瞪羚企业50家，入库国家科技型中小企业1287家。“十三五”期间，实现地区生产总值2101.4亿元，规模以上工业总产值2649亿元，累计培育国家高新技术企业1691家。

十六、重庆高新技术产业开发区

1991年3月，重庆高新技术产业开发区（以下简称“重庆高新区”）经国务院批准设立，是首批27个国家高新技术产业开发区之一。2016年，获批建设国家自主创新示范区，并被纳入中国（重庆）自由贸易试验区范围。2017年1月，获批“国家知识产权示范园区”。2019年4月，高新区建设升级为打造重庆科学城。

重庆高新区围绕“做强”新一代信息技术、“做优”先进制造业、“做大”大健康业、“做特”高技术服务业，优化科学城产业空间布局，高标准打造西永微电园、光大人工智能产业基地、金凤国家生物产业基地、国家质检基地等产业载体，实现新一代信息技术、先进制造、大健康、高技术服务业“以产兴城、以城促产”的发展格局。截至2020年，重庆高新区拥有市级以上研发机构272个，其中国家级重点实验室占全市比重达50%；孵化载体21个，其中国家级孵化载体5个；累计培育国家高新技术企业195家。

2020年，重庆高新区规模以上工业产值超过2100亿元，战略性新兴企业产值占规上工业总产值比重达87.4%，研发经费支出占地区生产总值比重4.9%，万人发明专利拥有量达44.5件，技术合同成交额5.1亿元。

十七、成都高新技术产业开发区

1991年，成都高新技术产业开发区（以下简称“成都高新区”）经国务院批准为全国首批国家级高新区，包含成都电子信息产业功能区、成都天府国际生物城、成都新经济活力区、交子公园金融商务区和成都未来科技城五大产业功能区。2011年9月，获批全国首批“版权示范园区”。2013年2月，获批“国家知识产权示范园区”。2015年1月，获批“国家知识产权服务业集聚发展示范区”。

2020年，成都高新区实现地区生产总值2401.9亿元；新增专利授权量达15 741件，万人有效发明专利达212.7件；认定种子期雏鹰企业299家、瞪羚企业180家、潜在独角兽企业3家、平台生态型龙头企业2家。截至2020年，成都高新区聚集市场主体23.71万户，其中企业超过15万家，科技型企业5.6万户，形成了电子信息、生物医药和新经济三大主导产业，着力构建涵盖现代服务业及未来产业的“3+2”现代化开放型产业体系。

2021年1—6月，新增发明专利3122件（高价值发明专利约1500件）。截至2021年6月，成都高新区拥有各类人才总量超过60万人，国家级创新平台45个、国家级孵化器17个；累计培育高新技术企业2700余家，上市企业40余家；有效发明专利累计22 940件（高价值发明专利约1.1万件），万人有效发明专利拥有量达241件。

十八、青岛崂山区

青岛崂山区（以下简称“崂山区”）是1994年4月青岛市行政区划调整时成立的新区。2013年2月，获批“国家知识产权示范园区”。2015年12月，获批“国家知识产权服务业集聚发展示范区”。

崂山区重点发展新一代信息技术产业、金融产业、旅游产业和医药健康产业，拥有青岛高科技工业园、青岛软件园等众多高新产业园区。截至2021年6月，崂山区共有独角兽企业6家、上市公司13家。截至2021年10月，区内高新技术企业数量达到484家。

2020年，全区技术合同成交额突破60亿元，实现50%的增速；累计为驻区50余家科技型中小微企业争取到1.9亿元的贷款额度；在第21届中国专利奖评选中，崂山区共获金奖2项，优秀奖12项。

十九、青岛西海岸新区

2014 年 6 月，国务院批复设立青岛西海岸新区（以下简称“西海岸新区”）。西海岸新区以海洋经济发展为主题，全面实施海洋战略、发展海洋经济，致力于发展海洋科技自主创新领航区、深远海开发战略保障基地、军民融合创新示范区、海洋经济国际合作先导区、陆海统筹发展试验区，为促进东部沿海地区经济率先转型发展、建设海洋强国发挥积极作用。2015 年 4 月，西海岸新区获批“国家知识产权示范园区”。

西海岸新区形成新一代半导体、高端化工及新材料、海洋生物医药、船舶海工、智能家电、汽车、海洋冷链、影视文化和新经济的产业发展格局，着力打造“啤酒之城、音乐之岛、影视之都、会展之滨”。2020 年，西海岸新区“四新”（新技术、新产业、新业态、新模式）经济增加值 1149 亿元。

截至 2020 年，西海岸新区拥有“四新”企业 702 家，累计培育高新技术企业 374 家、战略性新兴企业 106 家；拥有中国驰名商标 25 件、山东省高端品牌 13 家、青岛市市长质量奖 4 家；有效发明专利 9177 件，PCT 国际专利突破 400 件，万人有效发明专利拥有量 57 件；企业参与国际、国家标准制修订 267 项。

二十、郑州高新技术产业开发区

郑州高新技术产业开发区（以下简称“郑州高新区”）于1988年启动建设。1991年，经国务院批准为第一批国家级高新区。2016年4月，国务院批准建设“郑洛新国家自主创新示范区核心区”。2017年1月，获批“国家知识产权示范园区”。

郑州高新区聚焦智慧产业，坚持发展智能传感、网络空间安全、大数据、北斗导航等主导产业。建立了电子大学科技园（东区）、大学科技园（西区）等孵化器，以及电子电器产业园、电子商务产业园、中原广告产业园等特色产业园区。截至2021年10月，郑州高新企业主体数量达45 029家。

截至2020年，郑州高新区每10万人中拥有大学文化程度的有46 531人；拥有驻区院士13人、国家“万人计划”专家14人、国务院特殊津贴专家25人、国家科技进步奖9人；诺贝尔奖工作站2个、博士后科研工作站23家、河南省博士后创新实践基地11家；国家级研发机构达26家，其中国家重点实验室7家、国家级工程技术研究中心6家；累计培育上市公司18家、新三板企业78家、四板企业764家、高新技术企业1123家、科技型中小企业2103家。

2019年，郑州高新区研发人员达20 621人，研发经费占GDP比重达8.6%；每万人发明专利拥有量185.3件。2020年，郑州高新区生产总值达515.2亿元，高新技术产业增加值达112.3亿元；专利申请量达16 284件，专利授权量达10 217件；完成专利质押融资共计7800万元。

二十一、烟台国家高新技术产业开发区

2010 年 9 月，烟台国家高新技术产业开发区（以下简称“烟台高新区”）经国务院批准成立。其核心区面积 48.8 平方千米。原是成立于 1990 年 5 月的烟台高新区，是国务院批准的全国 10 家中国亚太经济合作组织科技工业园区之一，也是全国第一家中俄高新技术产业化合作示范基地。2017 年 1 月，获批“国家知识产权示范园区”。

烟台高新区着力发展生物医药与健康、航空航天及电子信息、智能制造及海洋经济、现代服务业等支柱产业。截至 2021 年 3 月，高新区拥有省级以上各类创新平台 62 个，其中国家级平台 13 个；拥有国家级科技企业孵化器 4 家，各类孵化载体面积突破 100 万平方米，累计孵化企业 1850 余家，毕业企业近 300 家；累计培育高新技术企业 130 家、国家备案科技型中小企业 409 家、规模以上工业企业 33 家、上市挂牌企业（新三板、股权交易市场）19 家。

2020 年，烟台高新区累计投入科技专项资金 3800 多万元，研发经费内部支出占比达 4.69%，每万人口发明专利拥有量连续 5 年位居烟台市第一位。

二十二、长沙国家高新技术产业开发区

长沙国家高新技术产业开发区（以下简称“长沙高新区”）创建于 1988 年，于 1991 年获批国家级高新技术产业开

发区。2009年以来，长沙高新区先后获得国家级创新型科技园区、科技与金融结合试点高新区、科技服务体系试点园区等国家级牌匾，已成为国家级湘江新区、长株潭自主创新示范区和长株潭两型社会示范区的核心园区。

园区集聚的企业超过3万家，其中高新技术企业1800家、上市企业47家、世界500强企业及分支机构31家、知名央企50余家，形成了先进装备制造、新一代信息技术（移动互联网）、新能源与节能环保的"两主一特"产业聚集区和新材料、生物医药与健康、现代服务业等优势产业集群。移动互联网、航空航天、信息安全、增材制造、新能源装备、先进储能材料、军民融合、文化创意、绿色节能、人工智能、区块链等新兴产业正加速集聚，蓬勃发展。作为高新区引进和培育中小微科技企业的"主阵地"，麓谷科技创新创业园、创业服务中心累计引进企业3800余家，培育主板上市企业8家、新三板挂牌企业24家、上市后备企业18家、高新技术企业157家、规模企业50家。

2020年，长沙高新区"一区四园"实现企业总收入近2820亿元，规模工业总产值1019.4亿元；研发投入达41.5亿元，占主营收入的5.5%；企业获得发明专利授权1143件，每万人发明专利拥有量近300件。

二十三、厦门国家火炬高技术产业开发区

厦门国家火炬高技术产业开发区（以下简称"厦门火炬高新区"）于1991年被国务院批准为全国首批国家级高新

区，是全国三个以“火炬”冠名的国家高新区之一，先后获得国家高新技术产品出口基地、国家双创示范基地等 18 块“国字号”招牌，是福厦泉国家自主创新示范区厦门片区核心区。2019 年 6 月，获批“国家知识产权示范园区”。

厦门火炬高新区企业总数超过万家，实施“一区多园”跨岛发展战略，形成平板显示、计算机与通信设备、电力电器、半导体与集成电路、软件与信息服务等六个重点产业和人工智能、大数据、云计算、数字文化创意、新材料、新能源、物联网等 N 个新兴特色产业的发展格局；形成“苗圃—孵化器—加速器—产业园”的全链条孵化体系，孵化总面积超过 100 万平方米，成功孵化出 1100 多家企业，在孵企业超过 1500 家；拥有国家级孵化器 4 个、国家级众创空间 21 家、境内外上市公司 20 家、瞪羚企业 100 多家；打造“高新技术企业—科技小巨人领军企业—上市企业”的企业创新进阶路线，设立“一带一路”创业服务平台、硅谷创新创业基地等国际孵化基地；支持企业设立境外分支机构近 50 家；累计培育国家级高新技术企业 1056 家、市级重点上市后备企业 128 家。

2020 年，厦门火炬高新区实现规模以上工业总产值 3011. 6 亿元，工业增加值 757. 5 亿元；研发投入超过 130 亿元，占 GDP 比重达 13. 2%；每万名从业人员拥有的年新增授权发明专利数达 63. 7 件；累计促成技术转移转化 210 项，交易金额同比增长 48. 7%。

二十四、中国（福建）自由贸易试验区厦门片区

2014年12月，中国（福建）自由贸易试验区厦门片区（以下简称“厦门自贸片区”）经国务院决定设立。厦门自贸片区总面积43.78平方千米，范围涵盖东南国际航运中心海沧港区域（24.41平方千米）和两岸贸易中心核心区（19.37平方千米）。

厦门自贸片区的功能定位是发展航运物流、口岸进出口、保税物流、加工增值、服务外包、大宗商品交易等现代临港产业，构建高效便捷、绿色低碳的物流网络和服务优质、功能完备的现代航运服务体系，成为立足海西、服务两岸、面向国际，具有全球航运资源配置能力的亚太地区重要的集装箱枢纽港；两岸贸易中心核心区的功能定位是发展高新技术研发、信息消费、临空产业、国际贸易服务、金融服务、专业服务、邮轮经济等新兴产业和高端服务业，构建两岸经贸合作最紧密区域，成为立足中国大陆、面向亚太地区的区域性国际贸易中心。

厦门自贸片区先行先试，根据推进情况以及产业发展和辐射带动需要，拓展试点政策范围，形成与两岸新兴产业和现代服务业合作示范区、东南国际航运中心、两岸贸易中心和两岸区域性金融服务中心的联动机制。

二十五、石家庄高新技术产业开发区

石家庄高新技术产业开发区（以下简称“石家庄高新区”）是1991年3月经国务院批准设立的首批国家级高新区，是国家火炬计划软件产业基地、国家新型工业化产业示范基地、国家科技成果转移转化示范区、国家首批生物医药产业基地、国家创新药物孵化基地、国家产学研合作创新示范基地、“双创”示范基地。2015年4月，获批“国家知识产权示范园区”。

石家庄高新区拥有市场主体3.9万余家，形成以生物医药为主导，先进装备制造、新一代信息技术、现代服务业协同发展的“1+3”产业格局。形成“38家众创空间+17家孵化器+5家加速器+若干个专业园区”的全链条孵化体系，孵化面积达150余万平方米，累计入孵企业2000余家，毕业800余家。建成市级以上各类创新平台278家，其中国家级创新平台19家、诺贝尔奖工作站6家。累计培育科技型中小企业2384家、高新技术企业918家。

2020年，石家庄高新区财政收入92.7亿元。高新区与30多所京津高校建立常态化科技成果转移转化服务对接机制，共引进转化京津科技成果、专利技术108项，为28家企业争取科技成果转化扶持资金5750万元。

二十六、连云港经济技术开发区

连云港经济技术开发区（以下简称“连云港开发区”）是1984年12月经国务院批准设立的首批国家级开发区。2019年6月，获批“国家知识产权示范园区”。

连云港开发区重点发展以新医药、新材料、新能源和高端装备制造为主导的“三新一高”产业，已建成全国最大的抗肿瘤药物及抗肝类药物生产基地、全国重要的现代中药生产基地、全国最大的碳纤维生产基地、亚洲最大的风电装备生产基地，累计培育高新技术企业74家。

2020年，连云港开发区生产总值达357.1亿元；规模以上工业总产值736.7亿元，其中高新技术产业产值占比77.7%；研发支出占地区生产总值比重达7.1%。“十三五”期间，专利授权年均增长30%以上，万人发明专利拥有量达120件，共获中国专利金奖4项，拥有国家驰名商标7项。

二十七、湘潭高新技术产业开发区

湘潭高新技术产业开发区（以下简称“湘潭高新区”）成立于1992年。2009年3月，经国务院批准升级为国家级高新区。2009年9月，获批“国家知识产权试点园区”。2014年12月，获批长株潭国家自主创新示范区。

湘潭高新区入园企业达2300余家，其中规模以上企业156家、上市企业8家，形成风电装备制造、矿山装备制造、钢材深加工三大主导产业，并逐渐从以新能源装备、先进矿山装备、精品钢材深加工为主导的产业体系过渡到以高端装备制造、新材料、数字经济为主导的“两主一特”产业体系。湘潭高新区重点打造中南地区首家院士创新产业园，建成创业苗圃与科技孵化场地40万平方米、科技企业加速器25万平方米；建成国家级企业技术中心3家、省级企业技术中心及工程技术研究中心18家、技术创新联盟2个、各类公共技术服务平台8个、博士后工作站和流动站5家、院士工作站6家；与深圳清华研究院共建“力合长株潭创新中心”等创新服务平台。截至2020年，191家规模企业中的88家获得高企资质，科技型中小企业评价入库154家。

“十三五”期间，湘潭高新区累计完成高新技术产值2711亿元；企业研发投入年均增长25%以上，全社会研发经费占GDP比重达3.98%；累计申请专利3639件（其中发明专利1882件），授权专利1187件（其中发明专利220件），获批注册商标22项，专利和商标注册成果实现年均20%以上的增长。

附录 2　知识产权相关政策汇编

一、国家层面

1. 国家知识产权局、中国国际贸易促进委员会印发《关于进一步加强海外知识产权纠纷应对机制建设的指导意见》(国知发保字〔2021〕33 号)

2. 国家知识产权局、司法部印发《关于加强知识产权纠纷调解工作的意见》(国知发保字〔2021〕27 号)

3. 国家知识产权局办公室、教育部办公厅、科技部办公厅印发《产学研合作协议知识产权相关条款制定指引(试行)》(国知办发运字〔2021〕41 号)

4. 国家知识产权局印发《关于进一步加强商标品牌指导站建设的通知》(国知发运字〔2021〕24 号)

5. 国家知识产权局印发《关于促进和规范知识产权运营工作的通知》(国知发运字〔2021〕22 号)

6. 国家知识产权局印发《知识产权公共服务能力提升工程工作方案》(国知发服函字〔2021〕104 号)

7. 国家知识产权局办公室印发《关于加强专利导航工作的通知》（国知办发运字〔2021〕30 号）

8. 国家知识产权局、中国银保监会、国家发展改革委印发《知识产权质押融资入园惠企行动方案（2021—2023 年）》（国知发运字〔2021〕17 号）

9. 国家知识产权局、公安部印发《关于加强协作配合强化知识产权保护的意见》（国知发保字〔2021〕12 号）

10. 国家知识产权局印发《关于深化知识产权领域“放管服”改革优化创新环境和营商环境的通知》（国知发服字〔2021〕10 号）

11. 国家知识产权局、中国科学院、中国工程院、中国科学技术协会印发《关于推动科研组织知识产权高质量发展的指导意见》（国知发运字〔2021〕7 号）

12. 财政部办公厅、国家知识产权局办公室印发《关于实施专利转化专项计划 助力中小企业创新发展的通知》（财办建〔2021〕23 号）

13. 国家知识产权局印发《推动知识产权高质量发展年度工作指引（2021）》（国知发运字〔2021〕3 号）

14. 国家知识产权局印发《2021 年全国知识产权行政保护工作方案》（国知发保函字〔2021〕29 号）

15. 国家知识产权局办公室印发《战略性新兴产业分类与国际专利分类参照关系表（2021）（试行）》（国知办函规字〔2021〕121 号）

16. 国家知识产权局办公室印发《知识产权基础数据利用指引》（国知办函服字〔2020〕1192 号）

17.《专利导航指南》系列国家标准（GB/T39551 - 2020）解读

18. 国家知识产权局办公室印发《国家知识产权信息公共服务网点备案实施办法》（国知办发服字〔2020〕46 号）

19. 国家知识产权局办公室印发《知识产权信息公共服务工作指引》（国知办发服字〔2020〕43 号）

20. 国家知识产权局办公室印发《关于进一步提升企业知识产权管理体系贯标认证质量的通知》（国知办函运字〔2020〕953 号）

21. 国家知识产权局印发《关于进一步加强知识产权维权援助工作的指导意见》（国知发保字〔2020〕22 号）

22. 国务院知识产权战略实施工作部际联席会议办公室印发《2020 年深入实施国家知识产权战略加快建设知识产权强国推进计划》（国知战联办〔2020〕5 号）

23. 财政部办公厅、国家知识产权局办公室印发《关于做好 2020 年知识产权运营服务体系建设工作的通知》（财办建〔2020〕40 号）

24. 国资委、国家知识产权局印发《关于推进中央企业知识产权工作高质量发展的指导意见》（国资发科创规〔2020〕15 号）

25. 教育部、国家知识产权局、科技部印发《关于提升高等学校专利质量促进转化运用的若干意见》（教科技〔2020〕1 号）

26. 国家知识产权局印发《关于深化知识产权领域“放管服”改革 营造良好营商环境的实施意见》（国知发服字

〔2020〕1 号）

27. 国家知识产权局办公室印发《在自由贸易试验区开展专利代理机构执业许可审批告知承诺改革试点实施方案》（国知办发运字〔2019〕44 号）

28. 国家知识产权局办公室印发《关于规范知识产权管理体系贯标认证工作的通知》（国知办发运字〔2019〕34 号）

29. 国家知识产权局印发《关于新形势下加快建设知识产权信息公共服务体系的若干意见》（国知发服字〔2019〕46 号）

30. 国家统计局印发《知识产权（专利）密集型产业统计分类（2019）》（国家统计局令第 25 号）

31. 国家知识产权局印发《关于知识产权服务民营企业创新发展若干措施的通知》（国知发管字〔2018〕32 号）

32. 国家知识产权局印发《"互联网+"知识产权保护工作方案》（国知发管字〔2018〕21 号）

33. 财政部办公厅、国家知识产权局办公室印发《关于 2018 年继续利用服务业发展专项资金开展知识产权运营服务体系建设工作的通知》（财办建〔2018〕96 号）

34. 国家知识产权局办公室印发《关于进一步加强产业知识产权联盟监督管理和业务指导工作的通知》（国知办发管字〔2018〕15 号）

35. 国家知识产权局印发《知识产权重点支持产业目录（2018 年本）》（国知发协函字〔2018〕9 号）

36. 国家知识产权局修订印发《国家知识产权试点示范园区管理办法》（国知发管字〔2016〕43 号）

37. 国家知识产权局印发《国家专利导航产业发展实验区建设工作指引》

38. 国家知识产权局办公室印发《关于组织申报国家专利导航产业发展实验区的通知》（国知办发管字〔2013〕35 号）

二、上海市层面

1. 上海市知识产权局印发《上海市知识产权专项资金管理办法（征求意见稿）》

2. 市知识产权局、中国人民银行上海分行、上海银保监局、市地方金融监管局、市版权局印发《关于进一步加强本市知识产权金融工作的指导意见》（沪知局〔2021〕53 号）

3. 上海市知识产权局印发《上海市知识产权运营服务体系建设首批专项资金实施细则》（沪知局〔2021〕48 号）

4. 上海市知识产权局印发《关于申报 2021 年上海市知识产权试点示范园区的通知》（沪知局〔2021〕40 号）

5. 上海市知识产权局印发《上海市知识产权培训基地管理办法（征求意见稿）》

6. 上海市知识产权局、上海市版权局、上海市商务委员会印发《上海市电子商务知识产权保护工作若干意见（试行）》（沪知局规〔2021〕1 号）

7. 上海市知识产权局印发《关于评选第三届上海知识产权创新奖的通知》（沪知局〔2021〕22 号）

8. 上海市知识产权局印发《打击商标恶意抢注行为专项行动实施方案》（沪知局〔2021〕3 号）

9. 上海市知识产权局、上海市财政局、上海市市场监督管理局印发《上海市实施专利转化专项计划工作方案（2021—2023）》（沪知局〔2021〕17 号）

10. 上海市知识产权局印发《关于申报 2021 年园区知识产权托管试点项目的通知》（沪知局〔2021〕15 号）

11. 上海市知识产权局印发《关于申报 2021 年上海市专利导航项目的通知》（沪知局〔2021〕5 号）

12. 上海市人民代表大会常务委员会印发《上海市知识产权保护条例》

13. 上海市知识产权局关于印发《〈上海市重点商标保护名录〉管理办法》的通知（沪知局规〔2020〕3 号）

14. 上海市版权局印发《上海市知识产权对外转让审查细则（试行）》（沪知局规〔2020〕2 号）

15. 中共上海市委办公厅、上海市人民政府办公厅印发《关于强化知识产权保护的实施方案》

16. 上海市知识产权局印发《上海市知识产权试点示范园区评定与管理办法》（沪知局规〔2019〕1 号）

17. 中共上海市委办公厅、上海市人民政府办公厅印发《关于加强知识产权运用和保护支撑科技创新中心建设的实施意见》（沪委办发〔2015〕49 号）

跋

本书编撰力求突出系统性、全面性和实践性。主要围绕以下方面展开：一是以国家级知识产权示范园区为重点，聚焦知识产权创造、运用、保护、管理、服务的全链条，全面收集并梳理相关政策措施，同时，关注各地在推进知识产权保护中的做法和经验，力求体现典型性；二是以问题为导向，结合企业发展实际，将园区层面的知识产权工作进行精细划分，力求体现实效性；三是以引导为目的，形成参考手册式的方法指引，力求体现实操性。希冀本书的出版，有助于社会各界了解产业园区的知识产权保护现状和实践案例，为推动产业园区构建更高水平的知识产权保护体系、发挥知识产权对企业创新发展的护航作用尽一份绵薄之力。

本书部分内容源于网络信息采集，在编写过程中已尽可能联系原作者。若涉及版权问题，请与我们联系，邮箱：446278996@ qq. com。由于水平有限，书中出现错误在所难免，欢迎广大读者批评指正。